Hans Albert
Kritik des transzendentalen Denkens

Hans Albert

Kritik des transzendentalen Denkens

Von der Begründung des Wissens zur Analyse der Erkenntnispraxis

Mohr Siebeck

ISBN 3-16-148197-6

Die Deutsche Bibliothek verzeichnet diese Publikation in der Deutschen Nationalbibliographie; detaillierte bibliographische Daten sind im Internet über *http://dnb.ddb.de* abrufbar.

Das Buch wurde von Computersatz Staiger in Rottenburg/N. aus der Garamond Antiqua gesetzt, von Gulde-Druck in Tübingen auf alterungsbeständiges Werkdruckpapier gedruckt und von der Buchbinderei Held in Rottenburg/N. gebunden.

Wolfgang Röd
gewidmet

„Mag das Volk glauben, daß Erkennen ein zu Ende-Kennen ist, der Philosoph muß sagen: wenn ich den Vorgang zerlege, der in dem Satz ‚ich denke' ausgedrückt ist, so bekomme ich eine Reihe von verwegenen Behauptungen, deren Begründung schwer, vielleicht unmöglich ist, – zum Beispiel, daß *ich* es bin, der denkt, daß überhaupt ein Etwas es sein muß, das denkt. Daß Denken eine Tätigkeit und Wirkung seitens eines Wesens ist, welches als Ursache gedacht wird, daß es ein „Ich" gibt, endlich, daß es bereits feststeht, was mit Denken zu bezeichen ist – daß ich *weiß*, was Denken ist ... An Stelle jener ‚unmittelbaren Gewißheit', an welche das Volk im gegebenen Fall glauben mag, bekommt dergestalt der Philosoph eine Reihe von Fragen der Metaphysik in die Hand, recht eigentlich Gewissensfragen des Intellekts ... Wer sich mit Berufung auf eine Art *Intuition* der Erkenntnis getraut, jene metaphysischen Fragen sofort zu beantworten, wie es der tut, welcher sagt: ‚ich denke und weiß, daß dies wenigstens wahr, wirklich, gewiß ist', der wird bei einem Philosophen heute ein Lächeln und zwei Fragezeichen bereitfinden ..."

Friedrich Nietzsche,
Von den Vorurteilen der Philosophen, aus:
Jenseits von Gut und Böse.

Vorwort

In diesem Buch habe ich einige Arbeiten zu Problemen des transzendentalen Denkens zusammengefaßt, die, bis auf die Notizen zum Habermasschen Begründungsprogramm, an verschiedenen Stellen erschienen sind. Die Schrift „Transzendentale Träumereien", die eine ausführliche Kritik der Apelschen Transzendentalpragmatik enthält, ist im Jahre 1975 im Hoffmann und Campe-Verlag erschienen und seit langer Zeit vergriffen. Der Aufsatz „Münchhausen und der Zauber der Reflexion" zu eben diesem Thema ist zum ersten Mal in meinem Buch „Die Wissenschaft und die Fehlbarkeit der Vernunft" im Jahre 1982 bei Mohr-Siebeck in Tübingen veröffentlicht worden. Der Aufsatz „Die angebliche Paradoxie des konsequenten Fallibilismus und die Ansprüche der Transzendentalpragmatik" ist 1987 im Band 41, Heft 3, der „Zeitschrift für philosophische Forschung" erschienen. Die Einleitung „Zur heutigen Problemsituation in der Erkenntnistheorie" und der letzte Teil „Vom transzendentalen Denken zur Analyse der Erkenntnispraxis" entstammen meinem Beitrag „Realität und menschliche Erfahrung. Zur Problematik der Erfahrung im transzendentalen Realismus" zur Festschrift für Wolfgang Röd, die von Jürg Freudiger, Andreas Graeser und Klaus Petrus unter dem Titel „Der Begriff der Erfahrung in der Philosophie des 20. Jahrhunderts" im Jahre 1996 im Beck-Verlag in München erschienen ist. Der Aufsatz „Jürgen Habermas und das Problem der Letztbegründung" wurde für diesen Band geschrieben.

Ich habe bis auf wenige Kürzungen, Querverweise und bibliographische Hinweise keine Veränderungen an den bisher veröffentlichten Arbeiten vorgenommen. Nur den Teil, der auf den Beitrag zur Röd-Festschrift zurückgeht, habe ich erweitert. Der inhaltliche Zusammenhang der Arbeiten in diesem Band erklärt sich aus der gemeinsamen Problemstellung. Es geht darum, zu zeigen, ob die von Apel, Kuhlmann und Habermas ins Auge gefaßte Deutung des transzendentalen Denkens einer Deutung dieses Denkens vorzuziehen ist, die sich im Rahmen eines konsequenten Fallibilismus entwickeln läßt.

Wenn man Karl-Otto Apels Essay „The Problem of Philosophical Foundations in Light of a Transcendental Pragmatics of Language“ in: Kenneth Baynes/James Bohmann/Thomas Mebarthy (eds), After Philosophy – End or Transformation? Cambridge, Mass/London 1988, liest, in dem Apel meine Auffassungen kritisiert, wird man finden, daß er sich nur auf mein Buch „Traktat über kritische Vernunft“ bezieht, obwohl ich mich mit seiner Kritik in den in diesem Buch veröffentlichten Arbeiten ausführlich auseinandergesetzt habe. Auch Habermas profitiert seit langem davon, daß die deutsche Kritik an seiner Konzeption international kaum präsent ist, es sei denn, sie stammt von Leuten, die mit seinen Auffassungen sympathisieren. Daran läßt sich kaum etwas ändern. Aber vielleicht kann dieses Buch, wie mein Freund Alois Fehlhaber meint, wenigstens im deutschen Sprachbereich zur Klärung einiger Mißverständnisse beitragen.

Den anderen Mitgliedern der „Interdisziplinären sozialwissenschaftlichen Arbeitsgemeinschaft“, meinen Freunden Klaus Foppa, Bruno Frey, Willi Meyer, Karl-Dieter Opp, Kurt Stapf und Wolfgang Stroebe, danke ich für viele Diskussionen über uns gemeinsam interessierende Probleme, die teilweise mit dem Thema dieses Buches zusammenhängen. Meinem langjährigen Diskussionpartner Wolfgang Röd, dem ich dieses Buch gewidmet habe, möchte ich für die Toleranz und die Geduld danken, mit der er immer wieder auf meine Einwände eingegangen ist.

Heidelberg, im Sommer 2003 Hans Albert

Inhaltsverzeichnis

Einleitung

Zur heutigen Problemsituation in der Erkenntnistheorie

Daß der Mensch in der Lage ist, mit Hilfe der Sinneswahrnehmung die Welt, in der er lebt, kennen zu lernen, daß er also durch Erfahrung zur Erkenntnis realer Zusammenhänge kommen kann, gehört zu den Selbstverständlichkeiten des alltäglichen Lebens. Dasselbe gilt für die Einsicht, daß er sich dabei unter gewissen Umständen täuschen kann und daher mit Irrtümern rechnen muß. Daraus scheint sich die Frage zu ergeben, unter welchen Bedingungen mit solchen Täuschungen zu rechnen ist und ob es möglich ist, die damit verbundenen Irrtümer zu vermeiden. Diese Frage kann zu Überlegungen führen, die wir im philosophischen Denken der Erkenntnistheorie zuzurechnen pflegen. Und im Rahmen dieser Überlegungen kann natürlich auch das allgemeine Problem auftauchen, welche Bedingungen gegeben sein müssen, damit unsere Erkenntnisbemühungen den erwünschten Erfolg haben können.

Solange dabei keine prinzipiellen Zweifel daran auftauchen, daß wir überhaupt in der Lage sind, wirkliche Zusammenhänge zu erfassen, scheinen wir aber keinen Anlaß zu haben, den Realismus aufzugeben, der für das alltäglichen Denken selbstverständlich ist. Angesichts der Tatsache, daß wir stets mit der Möglichkeit von Täuschungen und Irrtümern rechnen müssen, werden wir allerdings dazu neigen, dem „naiven“ Realismus eine „kritische“ Version dieser Auffassung vorzuziehen. Im Rahmen dieser Version ist die Erklärung der menschlichen Erkenntnispraxis und ihres möglichen Erfolges ohne Zweifel ein interessantes Problem.

Der kritische Realismus ist eine erkenntnistheoretische Auffassung, die von der griechischen Antike an im philosophischen Denken – und zwar im Rahmen ganz verschiedener Konzeptionen – präsent war. Er scheint die dominierende Anschauung gewesen zu sein, bis er im englischen Empirismus des 18. Jahrhunderts grundsätzlich in Frage gestellt wurde[1]. Dann kam in der zweiten Hälfte dieses Jahrhunderts mit der Kantschen Transzendentalphilosophie die „kopernikanische Wende", die den Phänomenalismus als Alternative zum kritischen Realismus etablierte. Auch zu Anfang unseres Jahrhunderts war der kritische Realismus neben dem Phänomenalismus im realwissenschaftlchen und im philosophischen Denken die herrschende Auffassung[2]. Sie war innerhalb der neuzeitlichen Naturwissenschaften meist selbstverständlich, bis in der Physik des 20. Jahrhunderts idealistische Spekulationen zum Durchbruch kamen.

Oswald Külpe, der selbst als realistischer Kantianer – als Vertreter eines transzendentalen Realismus – gelten kann, hat in seinem leider unvollendeten Werk eine vergleichende Analyse der damals vorliegenden erkenntnistheoretischen Auffassungen durchgeführt[3] mit dem Ergebnis, daß für eine adäquate Interpretation der menschlichen Erkenntnis ein hypothetischer kritischer Realismus allen Alternativen vorzuziehen sei. Diese Analyse enthält auch eine kritische Würdigung der von Kant vertretenen Auffassungen[4] und darin den Versuch, den Phänomenalismus zu entkräften.

Auch die Anfänge des analytischen und des phänomenologischen Denkens zu Beginn dieses Jahrhunderts standen noch im Zeichen des kritischen Realismus. Aber dann führte vor allem der Einfluß zweier Philosophen zu einer grundlegenden Änderung der Situation. Im Bereich des analytischen Denkens führten die Arbeiten Ludwig Wittgensteins eine linguistische Wende herbei, die dazu beitrug, verschiedene Versionen eines relativistischen und idealistischen Denkens in Mode zu bringen. Auch der amerikanische Pragmatismus hat sich teilweise in der gleichen Richtung ausgewirkt. Und im Bereich des phänomenologischen Denkens hatte das Werk Martin Heideggers eine ganz ähnliche Wirkung, wenn auch mit teilweise sehr viel drastischeren Konsequenzen.[5]

---

[1] Vgl. dazu Oswald Külpe, Einleitung in die Philosophie, 10. verb. Auflage, herausgegeben von August Messer, Leipzig 1921, S. 182f.

[2] Vgl. Oswald Külpe, Einleitung in die Philosophie, (Anm. 1), S. 183.

[3] Vgl. Oswald Külpe, Die Realisierung. Ein Beitrag zur Grundlegung der Realwissenschaften, Erster Band, Leipzig 1912, Zweiter Band (aus dem Nachlaß herausgegeben von August Messer) Leipzig 1920, Dritter Band (aus dem Nachlaß herausgegeben von August Messer), Leipzig 1923.

[4] Vgl. dazu Oswald Külpe, Die Realisierung, Zweiter Band (Anm. 3), S. 155ff. und passim, vgl. auch Oswald Külpe, Immanuel Kant. Darstellung und Würdigung, 2. Auflage, Leipzig 1908, vgl. auch S. 186 und S. 192, unten.

[5] Dabei kann man die Ausgangspositionen der beiden erwähnten Denker wohl

Mitunter machte dabei die Benutzung des transzendentalen Vokabulars den Anspruch deutlich, in irgendeinem Sinne an Kantsche Auffassungen anzuknüpfen oder ein ähnliches Verfahren zu benutzen, wie es für die Kantsche Philosophie charakteristisch ist. Der kritische Realismus und die mit ihm verbundene Wahrheitsauffassung, wie sie in der sogenannten Korrespondenztheorie der Wahrheit formuliert ist, wurde in diesen Untersuchungen nicht selten als naiv und überholt zurückgewiesen.

Die Version des Relativismus, die in solchen Versuchen zum Vorschein kommt, kann mit einem gewissen Recht als ein Relativismus des Rahmenwerks charakterisiert werden. Wahrheitsansprüche pflegen in ihnen auf den jeweils vorliegenden Rahmen der betreffenden Erkenntnisbemühungen relativiert zu werden, so daß der klassische Begriff der objektiven Wahrheit nicht mehr in Betracht kommt. Karl Popper, dessen erkenntnistheoretische Auffassungen eine moderne Version des transzendentalen Realismus darstellen, hat sie in seiner Analyse des „Mythos des Rahmenwerks" einer scharfen Kritik unterzogen[6].

In der Perspektive des Realismus haben wir es also in der zweiten Hälfte dieses Jahrhunderts mit einem Rückfall in den Idealismus zu tun, der mit einem linguistisch oder hermeneutisch inspirierten Wahrheitsrelativismus verbunden ist[7]. Der Realismus des „gesunden Menschenverstandes", der im Alltagsdenken und in der Praxis des zwischenmenschlichen Verkehrs vorzuherrschen scheint – und der meines Erachtens eher ein kritischer als eine naiver Realismus ist –, ist von diesem Rückfall weitgehend unberührt geblieben. Er ist natürlich für philosophische Bemühungen nicht verbindlich. Es ist aber wohl der Mühe wert zu überlegen, ob es hinreichende Argumente gibt, ihn zurückzuweisen.

Im deutschen Sprachbereich haben Karl-Otto Apel und Jürgen Habermas eine vor allem durch die Auffassungen von Martin Heidegger

---

dem Realismus zurechnen. Das gilt für den Wittgenstein des „Tractatus Logico-Philosophicus" ebenso wie für den frühen Heidegger, der vom kritischen Realismus ausging, die Idee der objektiven Wahrheit akzeptierte und die Bedeutung der Logik für die Erkenntnis betonte, vgl. dazu Rüdiger Safranski, Ein Meister aus Deutschland. Heidegger und seine Zeit, München/Wien 1994, S. 57 und passim.

[6] Karl Popper, The Myth of the Framework (1976), in seinem Buch: The Myth of the Framework. In defence of science and rationality, ed. by M. A. Notturno, London/New York 1994.

[7] Für eine Kritik dieses Rückfalls in den Idealismus vgl. Michael Devitt, Realism and Truth, sec.ed., Oxford/Cambridge USA 1991, und: Richard Schantz, Wahrheit, Referenz und Realismus. Eine Studie zur Sprachphilosophie und Metaphysik, Berlin/New York 1996.

und Hans-Georg Gadamer inspirierte Transzendentalphilosophie entwickelt, in der ihr Bemühen zu erkennen ist, die wesentlichen Resultate aller wichtigen Strömungen des modernen Denkens zur Synthese zu bringen. In der damit verbundenen Kritik kann man die Fortsetzung des sogenannten Positivismusstreits der 60er Jahre erkennen, denn Apel ist sich mit Habermas in dem Versuch einig, vor allem den analytischen Strömungen der Philosophie inhärente Beschränkungen nachzuweisen, die unter dialektisch-hermeneutischen Gesichtspunkten aufgedeckt und überwunden werden können.

Nach Apel zeigt sich der „Szientismus" und „Objektivismus" des analytischen Denkens vor allem darin, daß dieses Denken nicht imstande ist, auf seine eigenen Grundlagen zu reflektieren. Er dagegen glaubt unter hermeneutischen Gesichtspunkten eine Methode anbieten zu können, mit deren Hilfe dieser Mangel zu beheben ist:die Methode der „transzendentalpragmatischen Reflexion". Es geht ihm wie auch Habermas dabei vor allem um die Begründung einer neuen Wissenschaftslehre, die nicht nur den Naturwissenschaften gerecht werden kann, sondern auch den Geisteswissenschaften, die seiner Meinung nach in anderen Konzeptionen in für deren Verständnis schädlicher Weise zu kurz kommen.

Darüber hinaus aber geht es den beiden Philosophen um eine „Letztbegründung" der Philosophie und damit auch der Erkenntnis und des Handelns überhaupt, ihre Rechtfertigung im Sinne eines rationalen Unternehmens. In diesem Zusammenhang vor allem hat sich Apel auch mit dem kritischen Rationalismus auseinandergesetzt, also mit einer Auffassung, die den Anspruch erhebt, derartige Letztbegründungen ad absurdum geführt zu haben. Er versucht dabei zu zeigen, inwiefern dieser Anspruch mit Hilfe der erwähnten Methode als gegenstandslos erwiesen werden kann.

Mit der Charakterisierung ihres Verfahrens als einer „transzendentalpragmatischen" Methode knüpfen die beiden Philosophen bewußt an die Kantsche Frage nach den Bedingungen der Möglichkeit der Erkenntnis an und machen den Versuch, sie unter Verwertung moderner Erkenntnisse zu reformulieren. Habermas, der schließlich von dem früher gemeinsam mit Apel verfochtenen Letztbegründungsanspruch abgerückt ist, hat dennoch das mit dem transzendentalpragmatischen Ansatz verbundene Begründungsprogramm weiterentwickelt.

Im Gegensatz dazu hat Wolfgang Röd, der ebenfalls mit seiner Transzendentalphilosophie an Kant anknüpft, den konsequenten Fallibilismus übernommen und den Versuch gemacht, in diesem Rahmen das

Kantsche Denken zu erneuern, ohne zu einem transzendentalen Realismus überzugehen, wie ihn etwa der oben erwähnte Oswald Külpe schon vertreten hat. Nach einer kritischen Untersuchung des transzendentalpragmatischen Ansatzes werde ich mich dem Rödschen Ansatz zuwenden, um festzustellen, inwieweit ich in der Lage bin, seinen Bemühungen um eine neue Antwort auf die Kantsche Frage zu folgen. Schließlich werde ich den Versuch machen zu zeigen, daß im Rahmen des kritischen Rationalismus eine adäquate Deutung der Frage nach den Bedingungen der Möglichkeit der Erkenntnis möglich ist, die an den transzendentalen Realismus anknüpft.

Transzendentale Träumereien

Karl-Otto Apels Sprachspiele und sein hermeneutischer Gott

I. Transformation der Transzendentalphilosophie: Die Apelsche Konzeption

> ... denn alles, was sich einsehe, das sehe ich, da ich meine Einsicht von Gott habe, ohne Zweifel richtig ein und hierin kann ich mich unmöglich täuschen.
>
> René Descartes,
> *Meditationes de Prima Philosophia*

> ... entweder Gott oder das ‚transzendentale Sprachspiel' muß dabei stillschweigend vorausgesetzt werden.
>
> Karl- Otto Apel,
> *Das Apriori der Kommunikationsgemeinschaft und die Grundlagen der Ethik*

Die Suche nach einem sicheren Fundament der Erkenntnis und des Handelns, die für den klassischen Rationalismus charakteristisch war, hat sich im neuzeitlichen Denken als fragwürdig erweisen. Alle modernen philosophischen Strömungen haben sich mit der These der prinzipiellen Fehlbarkeit der Vernunft auseinanderzusetzen, um in dieser Lage einen Ausweg zu finden, der es möglich macht, unsere Suche nach Erkenntnis und nach einer Orientierung für unser Handeln mit einer realistischen Einschätzung der menschlichen Situation in Einklang zu bringen. Es liegt nahe, bei einem solchen Versuch an die Kantsche Fragestellung und an seine Lösungsvorschläge anzuknüpfen und gleichzeitig diejenigen nachkantischen Entwicklungen zu berücksichtigen, aus denen sich weitere Gesichtspunkte für die Lösung der Probleme zu ergeben scheinen.

In Karl-Otto Apels Konzeption einer transzendentalen Sprachpragmatik haben wir einen Versuch dieser Art vor uns, der dazu einlädt, sich genauer mit ihm zu befassen, denn er ist mit dem Anspruch verbunden, die in anderen Richtungen des modernen Denkens vollzogene Überwindung des klassischen Rationalismus zumindest teilweise wieder rückgängig zu machen. Der konsequente Fallibilismus derjenigen Kritiker der klassischen Doktrin, die hinsichtlich der Fehlbarkeit menschlicher Vernunft keine Ausnahme zuzulassen bereit sind, ist seiner Auffassung nach einer Einschränkung zu unterwerfen, die sich durch transzendentale Überlegungen nachweisen läßt. Er glaubt überdies, daß „von einer Transzendentalphilosophie, die eine Antwort auf die Frage nach den Bedingungen der Möglichkeit und Gültigkeit von *Konventionen* ... geben kann, so etwas wie eine Letztbegründung der theoretischen und praktischen Philosophie und der Wissenschaften geliefert werden kann“[1], und ist der Meinung, eine der wesentlichen Aufgaben der Philosophie müsse darin liegen, „die Abstraktionen der einzelwissenschaftlichen *Theorie* im Hinblick auf menschliche Erkenntnisinteressen *kritisch* zu begründen, und d.h. zugleich: im Sinne einer *Vermittlung von Theorie und Praxis* rückgängig zu machen“[2].

Wir werden noch sehen, wie die Suche nach einer solchen Begründung in Verbindung mit dem Rückgriff auf Interessen bestimmter Art zu einer Auffassung führt, die darauf angelegt ist, Motive des hermeneutischen und des pragmatischen Denkens miteinander zu verschmelzen und gleichzeitig das Erbe des deutschen Idealismus gegen die von den Vertretern der analytischen Philosophie vorgebrachten Bedenken wieder zur Geltung zu bringen.

Es handelt sich hier also um den Versuch einer Letztbegründung durch transzendentale Reflexion, und zwar – im Unterschied zum Kantschen Ansatz, der auf ein „Bewußtsein überhaupt“ rekurrierte – durch eine Reflexion „auf den Sprachgebrauch als Bedingung der Möglichkeit und Gültigkeit von Wissenschaft und Philosophie“, die *„als Reflexion in der natürlichen Sprache auf die natürliche Sprache“* durchzu-

---

[1] Vgl. KARL-OTTO APEL, Transformation der Philosophie, Band I: Sprachanalytik, Semiotik, Hermeneutik, Frankfurt 1973, Vorwort, S. 7.

[2] Vgl. a.a.O., S. 11.

führen ist.[3] Das Verfahren, dessen er sich dabei bedient – seine „transzendentalphilosophische Reflexionsmethode" –, werden wir bei der Betrachtung der mit seiner Hilfe durchgeführten Untersuchungen noch Gelegenheit haben kennenzulernen.

Der Apelsche Ansatz involviert insofern eine Transformation der Philosophie – und zwar, wie er ausdrücklich betont: in eine *normativ* und *methodologisch* relevante Version der Transzendentalphilosophie[4]–, als er eine „Wiederaufnahme der transzendentalphilosophischen Problematik in Begriffen der Sprache und des kommunikativen Sprachgebrauchs" zu sein beansprucht[5], die sich überdies gewissermaßen mit innerer Notwendigkeit aus der Entwicklung der von ihm in Betracht gezogenen philosophischen Strömungen ergibt.

Dabei berücksichtigt er in der Tat die philosophischen Ansätze, die sich vor allem auf das zeitgenössische Denken ausgewirkt haben: die hermeneutischen Konzeptionen vor und nach der Heideggerschen Wende zur universalen Hermeneutik, die dialektischen von Hegel über Marx bis zum neuen Marxismus, die analytischen von Peirce über Wittgenstein und Carnap zu Morris, aber auch die methodische Philosophie der Erlanger Schule und den kritischen Rationalismus. Seine Auffassungen hat er – vom hermeneutischen Denken her kommend – in Auseinandersetzung mit allen diesen Strömungen entwickelt. Er bemüht sich, sie von seinen Gesichtspunkten her kritisch zu durchleuchten und ihnen andererseits Ideen und Argumente zu entnehmen, die er für den Ausbau seiner Konzeption zu benötigen meint. In einem bestimmten Sinne ist sein „System" – wenn man das Ergebnis dieser Bemühungen einmal so nennen darf – ein echt Hegelsches Unternehmen. Er tritt mit ihm als Alles-Vermittler auf, und „vermitteln" ist ein Ausdruck, den man zu seinen Lieblingsworten zählen darf[6].

Die Tatsache, daß er versucht, seiner Konzeption Bestandteile der verschiedensten philosophischen Ansätze einzuverleiben, darf aber

---

[3] Vgl. Karl-Otto Apel, Programmatische Bemerkungen zur Idee einer „transzendentalen Sprach-Pragmatik", in: Turun Yliopiston julkaienja. Studia philosophica in honorem Sven Krohn, Turku 1973, S. 11.

[4] Vgl. Apel, Transformation der Philosophie, a.a.O., Band I, S. 74.

[5] Vgl. Apel, Programmatische Bemerkungen zur Idee einer „transzendentalen Sprach-Pragmatik", a.a.O., S. 12.

[6] Auch Einzelwissenschaften werden von ihm berücksichtigt, z.B. die Sprachwissenschaften, aus denen etwa Saussure, Weisgerber, Chomsky und andere zur Geltung kommen, merkwürdigerweise allerdings nicht Karl Bühler, von dem auch Gadamer in seinem Hauptwerk keine Notiz genommen hat.

nicht darüber hinwegtäuschen, daß es vor allem ein Denker ist, der bei der Entwicklung dieser neuen Version der Transzendentalphilosophie Pate gestanden hat, nämlich Martin Heidegger. Von den Abhandlungen des ersten Bandes seines Werkes über die „Transformation der Philosophie“ sagt er selbst, daß sie „im wesentlichen durch Heidegger inspiriert sind, wenn auch der heuristisch-methodische Impuls nahezu aller dieser Arbeiten von der Konfrontation der Seins-Hermeneutik mit der sprachanalytischen Sinnkritik bestimmt ist“[7]. Aber die entscheidende Bedeutung dieses Denkens ist auch da noch zu spüren, wo er explizit Motive des analytischen Denkens – vor allem auch des Pragmatismus – zu übernehmen scheint.

Schon in einem früheren Buch ist die Rede von der „Konvergenz aller philosophischen Richtungen und der empirischen Sozialwissenschaft hinsichtlich der Einschätzung der Sprache als Bedingung der Möglichkeit des Denkens und Erkennens“, aber der „im Sprachlogos enthaltene Begriff des Weltverstehens“ sei weit umfassender „als der kantische, vornehmlich naturwissenschaftlich orientierte Erkenntnisbegriff“, den zum Beispiel auch Cassirer noch voraussetze[8]. Und in einer Arbeit aus der Mitte der 50er Jahre findet man seine später zu erörternde „Komplementaritätsthese“ in der Bemerkung vorweggenommen, nunmehr sei das „Verstehen“ nicht mehr „als wissenschaftliche Methode neben dem Erklären“ – gewissermaßen in „Konkurrenz“ zu dieser „logisch unantastbaren Operation“ – zu begreifen, „sondern als vorwissenschaftliche Weltsinnkonstitution und wissenschaftliche Vergewisserumg derselben, die alles Erklären ... überhaupt erst möglich“ mache. Mit dieser Auffassung sei eine „philosophisch radikale Vertiefung“ des Verstehensbegriffs erreicht, eine „letzte Radikalisierung des hermeneutischen Denkmotivs“, die im wesentlichen der „Begegnung zweier philosophischer Schulen im weitesten Sinne“ zu verdanken sei: der Phänomenologie Edmund Husserls und der Diltheyschule. Am Ende dieser Entwicklung stehe die hermeneutische Phänomenologie Martin Heideggers, „die den Begriff des Verstehens zum fundamental-

[7] Vgl. Apel, Transformation der Philosophie, Band I, a.a.O., S. 7.

[8] Vgl. dazu Karl-Otto Apel, Die Idee der Sprache in der Tradition des Humanismus von Dante bis Vico, Archiv für Begriffsgeschichte, Band 8, Bonn 1963, S. 67; dort auch – S. 79, Text und Anm. 91 – Bemerkungen über den christlich-abendländischen Ursprung einer Transzendentalphilosophie der Sprache mit Bezug auf die Logos-Mystik, über die sich „sehr wohl der Weg von der noch platonisch-dualistisch konzipierten ‚illuminatio verbi (interni)‘ *Augustins* zu *Heideggers* ‚Lichtung des Seins‘ in der Sprache verständlich machen“ ließe.

ontologischen Grundbegriff" erhebe, „zum Organ des wesentlichen Denkens und seiner geschichtlichen Wahrheit, welche aller Richtigkeit des logischen Denkens und damit den wissenschaftlich-rationalen Denkverfahren" vorausliege.

Damit werde auch das „Verhältnis von Verstehen und Sprache ... in ein neues Licht gerückt": nicht mehr „das womöglich auf Definitionen zu stützende Verständnis der Worte als konventioneller Zeichen (logischer Positivismus), sondern das in der vorwissenschaftlichen Funktion der Muttersprache je schon beschlossenen Seinsverstehen (Welterschließung)" werde „zum Zentralproblem eines Denkens, das in die seinsgeschichtlichen Voraussetzungen der abendländischen Philosophie eindringen" wolle[9].

Im zweiten Band seines Werkes sind diejenigen Abhandlungen vereinigt, von denen Apel glaubt, „daß sie nicht mehr in erster Linie durch die Faszination von dem schlechthin unverfügbaren Sinn-Ereignis sprachlicher Welterschließung bestimmt sind, sondern von dem Versuch einer normativen Orientierung im Sinne der transzendentalen Geltungs-Rechtfertigung von Erkenntnis im weitesten Sinn"[10], aber dieser Versuch ist, wie der aufmerksame Leser feststellen wird, dennoch vor allem durch die Philosophie Heideggers geprägt. Das gilt sowohl für die programmatischen „Umriß-Skizzen zu einer ‚Wissenschaftstheorie in erkenntnisanthropologischer Sicht'" im ersten Teil, als auch für die „Arbeiten, die den Ansatz einer im Apriori der Kommunikationsgemeinschaft begründeten neuen Transzendentalphilosophie umkreisen", im zweiten Teil dieses Bandes.

In seiner Wissenschaftslehre[11] geht es ihm darum, eine auch methodisch relevante Konzeption „als möglich zu erweisen", die nicht auf die übliche Wissenschaftslogik – die „Logic of Science"- „eingeschränkt"

---

[9] Vgl. Apel, Das Verstehen (eine Problemgeschichte als Begriffsgeschichte), Archiv für Begriffsgeschichte, Band I, Bonn 1955, S. 189f. Der Schluß dieses Artikels ist vor allem Heidegger gewidmet, dessen Arbeiten als Krönung dieser Entwicklung des Denkens gefeiert werden. Mit den darin geäußerten Gedanken sei „der äußerste Horizont umrissen, den die Kraft des hermeneutischen Denkmotivs ... gegenwärtig aufgerissen" habe; a.a.O., S. 199.

[10] Vgl. Apel, a.a.O., Band I, S. 7.

[11] Vgl. dazu vor allem „Szientistik, Hermeneutik, Ideologiekritik. Entwurf einer Wissenschaftslehre in erkenntnisanthropologischer Absicht", in: Apel, a.a.O., Band II, S. 96–127, eine Arbeit, mit der ich mich schon einmal auseinandergesetzt habe, vgl.dazu meinen Aufsatz „Hermeneutik und Realwissenschaft. Die Sinnproblematik und die Frage der theoretischen Erkenntnis", in: Plädoyer für kritischen Rationalismus, München 1971, S. 106–149.

ist. Sie soll vielmehr außer dieser „Szientistik" noch eine „Hermeneutik" und darüber hinaus eine „Ideologiekritik" enthalten. Als Grundlage für die von ihm postulierte „Erweiterung des Begriffs der Wissenschaft" soll ihm eine „Erweiterung der traditionellen ‚Erkenntnistheorie' im Sinne einer ‚Erkenntnisanthropologie'" dienen, also eines Ansatzes, der die Kantsche Frage nach den „Bedingungen der Möglichkeit der Erkenntnis" in der Weise erweitert, daß „nicht nur die Bedingungen einer objektiv gültigen, einheitlichen Weltvorstellung für ein ‚Bewußtsein überhaupt' angegeben werden, sondern alle Bedingungen, welche eine wissenschaftliche Fragestellung als sinnvolle Fragestellung möglich machen"[12]. Er unterscheidet in diesem Zusammenhang „‚einigende'(synthetische) Bewußtseinsfunktionen (‚Kategorien')", die er auch das „Bewußtseinsapriori" nennt, die Zeichen der Sprache, durch die die „Sinnintentionen" des Erkennenden „mit den möglichen Sinn-Intentionen anderer Menschen vermittelt" werden, das „Leibapriori" der Erkenntnis, das mit ihr verbundene „Leibengagement", das in „einem komplementären Verhältnis zum Bewußtseinsapriori" steht, und schließlich bestimmte „Erkenntnisinteressen", die als „apriorische" Interessen von gegenstandskonstitutiver Bedeutung aufzufassen sind[13].

Ich bin mir nicht ganz klar darüber geworden, welchen Status er diesen apriorischen Faktoren zuzuweisen und wie im einzelnen er ihre Beziehungen zu gestalten wünscht. Er spricht zum Beispiel davon, daß die Sprache auf das Leibapriori zurückweist, daß der Art des leibhaften Engagements jeweils ein bestimmtes Erkenntnisinteresse entspricht und daß, wie schon erwähnt, Leibapriori und Bewußtseinsapriori in einer komplementären Beziehung zueinander stehen, so daß Zusammenhänge irgendwelcher Art zwischen ihnen zu vermuten sind. Sicher scheint mir jedenfalls zu sein, daß alle diese Faktoren in Verbindung miteinander als Bedingungen der Möglichkeit und Gültigkeit der Erkenntnis und darüber hinaus auch als Bedingungen sinnvoller wissenschaftlicher Fragestellung und in diesem Sinne als transzendentale Wesenheiten aufzufassen sind.

Die von Apel angeführten apriorischen Erkenntnisinteressen sind aber nur insofern von besonderer Bedeutung für seine Wissenschaftslehre, als sie seiner Auffassung nach konstitutiv sind für drei Erkenntnisweisen, zwischen denen man unterscheiden muß, um der Eigenart

---

[12] Vgl. Apel, a.a.O., S. 96.

[13] A.a.O., S. 96–100.

der vorhandenen Wissenschaften gerecht werden zu können. Um das zu erreichen, entwickelt er eine Konzeption, derzufolge den Naturwissenschaften ein technisches (szientifisches), den Geisteswissenschaften ein praktisches (hermeneutisches) und der Ideologiekritik ein emanzipatorisches Interesse zugrunde liegt. Diese Fundierung hat auch methodologische Konsequenzen, denn sie führt dazu, daß in den Naturwissenschaften nach Erklärungen im üblichen Sinne dieses Wortes gesucht werden muß, wie sie letzten Endes aller technischen Umsetzung von Wissen zugrunde liegen, was damit zusammenhängt, daß ihre Fragestellung von vornherein „an die prinzipiell vorausgesetzte Möglichkeit der operativen Verifikation“ gebunden ist[14]. Das technische Interesse ist in ihnen gegenstandskonstitutiv und damit auch problembestimmend.

In den Geisteswissenschaften – oder, wie Apel sie auch nennt: den „Verständigungswissenschaften“ – wird dagegen eine „Verständigung über Möglichkeit und Normen eines sinnvollen menschlichen In-der-Welt-Seins“[15] und im Zusammenhang damit ein Verstehen von Handlungen, Ereignissen und Überlieferungen angestrebt, das sich auf deren Sinn richtet, ein Verstehen, wie es letztlich aller Kommunikation zugrunde liegt, wobei die „intersubjektive(n) Manifestation des Sinns an den sinnlich wahrnehmbaren ‚Ausdruck‘“ gebunden ist, das „Leibapriori“ sich also hier nicht als „Voraussetzung des instrumentellen Eingriffs in die Natur“ zeigt. Das praktische Interesse ist hier konstitutiv für die Fragestellung.

Die beiden bisher behandelten, das technische und das praktische, sind nach Apel die primären Erkenntnisinteressen. Das erste ist „durch die Notwendigkeit einer technischen Praxis auf Grund der Einsicht in Naturgesetze bestimmt“, das zweite „durch die Notwendigkeit sozialer, moralisch relevanter Praxis“, für die offenbar eine andere Art von Einsicht erforderlich ist. Für sie und die durch sie bestimmten Fragestellungen stellt er nun die schon erwähnte Komplementaritätsthese auf, derzufolge diese beiden Fragestellungen einander ausschließen und „eben dadurch“ einander ergänzen[16]. „Ein Naturwissenschaftler“, so erläutert er seine These, „kann nicht als solus ipse etwas für sich allein erklären wollen. Um auch nur zu wissen, ‚was‘ er erklären soll, muß er sich darüber mit anderen verständigt haben ... Nun kann diese Verständigung in der Ebene der Intersubjektivität, eben weil sie die Bedingung

---

[14] A.a.O., S. 100.
[15] A.a.O., S. 112f.
[16] A.a.O., S. 111.

der Möglichkeit der objektiven Wissenschaft (der *science)* ist, niemals durch ein Verfahren der objektiven Wissenschaft ersetzt werden; und hier stoßen wir auf die absolute Grenze jedes Programms objektiv-erklärender Wissenschaft. Die sprachliche Verständigung über das, was man meint, und das, was man will, ist zur objektiven Wissenschaft *komplementär* in dem bereits definierten Sinn"[17]. Gleichwohl kann sie nach Apel „zu einem Thema wissenschaftlicher Fragestellung werden".

Seine Komplementaritätsthese geht, wie er sagt, „letzten Endes von dem Faktum aus, daß die Existenz einer Kommunikationsgemeinschaft die Voraussetzung aller Erkenntnis in der Subjekt-Objekt-Dimension ist und daß die Funktion dieser Kommunikationsgemeinschaft selbst – als intersubjektive Metadimension zur objektiven Beschreibung und Erklärung von Weltdaten – zum Thema wissenschaftlicher Erkenntnis werden kann und muß."[18] Diese Erkenntnisweise, praktiziert vor allem in den philologischen – hermeneutischen – Wissenschaften, diene unter anderem der – auch für die Naturwissenschaften wesentlichen – Traditionsvermittlung.

Im Unterschied zu Jürgen Habermas, der das technische, das praktische und das emanzipatorische Erkenntnisinteresse parallelisiert[19], zieht Apel es vor, den beiden genannten primären und komplementären Interessen – dem technischen und dem praktischen – das dritte – das emanzipatorische – nachzuordnen. „Wären die Menschen sich selbst durchsichtig in ihren Intentionen", so meint er in seiner Analyse des Historismus-Problems, „so wären nur zwei komplementäre Erkenntnisinteressen gerechtfertigt: das szientifische Interesse an der technisch relevanten Erkenntnis der Natur und das hermeneutische Interesse an der intersubjektiven Verständigung über mögliche Sinnmotivationen des Lebens"[20]. Das ist aber seiner Meinung nach keineswegs der Fall.

Die menschliche Geschichte, auch die Ideengeschichte, enthält stets Komponenten – sogenannte faktisch-kontingente Faktoren –, die

---

[17] A.a.O., S. 112.

[18] A.a.O., S. 114.

[19] Vgl. dazu Jürgen Habermas, Erkenntnis und Interesse, Merkur, Heft 13, Dez. 1965, S. 1139ff., abgedruckt in seinem Aufsatzband, Technik und Wissenschaft als „Ideologie", Frankfurt 1968. In seinem Aufsatz „Wissenschaft als Emanzipation? Eine kritische Würdigung der Wissenschaftskonzeption der ‚Kritischen Theorie'", a.a.O., S. 128ff., distanziert sich Apel von bestimmten Zügen der Habermasschen Auffassung des emanzipatorischen Interesses, die mit gewissen politischen Konsequenzen verbunden sind.

[20] Apel, a.a.O., S. 122.

„noch nicht in der intersubjektiven Verständigung aufzuheben sind, eben weil sie nicht – als Motive – subjektiv durchsichtig, sondern nur faktisch wirksam sind“, die sich aber „mit den Mitteln einer quasi-objektiv erklärenden Wissenschaft analysieren“ lassen[21]. Diese Situation führt ihn zu der methodologischen Forderung „einer dialektischen Vermittlung der sozialwissenschaftlichen ‚Erklärung‘ und des historisch-hermeneutischen ‚Verstehens‘ der Sinntraditionen unter dem regulativen Prinzip einer ‚Aufhebung‘ der vernunftlosen Momente unseres geschichtlichen Daseins“[22], hinter der das von Habermas so genannte emanzipatorische Erkenntnisinteresse angenommen werden darf.

Während „Erklären“ und „Verstehen“ zunächst als durch bestimmte Interessen konstituierte komplementäre Erkenntnisweisen präsentiert wurden, ergibt sich hier also eine weitere Form der Erkenntnis, die als dialektische Vermittlung dieser beiden Formen zu charakterisieren ist: die Ideologiekritik, die nach dem Modell der Psychoanalyse aufzufassen sein soll. Daß hier eine „dialektische“ Vermittluung notwendig erscheint, ist leicht einzusehen, denn in seiner Komplementaritätsthese hatte Apel ja zunächst die Unvereinbarkeit der beiden primären Erkenntnisweisen konstatiert.

Das leitende Interesse der durch diese Vermittlung zustandekommenden dritten Erkenntnisweise entspricht, wie er nun feststellt, „dem Leibapriori einer psychosomatischen Selbstdiagnose und Selbsttherapie des Menschen“. Als ihr regulatives Prinzip wäre „der reine Ausdruck des Geistigen im Leiblichen, die ‚Humanisierung der Natur‘ und die ‚Naturalisierung des Menschen‘“ anzusehen. In einer solchen Erkenntnisweise sieht er überdies „die einzig sinnvolle logische Begründung und moralische Rechtfertigung der objektiverklärenden Wissenschaften vom Menschen“.

Diese Lehre, die den Anspruch macht, einer transzendentalen Reflexion zu entstammen – einer Besinnung auf die Bedingungen der Möglichkeit der Erkenntnis, die selbst wieder hermeneutischen Charakter zu haben scheint[23] –, wird von ihm emphatisch dem Objektivismus und Szientismus der üblichen Wissenschaftslehre entgegengesetzt, die seiner Auffassung nach die Tendenz hat – vielfach ganz im Gegensatz zu den in ihr selbst praktizierten Methoden –, alle wissenschaftliche Er-

---

[21] A.a.O., S. 123.

[22] A.a.O., S. 127.

[23] Etwa im Sinne der in Heideggers „Sein und Zeit“ enthaltenen „Hermeneutik der menschlichen Existenz“, vgl. dazu Apel, Das Verstehen, a.a.O., S. 195 und passim.

kenntnis über einen Leisten zu schlagen, das heißt: sie im Sinne der naturwissenschaftlichen Erkenntnisweise, also des technischen Erkenntnisinteresses, umzudeuten oder als illegitim zurückzuweisen.

Dabei ist die Tatsache nicht uninteressant, daß er, ebenso wie schon vorher Habermas, eine Reduktion alles Erkennens auf Interessen durchzuführen versucht, die im weiteren Sinne des Wortes durchaus als „praktisch“ bezeichnet werden können. Ein Interesse an „reiner Erkenntnis“, wie man es unter Gesichtspunkten der bisherigen Erkenntnistheorie vermuten könnte, tritt weder bei ihm noch bei Habermas auf. Die Analyse zielt gewissermaßen darauf ab, den „objektivistischen Schein“[24], der mit der Annahme eines solchen Interesses verbunden zu sein scheint, durch Rekurs auf die hinter aller Erkenntnis stehenden „praktischen“ Interessen – die „wahren“ Interessen also, die ihre Gegenstände und Fragestellungen konstituieren – verstehend zu überwinden. Insoweit könnte man diese Auffassung als einen „hermeneutischen Pragmatismus in transzendentalphilosophischer Absicht“ charakterisieren.

Damit sind wir wieder bei der Apelschen Konzeption der Transzendentalphilosophie angelangt, die sich als ein Ergebnis einer Transformation des Kantschen Ansatzes unter sprachphilosophischen Gesichtspunkten versteht, wobei das transzendentale Subjekt dieses Ansatzes – das „Bewußtsein überhaupt“ – in die unbegrenzte Kommunikationsgemeinschaft verwandelt wird, die sich schon bei Charles Sanders Peirce und bei Josiah Royce in ähnlicher Weise findet und die überdies, wie seine Untersuchung zeigen soll, mit der Sprachspielkonzeption des späten Wittgenstein kombiniert werden kann.

Mit dem Übergang zu dieser Kommunikationsgemeinschaft – also gewissermaßen mit der „Sozialisierung“ des Kantschen Ansatzes unter Rückgriff auf die Sprache – wird nach Apel der „methodische Solipsismus“ überwunden, der die frühere Erkenntnistheorie angeblich beherrscht hat. Wir haben damit ein Kollektivsubjekt der Weltinterpretation und der Weltgestaltung gewonnen, das seiner Anschauung nach nicht den Beschränkungen unterliegt, die für das „Bewußtsein überhaupt“ kennzeichnend waren. Er weist hier darauf hin, daß Peirce schon 1868 die Antwort auf die Frage nach dem Subjekt des Erkenntnisprozesses in der Idee einer „Gemeinschaft“ fand, „,die ohne definitive Grenzen ist und das Vermögen zu einem definitiven Wachstum der

---

[24] Vgl. dazu Habermas, Erkenntnis und Interesse, a.a.O., S. 1142ff.

Erkenntnis besitzt'"[25]. Dabei habe er „Kants letzte Voraussetzung und ‚höchsten Punkt', die *transzendentale Synthesis der Apperzeption,* durch das *Postulat einer ‚letzten Überzeugung'*" ersetzen müssen, „in der, nach einem hinreichend lange durchgeführten Forschungsprozeß, die unbegrenzte Gemeinschaft der Wissenschaftler übereinstimmen würde".

Dabei zeige „die logische Struktur seines Denkens, daß hier keine naturalistische Reduktion der Frage nach dem Subjekt der Wissenschaft vorgenommen werden soll(e)". Es werde zwar „eine reale Gemeinschaft als Subjekt postuliert", und die Erkenntnis werde auch „nicht ausschließlich als Bewußtseinsfunktion, sondern primär als realer geschichtlicher Interpretationsprozeß begriffen". Dennoch erfolge „die sinnkritische Definition von Realität und Wahrheit ebenso wie die Begründung der notwendigen Geltung der synthetischen Schlußverfahren des Forschungsprozesses ... nicht mit Berufung auf die faktische, empirisch beschreibbare Funktion der Erkenntnis in der faktischen Gemeinschaft, sondern im Hinlick auf die normativ zu postulierende Konvergenz der Schluß- und Interpretationsprozesse in der unbegrenzten Gemeinschaft". Der „sinnkritisch postulierte *Consensus*" sei, der „*Garant der Objektivität der Erkenntnis*", der „an die Stelle des kantischen transzendentalen ‚Bewußtseins überhaupt'" trete. Freilich fungiere er „als regulatives Prinzip, das als Ideal der Gemeinschaft in und durch die reale Gemeinschaft erst noch zu realisieren" sei, wobei „die Ungewißheit über die faktische Erreichung des Ziels durch ein ethisches Prinzip des Engagements und der Hoffnung ersetzt werden" müsse[26].

Apel spricht vom Peirceschen Subjekt als einer „*reale(n) Experimentier- und Interpretationsgemeinschaft,* in der zugleich eine *ideale, unbegrenzte Gemeinschaft* als Telos vorausgesetzt" werde. In welchem Sinne hier von „Voraussetzung" die Rede ist, wird dabei, ebenso, wie an zahlreichen anderen Stellen, an denen bei ihm solche Redeweisen auftauchen, nicht deutlich. Diese Gemeinschaft sei jedenfalls wie ihre Zeichen und Handlungen „*erfahrbar*", aber – so fährt er im Hinblick auf den von ihm kritisierten „Objektivismus" fort – „nicht als ein Objekt der Erfah-

---

[25] Vgl. Apel, Szientismus oder transzendentale Hermeneutik? Zur Frage nach dem Subjekt der Zeicheninterpretation in der Semiotik des Pragmatismus, in seinem o.a. Buch, Band II, S. 191, zitiert aus: Peirce, Einige Konsequenzen aus vier Unvermögen; weiter ist dann die Rede von einem „sensus catholicus", der die Wahrheit konstituiere und der sich auf die Gemeinschaft aller Verstandeswesen erstrecke; Apel, a.a.O., Anm. 30.

[26] A.a.O., S. 191f.

rung, das von außen als Beobachtungsdatum beschrieben und erklärt werden könnte, sondern eher als *intersubjektives Medium der Verständigung* über die begrifflichen Bedingungen der Möglichkeit und Gültigkeit von Beschreibungen und Erklärungen von Beobachtungsdaten"[27].

Seinem anderen Gewährsmann in dieser Sache, Josiah Royce, schreibt Apel das Verdienst zu, zum ersten Mal darauf hingewiesen zu haben, *„daß die intersubjektive Verständigung als Traditionsvermittlung in einer ‚Interpretationsgemeinschaft' die transzendentalhermeneutische Bedingung der Möglichkeit und Gültigkeit aller objektiv gerichteten* (auch schon der präszientifischen) *Erkenntnis ist"*[28]. Der methodische Solipsismus der früheren Erkenntnistheorie habe dagegen die Einsicht versperrt, „daß die Subjekt-Objekt-Relation der apperzeptiven Erkenntnis als zeichenvermittelte immer schon durch die Subjekt-Subjekt-Relation der interpretativen Erkenntnis vermittelt" sei[29].

Royce habe durch seinen Beitrag jene Entwicklung des hermeneutischen Denkens gefördert, die dann zu der von Apel formulierten Komplementaritätsthese geführt habe. Bei diesem wird nun das „Subjekt der unverkürzten Zeicheninterpretation", wie es für die hermeneutischen Geisteswissenschaften seiner Ansicht nach vorauszusetzen ist, zu einem geschichtlichen Subjekt im Sinne Heideggers und Gadamers: zur *„Interpretationsgemeinschaft einer unbegrenzten Interaktionsgemeinschaft"*, die sich nur im Grenzfall „auf die Gemeinschaft der wissenschaftlichen Experimentatoren zurückführen" lasse, nämlich dann, wenn es nicht darum gehe, „die Welt als Geschichte in engagierter Praxis fortzusetzen, sondern nur mehr darum, Gesetzeswissen über die Welt als Kosmos durch experimentelle Erprobung in technisches Können umzusetzen"[30] woraus sich wohl entnehmen läßt, daß die Tätigkeit dieser Leute insoweit nicht zur Geschichte und zur engagierten Praxis gehört.

In normativer Hinsicht – das heißt: für eine normative Logik der Forschung – ergibt sich nach Apel aus solchen Überlegungen als regulatives Prinzip die *„Idee der Realisierung einer unbegrenzten Interpretationsgemeinschaft, die jeder, der überhaupt argumentiert* (also jeder der denkt), *implizit als ideale Kontrollinstanz voraussetzt"*[31]. Mit diesem

---

[27] A.a.O., S. 198.

[28] A.a.O., S. 200.

[29] A.a.O., S. 199.

[30] A.a.O., S. 213.

[31] A.a.O., S. 215. Apel wendet sich hier kritisch gegen den Gadamerschen Deskriptivismus, der solche normativen Ideen auszuschließen scheint.

Prinzip werde „noch entschiedener als bei Gadamer der Hegelsche Begriff des Verstehens als reflexiv überholender Selbstdurchdringung des Geistes gegenüber dem Schleiermacher-Dilthey-Postulat des identischen Nachvollziehens fremder Geistesproduktion ins Recht gesetzt –, wenngleich das Ziel der Interpretation in eine unendliche Zukunft verlegt und die Realisierung nicht einer selbstgenügsamen Philosophie, sondern eher einer philosophisch angeleiteten Vermittlung von hermeneutischer Empirie und Interaktionspraxis anvertraut" werde[32]. Das mag genügen, um die Entwicklung der Idee einer solchen Kommunikationsgemeinschaft bei Apel zu verdeutlichen.

Welche Funktion hat diese Idee nun in seinem Unternehmen der hermeneutisch transformierten Transzendentalphilosophie? In einer modernen Version dieser Philosophie gehe es, so meint Apel, „primär um Reflexion auf den Sinn – und insofern auch auf die Sinn-Implikationen – des Argumentierens überhaupt", also auf etwas, was für den Argumentierenden „offenbar das *Letzte, Nichthintergehbare*" sei[33]. Mit dem Argumentieren habe er nämlich zugleich „die transzendentalen Voraussetzungen der Erkenntnis-und Wissenschaftstheorie im Sinne des transzendentalen Sprachspiels einer unbegrenzten kritischen Kommunikationsgemeinschaft selbst gesetzt und implizit anerkannt". Wenn es „um *Letztbegründung durch transzendentale Reflexion*" gehe, brauche man daher die Zugehörigkeit zu einer solchen Gemeinschaft weder dogmatisch noch irrational zu wählen. Man könne höchstens bei diesem Geschäft transzendentaler Besinnung versagen oder deren Normen – „die Normen des transzendentalen Sprachspiels" – willentlich verleugnen.

Die Identifikation mit diesen Normen und der durch sie definierten Gemeinschaft ist also für Apel eine Selbstverständlichkeit, der man sich zwar de *facto* entziehen kann, aber nur aus Schwäche oder aus bösem Willen. Auf die Konsequenz dieser sehr anspruchsvollen These für die Beurteilung anderer Konzeptionen werden wir noch einzugehen haben. Jedenfalls läßt sich von dieser Charakterisierung her verständlich machen, daß es nach Apel in der Universalgeschichte der Menschheit „in allen Dimensionen der Kultur um die progressive Durchsetzung des immer schon transzendental vorausgesetzten idealen Sprachspiels in den gegebenen Lebensformen und gegen die irrationalen Schranken der

---

32 A.a.O., S. 217.

33 Vgl. Apel, Die Kommunikationsgemeinschaft als transzendentale Voraussetzung der Sozialwissenschaften, in: Apel, a.a.O., S. 222.

Kommunikation in diesen Lebensformen" geht[34]. Das damit gekennzeichnete „*Ziel einer hermeneutsichen Aufklärung*" könne freilich „nicht ohne die Einbeziehung der *Ideologiekritik* erreicht werden", die es sich allerdings zutrauen müsse, „auch ganze Lebensformen und ihre öffentlichen Sprachspiele zu hinterfragen".

Die Idee des transzendentalen Sprachspiels und der ihm zugehörigen unbegrenzten Kommunikationsgemeinschaft ist demnach offenbar als eine normative Konzeption aufzufassen, die Konsequenzen nicht nur für die Erkenntnis, sondern darüber hinaus für alle Bereiche des gesellschaftlichen Lebens hat. Insofern besteht eine gewisse Ähnlichkeit mit dem kritischen Rationalismus, auf dessen Beurteilung durch Apel wir später noch eingehen werden. Seine Konzeption macht überdies den Anspruch, daß in ihr der prinzipielle „Unterschied zwischen theoretischer und praktischer Philosophie aufgehoben ist[35]. Einerseits liege nämlich die „praktische Relevanz" seiner Transformation der Transzendentalphilosophie darin, „daß der Prozess der wissenschaftlichen Erkenntnis als Prozeß unbegrenzter Kommunikation bereits eine Minimalethik" voraussetze, wobei sich sogar zeige, „daß die reflexive Besinnung auf die in der Gemeinschaft der Argumentierenden vorausgesetzte moralische Grundnorm die einzige Möglichkeit einer rationalen Letzbegründung der Ethik überhaupt" biete[36]. Andererseits sei auch die praktische Philosophie gezwungen, „ihre *Rechtfertigungs*-Probleme über den undogmatischen, u.d.h. *theoretisch*-wertneutralen *Diskurs* der Argumentations-Gemeinschaft zu vermitteln". In ihrer Reflexion auf „die ethischen Bedingungen der Möglichkeit des theoretischen Diskurses einer unbegrenzten Argumentationsgemeinschaft" werde sie aber – und zwar „ohne Intervention einer Willkürentscheidung" – „auf den Weg normativer Ethik zurückgeführt". Die „*transzendental-hermeneutische* Reflexion auf die Bedingungen der Möglichkeit sprachlicher Verständigung in einer unbegrenzten Kommunikationsgemeinschaft" scheine so „die Einheit der *prima philosophia* als Einheit der *theoretischen* und *praktischen* Vernunft zu begründen".

Hinsichtlich des Verhältnisses von Wissenschaft und Ethik in der modernen Industriegesellschaft skizziert Apel eine Problemsituation, die insofern paradox erscheint, als einerseits „das Bedürfnis nach einer

---

[34] A.a.O., S. 263.

[35] A.a.O., S. 230 und S. 356.

[36] Vgl. Apel, Der transzendentalhermeneutische Begriff der Sprache, in Apel, a.a.O., S. 357.

universalen, d.h. für die menschliche Gesellschaft insgesamt verbindlichen Ethik noch nie so dringend“ war „wie in unserem Zeitalter einer durch die technologischen Konsequenzen der Wissenschaft hergestellten planetarischen Einheitszivilisation“ und andererseits „die philosophische Aufgabe einer rationalen Begründung allgemeiner Ethik noch nie so schwierig, ja aussichtslos gewesen zu sein“ scheint „wie im Zeitalter der Wissenschaft“[37]. Der Grund dafür liegt seiner Meinung nach im szientistischen Vorurteil unseres Zeitalters, also darin, daß „die Idee intersubjektiver Geltung“ in ihm „durch die Wissenschaft präjudiziert“ ist, „nämlich durch die szientistische Idee der normativ neutralen oder wertfreien ‚Objektivität‘“. Die herrschende Wissenschaftsauffassung selbst scheint also einer angemessenen Lösung des wichtigsten Problems einer Begründung der Ethik im Wege zu stehen. „Eine universale, d.h. intersubjektiv gültige Ethik solidarischer Verantwortung scheint demnach“, wie er feststellt, „zugleich notwendig und unmöglich zu sein“[38]. Angesichts der Tatsache, daß „die wertfreie szientifisch-technologische Vermittlung von Theorie und Praxis“ nur Informationen, aber keine ethischen Maßstäbe liefern kann, taucht die Frage auf, wie die „Gewissensentscheidungen der einzelnen nach normativen Regeln zur Übereinstimmung gebracht“ werden können, so daß es ihnen möglich wird, „die solidarische Verantwortung für die gesellschaftliche Praxis“ zu übernehmen[39].

Wenn in diesem Zusammenhang auf die Möglichkeit von Konventionen hingewiesen wird, so ist damit nach Apel das hier anstehende Problem „eher verschleiert als geklärt“, denn die „ethisch relevante Frage“ richte sich gerade darauf, ob es möglich ist, „eine ethische Grundnorm anzugeben und zu rechtfertigen, welche es für jeden Einzelnen zur Pflicht macht, prinzipiell in allen praktischen Fragen eine bindende Übereinkunft mit den anderen Menschen anzustreben und sich hernach an die getroffene Übereinkunft zu halten, oder, wenn dies nicht möglich ist, wenigstens im Geiste einer antizipierten Übereinkunft zu handeln“[40]. Unter den Voraussetzungen eines *„methodischen Individualis-*

---

[37] Vgl. Apel, Das Apriori der Kommunikationsgemeinschaft und die Grundlagen der Ethik. Zum Problem einer rationalen Begründung der Ethik im Zeitalter der Wissenschaft, in: Apel, a.a.O., Band II, S. 358 bis 435, der abschließende Aufsatz seines Werkes; Zitat von S. 359.

[38] A.a.O., S. 363.

[39] A.a.O., S. 373f.

[40] A.a.O., S. 374f.

mus oder *Solipsismus*", also unter der Annahme, „die Möglichkeit und Gültigkeit der Urteils-und Willensbildung" sei jedenfalls „prinzipiell ohne die *transzendental-logische Voraussetzung einer Kommunikationsgemeinschaft,* also gewissermaßen als konstitutive Leistung des Einzelbewußtseins" zu verstehen, kann diese Frage nämlich seiner Ansicht nach nicht positiv beantwortet werden.

In seinen Überlegungen zur Auflösung dieser „Paradoxie" präsentiert er nun zunächst drei der wichtigsten Grundvoraussetzungen der modernen analytischen Philosophie, die, wie er meint, „eine Begündung normativer Ethik als nahezu unmöglich erscheinen lassen"[41], und stellt eine Untersuchung darüber an, welche dieser Aussagen in Frage gestellt werden könnten. Es handelt sich dabei um die Behauptungen: (1) daß sich aus Tatsachen keine Normen – besser: aus deskriptiven keine präskriptiven Sätze – ableiten lassen (Humes Prinzip); (2) daß Wissenschaft von Tatsachen handelt, so daß mit ihrer Hilfe keine normative Ethik begründbar ist; und (3) daß nur die Wissenschaft objektives Wissen liefert, Objektivität aber identisch ist mit intersubjektiver Geltung, so daß eine intersubjektiv gültige Begründung normativer Ethik nicht möglich ist.

Er zieht die Möglichkeit in Betracht, die Relevanz der ersten und die Geltung der dritten Annahme in Frage zu stellen, und glaubt zeigen zu können, daß beide Strategien „berechtigt sind und einander ergänzen können"[42]. Das Resultat der ersten Verfahrensweise sei aber, auch das könne gezeigt werden, nur insoweit relevant, als sich durch das zweite Verfahren die Möglichkeit einer rationalen Begründung der Ethik erweisen lasse.

Die erste seiner Stategien läuft darauf hinaus, daß die Wertneutralität der Humanwissenschaften und der Metaethik bestritten wird, und zwar mit dem Hinweis auf die Notwendigkeit einer wertenden Gegenstandskonstitution in diesen Bereichen der Erkenntnis. Auch die methodische Neutralisierung, wie sie zum Beispiel in den Geschichtswissenschaften üblich sei, könne niemals „die vorwissenschaftliche Wertungsperspektive ... zum Verschwinden bringen"[43]. Darüber hinaus aber, und das sei noch wesentlicher, könne diese Neutralisierung „auch gar nicht den Sinn haben", in ähnlicher Weise „wie in der neuzeitlichen Naturwissenschaft die Wertung des Gegenstandes definitiv zu eliminieren, sondern

---

[41] A.a.O., S. 378.
[42] A.a.O., S. 378f.
[43] A.a.O., S. 378f.

vielmehr den völlig andersartigen Sinn, die quasi-naturwüchsige Wertung, die der Mensch mit dem traditionsvermittelten Sinn seiner Geschichte verbinde(t), durch tunlichst wertfreie Objektivierung eines raum-zeitlichen Wirkungszusammenhanges qualitativ in Frage zu stellen, u.d.h. eine neue, kritisch vermittelte Wertung zu ermöglichen".

Bei der Metaethik handelt es sich nach Apel – im Gegensatz zu einer von ihm kritisierten Deutung[44] – nicht um eine wertfreie Theorie, sondern „vielmehr um eine *Metatheorie* in der reflexionsvermittelten Einstellung der *hermeneutischen Rekonstruktion*". Ihre „primäre ‚Gegenstandskonstitution'" müsse daher „von einem nicht nur methodisch-normativen sondern moralisch-normativen, kommunikativ einlösbaren Engagement mitbestimmt sein"[45]. Nun darf aber die Rolle der normativen Hermeneutik in diesen Wissenschaften, durch die die „Humesche Distinktion von Fakten und Normen" gewissermaßen unterlaufen werde, seiner Auffassung nach nicht zu der Annahme verleiten, man könne sie an die Stelle einer Begründung der Ethik treten lassen. Es zeige sich vielmehr, daß „die Begründung der Ethik offenbar schon geleistet sein" müsse, „bevor man etwa die Humanwissenschaften als Organon der Ethik einsetzen" könne[46]. Überdies zwinge „die *reflexions*vermittelte Anerkennung des Unterschiedes zwischen Fakten und Normen ... die Metaethik dazu, die Rechtfertigung der Sollensansprüche ebenso wie die Rechtfertigung der zweifellos anders gearteten Wahrheitsansprüche theoretischer Sätze als ein Problem *reflexiver* – und insofern *theoretischer* – ‚Einsicht' zu behandeln", wenn man das Rechtfertigungsproblem hier nicht auf das „einer faktischen ‚Anerkennung' der Normen durch die menschliche Willkür" reduzieren wolle[47].

An dieser Stelle bietet sich nun nach Apel wieder das Mittel der transzendentalen Reflexion an, die angeblich zu zeigen vermag, *„daß die Voraussetzung der Geltung moralischer Normen überhaupt eine ‚paradigmatische' Bedingung der Möglichkeit des zur Rechtfertigung von Normen gehörenden Sprachspiels ist"*, woran sich für ihn die Frage knüpft, ob es nicht möglich sei, „aus dieser paradigmatischen Voraussetzung des ‚theoretischen Diskurses' über die Geltung von Normen

---

[44] Er bezieht sich hier auf den Aufsatz von Hans Lenk, Kann die sprachanalytische Moralphilosophie neutral sein?, in: Albert/Topitsch (Hg.), Werturteilsstreit, Darmstadt 1971.

[45] Apel, a.a.O., S. 383f.

[46] A.a.O., S. 390f.

[47] A.a.O., S. 393.

eine ‚moralische Grundnorm' oder ‚ein Prinzip der Ethik' abzuleiten"[48].

Wenn man aber einmal den „methodischen Standpunkt der ‚transzendentalen Reflexion'" eingenommen hat, dann kann man sich, wie er meint, auch der Frage nach den „Bedingungen der Möglichkeit und Gültigkeit der wertfreien, empirisch-analytischen Wissenschaft" zuwenden und damit die dritte der oben erwähnten Thesen in Frage stellen. Die Gegenthese, die er in diesem Zusammenhang präsentiert, behauptet, „*daß die ‚Objektivität'* der wertfreien *Wissenschaft selbst noch die intersubjektive Geltung moralischer Normen voraussetzt*"[49]. An Hand der Konsequenzen dieser Behauptung möchte er nun „das Vorurteil von der irrationalen Subjektivität aller moralischen Normen und Wertungen" unterminieren und dann versuchen, „das Grundprinzip der Ethik im Zeitalter der Wissenschaft zu eruieren". Dabei verfährt er methodisch so, daß er diesen Ansatz „gegen mögliche Einwände und Mißverständnisse zu verteidigen" sucht.

Den Einwand, daß die Annahme seiner Gegenthese bestenfalls „hypothetische Imperative" im Kantschen Sinne begründen könne, nicht aber eine „unbedingte moralische Grundnorm", beantwortet er mit der Bemerkung, der „Nachweis, daß die intersubjektive Geltung moralischer Normen eine Bedingung der Möglichkeit und Gültigkeit von Wissenschaft" sei, könne „immerhin zeigen, daß nicht schon – wie weitgehend angenommen – die Idee der wissenschaftlichen ‚Objektivität' ein prinzipielles Argument gegen die Möglichkeit einer intersubjektiv gültigen Ethik sein"[50] könne. Damit sei also ohne weiteres eine „ethisch relevante Spielart des ‚Szientismus' zu widerlegen".

Mit diesem Nachweis will er sich allerdings keineswegs begnügen. Er will vielmehr darüber hinaus „zeigen, daß die von der Wissenschaft vorausgesetzten ethischen Grundnormen nicht lediglich ‚hypothetische Imperative'" im erwähnten Sinne darstellen, „sondern am Ende sogar eine Antwort auf die Frage bereitstellen, ob Wissenschaft *sein soll*"[51]. Um das zu erreichen, möchte er seine These „dahin radikalisieren, daß schon die, nicht nur in jeder Wissenschaft, sondern in jeder Problemerörterung vorausgesetzte *rationale Argumentation* die Geltung universaler ethischer Normen voraussetzt". Damit soll nicht gemeint sein,

---

48 A.a.O., S. 394.
49 A.a.O., S. 395.
50 A.a.O., S. 396.
51 A.a.O., S. 397.

„daß bereits das Prinzip der Rationalität, das durch die Befolgung der logischen Regeln folgerichtigen Denkens präsentiert ist, eo ipso eine Grundlage der Ethik darstellt", oder – was Apel für gleichbedeutend zu halten scheint – „daß die Logik eine Ethik logisch *impliziert*". Es soll vielmehr damit behauptet werden, „daß die Logik – und *mit ihr zugleich* alle Wissenschaften und Technologien – eine Ethik als Bedingung der Möglichkeit *voraussetzt*"[52].

Seine Argumentation zugunsten dieser These besteht, wie zu erwarten war, in einer transzendentalen Reflexion, nämlich im „rekonstruktiven Rückgang auf die *transzendental-pragmatischen B*edingungen der Möglichkeit der Logik, und damit auch der Wissenschaft, im Apriori der Kommunikationsgemeinschaft"[53], und zwar in mehreren Schritten. „Die logische Geltung von Argumenten", so meint er, könne „nicht überprüft werden, ohne im Prinzip eine Gemeinschaft von Denkern vorauszusetzen, die zur intersubjektiven Verständigung und Konsensbildung befähigt sind"[54]. „Zugleich mit der wirklichen Argumentationsgemeinschaft" werde aber für „die logische Rechtfertigung unseres Denkens" mit der für ihr Funktionieren notwendigen „wechselseitige(n) Anerkennung aller Mitglieder als gleichberechtigter Diskussionspartner" auch „die Befolgung einer moralischen Grundnorm" vorausgesetzt[55]. Nun sei aber „in der Grundnorm der wechselseitigen Anerkennung der Diskussionspartner diejenige der ‚Anerkennung' aller Menschen als ‚Personen' im Sinne Hegels virtuell impliziert", und zwar deshalb, weil „alle sprachlichen Äußerungen und darüber hinaus alle sinnvollen Handlungen und leibhaften Expressionen von Menschen (soweit sie verbalisierbar sind) als virtuelle Argumente aufgefaßt werden können"[56].

Aus der in diesem Rekurs auf die Kommunikationsgemeinschaft enthaltenen „Überwindung des methodischen Solipsismus" geht nach Apel auch hervor, „daß die von der Logik vorausgesetzte Ethik zugleich

---

52 A.a.O., S. 399.

53 A.a.O., S. 401f.

54 A.a.O., S. 399.

55 A.a.O., S. 400.

56 A.a.O., S. 400: „Alle der sprachlichen Kommunikation fähigen Wesen müssen als Personen anerkannt werden, da sie in allen ihren Handlungen und Äußerungen virtuelle Diskussionspartner sind und die unbegrenzte Rechtfertigung des Denkens auf keinen Diskussionspartner und auf keinen seiner virtuellen Diskussionsbeiträge verzichten kann". Apel sucht dann diese Pointe durch Rückgriff auf die Searlesche Theorie der Sprechakte zu verdeutlichen.

die Frage beantworten kann, ob und weshalb Logik und darüber hinaus Wissenschaft *sein soll*"[57]. Diese Ethik, so zeige sich nämlich, könne „die logische und empirisch wissenschaftliche Rechtfertigung von Meinungen" sogar „als *Anspruch* aller Mitglieder der Argumentationsgemeinschaft an alle anderen und somit als moralische Pflicht erweisen"; sie impliziere mithin die „Pflicht zur Anwendung der Logik und der Wissenschaft"[58]. Allerdings werde diese Ethik – und damit diese Pflicht – nur dann als unabdingbar vorausgesetzt, „*wenn* wir logische Argumente überhaupt wollen". Daraus ergibt sich seiner Ansicht nach, daß „das entscheidende – unabhängige – Argument zur ‚Letztbegründung' der Logik mitsamt der von ihr vorausgesetzten Ethik" noch aussteht, worin wir ihm wohl beipflichten können.

In diesem Zusammenhang scheint sich nun, wie Apel richtig sieht, ein „schwerwiegender Einwand gegen die Möglichkeit einer *rationalen Begründung* der Ethik" zu ergeben, nämlich der, daß ja jede Begründung schon die Geltung der Logik voraussetze. Dieser Einwand, so räumt er ein, würde in der Tat sein Vorhaben einer Begründung der Ethik zum Scheitern verurteilen, „wenn man unter *Letztbegründung* in der Philosophie die Deduktion im Rahmen eines axiomatischen Systems verstehen müßte"[59]. Das verschafft ihm die Gelegenheit, die Eigenart – und vor allem die Vorzüge – einer transzendentalen Reflexion ins rechte Licht zu setzen, die seiner Auffassung nach eben keiner solchen Beschränkung unterliegt. „Wenn wir", so stellt er nämlich nun fest, „im Kontext einer philosophischen Grundlagendiskussion" darauf stoßen, „daß etwas deshalb prinzipiell nicht begründet werden kann, weil es die Bedingung der Möglichkeit aller Begründung ist, so haben wir nicht lediglich eine Aporie im Deduktionsverfahren festgestellt, sondern eine *Einsicht* im Sinne *transzendentaler Reflexion* gewonnen".

Daran knüpft sich eine Bemerkung über den Grund für die mangelnde Beachtung der Eigenart und des Wertes der transzendentalen Reflexion als philosophischer Methode in der heutigen Diskussion über die „Letztbegründung", der nach Apel vor allem darin zu sehen ist, daß die weithin übliche „Abstraktion von der *pragmatischen* Dimension" in diesem Zusammenhang zur Konzentration auf logisch-semantische

[57] A.a.O., S. 403.

[58] A.a.O.

[59] A.a.O., S. 405f. Hier bezieht er sich merkwürdigerweise auf das erste Kapitel meines Buches „Traktat über kritische Vernunft", Tübingen 1968, als ob dort von einer Begründung in diesem Sinne die Rede wäre. Solche Hinweise sind an mehreren Stellen seiner Arbeiten zu finden. Ich werde darauf zurückkommen.

Probleme und damit zur Vernachlässigung des transzendental-pragmatischen Subjekts der Argumentation verführt. „Gerade in der Feststellung der *Nichtobjektivierbarkeit* der subjektiven Bedingungen der Möglichkeit der Argumentation", die hier in Betracht gezogen werden müßte, „in einem syntaktisch-semantischen *Modell*" drücke sich aber das *„selbstreflexive Wissen"* dieses Subjekts und damit seine *„Reflexions-Kompetenz"* aus[60].

In diesem Zusammenhang sei die Tatsache interessant, daß in der Argumentation über die Möglichkeit der kritischen Prüfung „durch die von der empirischen Überprüfung charakteristisch unterschiedene Operation der *Reflexion auf die Bedingungen der Möglichkeit*" eines solchen Verfahrens „ein im transzendentalpragmatischen Sinne Nichthintergehbares festgestellt wurde"[61]. Ganz im Einklang mit diesem Verfahren müsse man „das eigentliche Geschäft *philosophischer Grundlegung* in dem Versuch" sehen, „die notwendigen Bedingungen der menschlichen Argumentation möglichst vollständig zu rekonstruieren"[62]. In diesem Sinne sei sein Versuch darauf gerichtet, die ethischen Bedingungen ihrer Möglichkeit und Gültigkeit herauszuarbeiten, allerdings unter der Voraussetzung jener schon öfter erwähnten *„sinnkritische(n) Transformation der Transzendentalphilosophie,* die von einem apriorischen Faktum der Argumentation als einem nicht zu hintergehenden quasi-kartesischen Ansatzpunkt" ausgehe, womit wohl das transzendentale Sprachspiel der Kommunikationsgemeinschaft gemeint ist, von der wir schon öfter Kenntnis genommen haben.

Nun ist offenbar der Boden bereitet für den entscheidenden Vorstoß ins Unbedingte. Zwar gelte, so meint Apel, auch jetzt noch der erste Einwand, der sich auf den hypothetischen Charakter des erwähnten Imperativs bezog, da die zu begründende „Geltung moralischer Normen" immer noch „abhängig" sei vom „Willen zur Argumentation"[63], aber dieser Wille könne und müsse „in jeder philosophischen Grundla-

---

[60] A.a.O., S. 406f.

[61] A.a.O., S. 410. Es geht hier um die Untersuchungen William Warren Bartleys in seinem Buch „Retreat to Commitment", New Yortk 1962, und die sich in der Fragestellung teilweise daran anschließende Studie von Hans Lenk „Philosophische Logikbegründung und Rationaler Kritizismus", abgedruckt in seinem Aufsatzband „Metalogik und Sprachanalyse. Studien zur analytischen Philosophie", Freiburg 1973, wo die Regeln der Konsequenzenlogik als Minimalerfordernis kritischer Diskussion herausgestellt werden.

[62] A.a.O., S. 411.

[63] A.a.O., S. 415.

gendiskussion vorausgesetzt werden", da diese sonst selbst keinen Sinn habe. Da dieser Wille mithin unhintergehbar und nicht empirisch bedingt, sondern selbst transzendentale Bedingung sei, könne man die in ihm „implizierte moralische Grundnorm *unbedingt* und *kategorisch* nennen", sofern eingeräumt werde, daß diese Diskussion „*unbedingt* – d.h. ohne Rücksicht auf empirische Bedingungen – *Sinn haben*" solle.

Gegen den dem Humeschen Prinzip entstammenden Einwand, aus der Tatsache des Akzeptierthabens könne keine Norm abgeleitet werden, könne, so meint Apel nun, „die transzendentale Sinnkritik zunächst zeigen, daß die Akzeptierung der Spielregeln einer kritischen Kommunikationsgemeinschaft nicht ein *empirisches* Faktum" sei, „sondern zu den Bedingungen der Möglichkeit und Gültigkeit der empirisch-wissenschaftlichen Feststellung von Fakten" gerechnet werden müsse. Darüber hinaus gehöre die Anerkennung dieser moralischen Grundnorm, wie schon erwähnt, „zu den Bedingungen jeder Argumentation ... und jedes gültigen Selbstverständnisses"[64]. Sie habe daher, sofern sie „notwendig vorausgesetzt werden" müsse, „nicht den Charakter eines Humeschen ‚Faktums', sondern den ... des Kantischen ‚Faktums der Vernunft'".

Dieser Rekurs auf ein solches „Faktum" bereitet nun gewisse Schwierigkeiten, da nicht ohne weiteres einzusehen ist, inwiefern man dadurch dem Humeschen Einwand entgehen kann. Apel sieht sich hier veranlaßt, einen langen historischen Exkurs zu machen, der die Versuche beleuchtet, diese Schwierigkeit zu beseitigen, um eine Lösung zu finden, durch die „sowohl der dogmatische Rekurs auf ein bloß vorhandenes metaphysisches Faktum" als auch „die Willkür einer unbegründeten, dezisionistischen Setzung" zu vermeiden ist[65]. Seine eigene Lösung liegt, wie kaum noch erwähnt werden muß, in der Anwendung transzendentaler Reflexion. Man könne nämlich, so meint er, jedem, der die „durchaus sinnvolle Frage nach der Rechtfertigung des Moralprinzips" stelle, mithin also an der Diskussion teilnehme, „‚einsichtig machen', was er ‚immer schon' als Grundprinzip akzeptiert" habe, und daß er „dieses Prinzip als *Bedingung der Möglichkeit und Gültigkeit der Argumentation* durch willentliche Bekräftigung akzeptieren" solle.

Nach diesem Versuch einer Lösung des Begründungsproblems wendet er sich der Frage zu, wieviel durch diese transzendentale Reflexion

---

64 A.a.O., S 416. Letzteres unter der Annahme, daß der „methodische Solipsismus als widerlegt gelten" könne.

65 A.a.O., S. 420.

nun wirklich erreicht worden sei und ob auf dieser Basis „eine normative Ethik ausgearbeitet werden" könne, „die als Grundlage für eine solidarische Übernahme der moralischen Verantwortung im Zeitalter der Wissenschaft tauglich" sei[66]. In dieser Hinsicht müsse zunächst anerkannt werden, daß die „Ethik der Wissenschaft" nicht genüge, „um eine Ethik der Menschheit im Zeitalter der Wisseschaft zu begründen", denn „die Gemeinschaft der Argumentierenden" sei nicht „mit der Gemeinschaft der Wissenschaftler" identisch, wenn sie auch „von der letzteren vorausgesetzt" werde[67]. „Im Apriori der Argumentation" liege aber „der *Anspruch,* nicht nur alle ‚Behauptungen' der Wissenschaft, sondern darüber hinaus alle menschlichen *Ansprüche* (auch die impliziten Ansprüche von Menschen an Menschen, die in Handlungen und Institutionen enthalten sind) zu *rechtfertigen*", und damit auch die Verpflichtung, „alle virtuellen Ansprüche aller virtuellen Mitglieder zu berücksichtigen"[68]. Daraus ergibt sich seiner Auffassung nach unter anderem die Forderung, „alle *Bedürfnisse* von Menschen – als virtuelle *Ansprüche* – zum Anliegen der Kommunikationsgemeinschaft zu machen, die sich auf dem Wege der Argumentation mit den Bedürfnissen aller übrigen in Einklang bringen lassen".

Damit glaubt unser Autor „das Grundprinzip einer Ethik der Kommunikation" angedeutet zu haben, das zugleich die „Grundlage einer Ethik der demokratischen Willensbildung durch *Übereinkunft* (‚Konvention')" darstelle[69]. Die betreffende Grundnorm „verpflichte(t) alle, die durch den Sozialisationsprozeß ‚kommunikative Kompetenz' erworben haben, in jeder Angelegenheit, welche die Interessen (die virtuellen *Ansprüche)* anderer" berühre, „eine Übereinkunft zwecks solidarischer Willensbildung anzustreben". Und nur sie – „nicht etwa das *Faktum* einer bestimmten Übereinkunft" – sichere „den einzelnen normgerechten Übereinkünften moralische Verbindlichkeit". Allerdings sei „mit der Aufstellung des Prinzips wenig getan", wenn es nicht gelinge, die damit gestellten „langfristigen Aufgaben zu erfüllen", nämlich: „die *Methode der moralischen Diskussion* (der praktischen ‚Beratung' überhaupt) zu entwickeln" und „diese Methode unter endlichen, politisch-juristischen Bedingungen wirksam zu institutionalisieren".

---

66 A.a.O., S. 423.
67 A.a.O., S. 424.
68 A.a.O., S. 425.
69 A.a.O., S. 426.

Die bisherigen Überlegungen gingen, wie er einräumt, von idealisierten Voraussetzungen aus, in denen bestimmte Schwierigkeiten der Realisierung nicht berücksichtigt seien[70]. Diese Schwierigkeiten lassen sich seiner Ansicht nach dadurch beleuchten, daß man den *„dialektischen Widerspruch"* aufdeckt, der in seiner transzendentalen Voraussetzung enthalten sei, nämlich den Widerspruch, der darin bestehe, daß der Argumentierende „immer schon zwei Dinge gleichzeitig" voraussetze: einerseits „eine *reale Kommunikationsgemeinschaft,* deren Mitglied er selbst durch einen Sozialisationsprozeß geworden" sei, und andererseits „eine *ideale Kommunikationsgemeinschaft,* die prinzipiell imstande sein würde, den Sinn seiner Argumente adäquat zu verstehen und ihre Wahrheit definitiv zu beurteilen"[71], und zwar „gewissermaßen die ideale Gemeinschaft *in* der realen, nämlich als reale Möglichkeit der realen Gesellschaft". Diese „Voraussetzung" mache er, obwohl er wisse, daß in den meisten Fällen „die reale Gemeinschaft einschließlich seiner selbst weit davon entfernt" sei, „der idealen Kommunikationsgemeinschaft zu gleichen". „Aber der Argumentation bleibt", so meint er weiter, „aufgrund ihrer transzendentalen Struktur, keine andere Wahl, als dieser verzweifelten und hoffnungsvollen Situation ins Auge zu sehen". „Die Auflösung dieses Widerspruchs", versichert er uns, können man „von der geschichtlichen Realisierung der idealen Kommunikationsgemeinschaft *in* der realen erwarten", ja man müsse, „diese geschichtliche Auflösung des Widerspruchs moralisch postulieren".

Daraus lassen sich seiner Meinung nach *„zwei grundlegende regulative Prinzipien* für die langfristige moralische Handlungsstrategie jedes Menschen ableiten: Erstens muß es in allem Tun und Lassen darum gehen, das *Überleben* der menschlichen Gattung als der *realen* Kommunikationsgemeinschaft sicherzustellen, zweitens darum, in der realen die *ideale* Kommunikationsgemeinschaft zu verwirklichen". Das erste der beiden Ziele sei „die notwendige Bedingung" des zweiten; und das zweite gebe „dem ersten seinen Sinn", nämlich: „den Sinn, der mit jedem Argument schon antizipiert" sei; und damit erhalte die *„Überlebensstrategie ... ihren Sinn durch eine langfristige Emanzipationsstrategie"*[72]. Damit sei sein Ansatz nun auch in der Lage, einem „humanitär-emanzipatorischen und gewissermaßen hypothetisch-ex-

---

70 A.a.O., S. 426ff.; es geht dabei um reale Interessenkonflikte auf sozialstruktureller Grundlage.

71 A.a.O., S. 429f.

72 A.a.O., S. 432.

perimentellen ... Neomarxismus eine ethisch-begründete Funktion einzuräumen", denn „die Aufgabe der Realisierung der idealen Kommunikationsgemeinschaft" impliziere auch „die Aufhebung der Klassengesellschaft", das heißt „die Beseitigung aller sozial bedingten Assymmetrien des interpersonellen Dialogs".

Mit unserer Skizze der Apelschen Konzeption sind wir nun fertig. Natürlich konnten nicht alle Einzelheiten seines Gedankengangs berücksichtigt werden, vor allem nicht die vielen historischen Exkurse und Analysen, die zur Entwicklung seines geistigen Stammbaums gehören, und die zahlreichen Schnörkel und Verzierungen, die den Gang der Argumentation oft unnötig komplizieren und mitunter auch verschleiern. Auch auf seine Auseinandersetzungen mit vielen älteren und zeitgenössischen Autoren konnte ich nicht eingehen, obwohl sie für das Verständnis der Genese seiner Anschauungen nicht uninteressant sind.

Was seine Erörterung des kritischen Rationalismus angeht, den er in letzter Zeit besonders gern – mal freundschaftlich vereinnahmend, mal kritisch ablehnend, mitunter auch polemisch attackierend – in seinen Gedankengang einbezieht, so werde ich im letzten Teil meiner kritischen Untersuchung seiner Auffassungen auf sie zurückkommen. Es wird sich dann herausstellen, inwieweit sein Anspruch honoriert werden kann, eine Konzeption entwickelt zu haben, die diese Richtung des modernen Denkens in ihre Schranken zu weisen und gleichzeitig in ihrem brauchbaren Kern zu bewahren in der Lage ist.

II. Reduktion auf praktische Interessen: Die Lehre von den Wissensformen und ihr hermeneutischer Hintergrund

Wenden wir uns zunächst der oben skizzierten Apelschen Wissenschaftslehre zu, die er selbst als Erkenntnisanthropologie charakterisiert und der üblichen Wissenschaftslogik als Alternative entgegensetzt, mit dem Anspruch, auch dem in dieser Disziplin behandelten engeren Problembereich dadurch gerecht werden zu können[73]. Vor allem der Erkenntnisanspruch der sogenannten Geisteswissenschaften soll dabei ernst genommen werden, also der Anspruch derjenigen Disziplinen, die

---

[73] Wie schon erwähnt – vgl. Anm. 11, oben – habe ich mich mit dieser Lehre schon früher einmal auseinandergesetzt, aber Apel hat davon, wie seine Argumentation zeigt, bisher nur in sehr oberflächlicher Weise Kenntnis genommen.

nach Apel in der modernen analytischen Wissenschaftslehre zu kurz kommen.

Diese Lehre könne infolge ihres Objektivismus, ihrer Orientierung am naturwissenschaftlichen Paradigma, de facto nur bestimmten Disziplinen gerecht werden, nämlich den Wissenschaften, in denen die Anwendung der naturwissenschaftlichen Methode am Platze sei. Er nennt den Teil seiner eigenen Wissenschaftslehre, der sich mit solchen Wissenschaften beschäftigt, daher „Szientistik" und bezichtigt die übliche Lehre, die den Versuch macht, Gesichtspunkte und Methoden, die hier berechtigt sind, auf andere Gebiete zu übertragen, des „Szientismus".

Der Szientismusvorwurf ist im deutschen Sprachbereich inzwischen weit verbreitet. Er scheint den früher üblichen Positivismusvorwurf, der sich als irreführend erwiesen hat, weitgehend abgelöst zu haben. Wie dieser entspricht er tiefverwurzelten deutschen Traditionen und darf daher stets auf breite Zustimmung rechnen, zumal man mit ihm die Borniertheit einer Auffassung treffen kann, die nicht in der Lage zu sein scheint, den Ideenreichtum des deutschen Idealismus und der Romantik in die Analyse der Erkenntnis einzubeziehen. Es ist daher vielleicht nicht uninteressant, die Grundlage dieses Einwandes in der Apelschen Konzeption etwas genauer zu betrachten. Sie besteht ironischerweise in erster Linie in einer einschränkenden Deutung des naturwissenschaftlichen Denkens, die der Bedeutung dieses Denkens für den Aufbau unseres Weltbildes in keiner Weise gerecht wird.

Nach Apel liegt dieser Erkenntnisweise, wie schon erwähnt, ein technisches Erkenntnisinteresse zugrunde, das schon die Gegenstandskonstitution bestimmt[74]. Diese These kann bei oberflächlicher Betrachtung eine gewisse Plausibilität in Anspruch nehmen, denn der enge Zusammenhang von Naturwissenschaft und Technik ist heute jedermann geläufig. Überdies kommt sie der innerhalb der Naturwissenschaften und auch bestimmter sozialwissenschaftlicher Disziplinen florierenden Modephilosophie des Operationalismus[75] entgegen, deren Bedeutung allerdings im Abklingen zu sein scheint.

---

[74] Er wehrt sich dabei ausdrücklich gegen eine Subsumtion seiner Auffassung unter den üblichen Instrumentalismus – vgl. z.B. Band II seines oben erwähnten Werkes, S. 100f., Anm. 7a – aber wir werden sehen, daß die Einwände gegen seine Auffassung nicht von einer solchen Einordnung abhängig sind.

[75] Für eine scharfe Kritik vom kritischen Realismus her vgl. MARIO BUNGE, Philosophy of Physics, Dordrecht/Boston 1973. Ich kann die Anziehungskraft, die ein gegenstandskonstitutiver Instrumentalismus für Apel und andere besitzt, auch insofern gut verstehen, als ich selbst unter dem Einfluß der geistigen Strömungen, die das

Sie ist aber dennoch in höchstem Grade fragwürdig, weil sie den Zusammenhang zwischen Wissenschaft und Technik in vordergründiger und kurzschlüssiger Weise nahezu umkehrt. Die Umsetzbarkeit wissenschaftlicher Theorien in technologische Systeme und in Techniken aller Art wird heute sicherlich kaum bestritten werden. Dieser Tatsache tragen alle mir bekannten wissenschaftstheoretischen Konzeptionen irgendwie Rechnung. Die Konstruktion eines bloß technischen Erkenntnisinteresses hinter der naturwissenshaftlichen Theoriebildung müßte außer der Berücksichtigung dieser Tatsache weitere Vorzüge für sich beanspruchen können, um glaubwürdig zu sein. Daß die subjektive Motivation der mit der Weiterentwicklung der betreffenden Theorien befaßten Naturforscher diese These nicht stützen kann, hat Apel selbst gesehen und zugestanden[76]. Auch die institutionellen Bedingungen der Forschungsarbeit scheinen mit ihr nicht in Einklang zu stehen, denn die Grundlagenforschung pflegt weitgehend vom Druck der technischen Anwendung freigesetzt zu sein[77].

Tatsachen dieser Art sind für die Apelsche These anscheinend von vornherein unerheblich, denn das von ihm apostrophierte Erkenntnisinteresse ist ein „apriorisches", dem der Naturforscher offenbar nicht entkommen kann, weil es die von ihm angestrebte Art von Erkenntnis überhaupt erst ermöglicht, also eine notwendige Bedingung ihrer Möglichkeit ist. Wer die Frage stellt, wie sich diese „Apriorität" glaubhaft machen läßt, wird von unserem Autor auf die schon erwähnte „vorgängige Bindung der Fragestellung der neuzeitlichen Physik an die prinzipiell vorausgesetzte Möglichkeit der operativen Verifikation"[78] hingewiesen, die dem „Leibapriori" dieser Disziplin entspreche. Dieses „Leibapriori" liege „in der Voraussetzung des instrumentellen Eingriffs ..., durch den die Fragestellung des Menschen an die Natur herangetragen werden" könne. Darin sei auch der Unterschied im Erkenntnisinteresse zwischen dieser Disziplin und der „Naturphiloso-

---

Apelsche Denken bestimmt haben – z.B. der Ideen Martin Heideggers, Max Schelers, Hugo Dinglers und Benedetto Croces –, vor mehr als zwanzig Jahren ähnliche Thesen vertreten habe, und zwar in meiner Arbeit „Rationalität und Existenz. Politische Arithmetik und politische Anthropologie", Köln 1952 (unveröffentlicht).

[76] Vgl. APEL, a.a.O., Band II, S. 100.

[77] Natürlich lenken aufwendige technologische Projekte den Blick der Öffentlichkeit im allgemeinen weit stärker auf sich als Entdeckungen im Bereich der reinen Wissenschaft.

[78] A.a.O., S. 100.

phie der Griechen und der Renaissance und wiederum Goethes und der Romantiker" zu sehen.

Nun läßt sich gewiß nicht leugnen, daß moderne Naturwissenschaftler ein Interesse an der Überprüfung ihrer Theorien haben und daß sich solche Prüfungen heute sehr oft mit Hilfe von Eingriffen in das Naturgeschehen unter Verwendung mehr oder weniger komplizierter Apparate durchführen lassen. Das bedeutet aber keineswegs, daß die theoretische Fragestellung „vorgängig" an die Prüfbarkeit gebunden ist, wie das etwa dem positivistischen Credo der 30er Jahre entsprechen würde. Es hat sich vielmehr herausgestellt, daß es oft sehr schwierig ist, eine Theorie – meist durch Vermittlung anderer „instrumentaler", d.h. das Funktionieren bestimmter Instrumente erklärender, Theorien – prüfbar zu machen, und daß es notwendig ist, Sinnprobleme und Prüfbarkeitsprobleme scharf zu unterscheiden[79]. Überdies sind in die Begriffsapparate moderner Theorien unzweifelhaft Ideen der griechischen Naturphilosophie eingegangen und haben dort die Fragestellung mitbestimmt.

Außerdem dürfte es wohl keine Wissenschaft – auch keine Geisteswissenschaft – geben, in der kein solches Interesse an der Prüfung der in ihr entwickelte Konzeptionen besteht. Im Zusammenhang mit solchen Prüfungen wird man auch außerhalb der Naturwissenschaften auf Tatbestände rekurrieren, die im unmittelbaren Erfahrungsbereich der betreffenden Wissenschaftler liegen, und damit auf Wahrnehmungen der verschiedensten Art. Inwieweit die menschliche Wahrnehmung dabei auf apparative Vorkehrungen bestimmten Charakters gestützt und inwieweit die wahrzunehmenden Ereignisse und Zustände durch planende Eingriffe kontrolliert werden können und müssen, hängt von den verschiedensten Umständen ab, auch natürlich von der Entwicklung einer entsprechenden Prüfungstechnologie, die für den betreffenden Problembereich brauchbar ist. Aber die theoretische Fragestellung pflegt keineswegs von dieser Technologie abhängig zu sein, und wenn, dann

---

[79] Das ist übrigens eine der Pointen der Popperschen Wissenschaftslehre, die üblicherweise übersehen wird; vgl. dazu aber z.B. MARIO BUNGE, Scientific Research, Band I und II, Berlin/Heidelberg 1967, das in Anm. 75, oben, erwähnte Bungesche Buch, sowie – für eine Anwendung auf die Geschichte der Kosmologie – Bernulf Kanitscheider, Philosophisch-historische Grundlagen der physikalischen Kosmologie, Stuttgart/Berlin/Köln/Mainz 1974. In diesem Buch wird übrigens die Kontinuität der Entwicklung der Naturphilosophie von den Griechen bis heute herausgearbeitet, und zwar in einer Weise, die der Apelschen These vom Unterschied des angeblich sinnkonstitutiven Erkenntnisinteresses deutlich widerspricht.

nicht im Sinne einer inhaltlichen Bestimmung, sondern bestenfalls im Sinne einer Bevorzugung von Problemen, deren theoretische Lösungen auf Grund des Standes der Forschungstechniken einer Prüfung eher zugänglich gemacht werden können[80]. Im übrigen ist heute auch im Bereich der sogenannten Geisteswissenschaften schon mitunter die Verwendung von Prüfungstechniken üblich, die den Einsatz von Apparaten erforderlich machen.

Die Apelsche Deutung der naturwissenschaftlichen Erkenntnisweise scheint mir also gänzlich haltlos zu sein. Seine Argumente für diese Deutung sind, wie ich zu zeigen suchte, irrelevant. Die realistische Interpretation, die die Aufgabe der Naturwissenschaften darin sieht, immer tiefer in die Struktur der Wirklichkeit einzudringen[81], ist durchaus in der Lage, auch das Verhältnis von reiner Wissenschaft, Technologie und Technik adäquat zu erfassen. Denn daß eine bessere – allgemeinere, genauere und tiefere – Kenntnis wirklicher Zusammenhänge auch dazu befähigen kann, in bestimmtem Sinne erfolgreicher zu handeln, ist ohne den gegenstandskonstitutiven Instrumentalismus Apelscher Provenienz gut zu verstehen.

Überdies besteht für ein „apriorisches Erkenntnisinteresse", das sich weder motivational noch institutionell identifizieren läßt, in dieser Auffassung kein Bedarf, zumal kaum festzustellen sein dürfte, inwiefern es sich dabei um eine „notwendige Bedingung sinnvoller Fragestellung" handeln kann. Eine Bedingung, deren Realisierung erforderlich wäre, um eine solche Fragestellung zu entwickeln, kann nach allem, was Apel in diesem Zusammenhang sagt, nicht gemeint sein, denn seine „transzendentalen Bedingungen" lassen sich offenbar in dieser „objektivistischen" Weise nicht behandeln. Auf den Status derartiger Bedingungen und die Frage des „Objektivismus" werden wir aber noch einzugehen haben.

Die bisherigen Erörterungen der Position unseres Szientismus-Kritikers führen jedenfalls zu dem für manche überraschenden Resultat, daß er sich innerhalb seiner „Szientistik" wie ein Positivist gebärdet, so daß

---

80 Vgl. dazu auch das oben erwähnte Buch von Kanitscheider sowie Elie Zahar, Why did Einstein's Programme supersede Lorentz's?, British Journal for the Philosophy of Science, 24, 1973, wo der Primat des theoretischen Denkens deutlich gemacht wird. Vielfach ist gerade die Unterordnung der Problemstellung unter die Methoden ein wesentlicher Kritikpunkt in der Diskussion von Forschungsresultaten.

81 Vgl. etwa Karl Popper, Die Zielsetzung der Erfahrungswissenschaft, in: Popper, Objektive Erkenntnis. Ein evolutionärer Entwurf, Hamburg 1973.

er einen entsprechenden Einwand in bezug auf einen Problembereich auf sich zieht, für den er derartige Einwände offenbar nicht vorgesehen hat. Der Positivismus ist ja nach landesüblicher Auffassung das Musterbeispiel „szientistischer" Fehldeutungen der Erkenntnis.

Im Gegensatz zu den Naturwissenschaften soll den Geisteswissenschaften – oder, wie Apel sie auch nennt: den Verständigungswissenschaften – ein praktisches Erkenntnisinteresse zugrunde liegen, das Interesse an Verständigung. Die darauf beruhende Eigenart dieser Erkenntnisweise sucht er an Hand einer Kritik des positivistischen Mißverständnisses herauszuarbeiten, dem sie in der analytischen Wissenschaftslehre vielfach ausgesetzt sei. Im Widerspruch etwa zu der Auffassung, daß das „Verstehen" menschlichen Verhaltens für die Wissenschaften vom Menschen nur heuristische Bedeutung haben könne[82], muß, wie er meint, „eine sprachhermeneutische Analyse davon ausgehen, daß die verstehbaren menschlichen Verhaltensreaktionen, als sprachbezogene, intentionale Gebilde, selbst die Eigenschaft des Verstehens besitzen, und sie wird daraus schließen müssen, daß die Weltdaten, in deren Zusammenhang das zu verstehende Verhalten auftritt, selbst aus dem intentionalen Verständnis des zu verstehenden Verhaltens her verstanden werden müssen"[83].

Das Verstehen muß also nicht nur „als psychologisch relevante Hilfsfunktion bei der Verknüpfung von Daten", sondern vielmehr „als Bedingung der Möglichkeit der Daten selbst" in Betracht gezogen werden, während in den Naturwissenschaften die Datenkonstitution, wie wir erfahren haben, schon an der Möglichkeit des instrumentellen Eingriffs orientiert ist, also unter technischen Gesichtspunkten erfolgt. Die „eigentlichen hermeneutischen Geisteswissenschaften" sind denn auch die „Philologien", die „es überhaupt nicht primär mit Vorgängen in Raum und Zeit zu tun haben, sondern mit der ‚Auslegung' von ‚Sinn', der in Raum-Zeit-Ereignissen nur (freilich) sein Vehikel, seine ‚conditio sine qua non' hat"[84]. Sie bilden das „Zentrum" der Wissenschaften, die der Traditionsvermittlung dienen, und damit der Verständigung auch mit den vergangenen Geschlechtern.

---

[82] Apel, a.a.O., S. 104; er geht an dieser Stelle auf Theodore Abels bekannten Aufsatz „The Operation called ‚Verstehen'" ein. Ich selbst habe diese Auffassung in meiner positivistischen Phase vertreten und sie unter dem Einfluß der Popperschen Positivismuskritik und der Max Weberschen Lehre aufgegeben.

[83] Apel, a.a.O., S. 108.

[84] A.a.O., S. 113.

Aber auch die Logik der historischen Erklärung muß seiner Ansicht nach dem Unterschied im Erkenntnisinteresse Rechnung tragen, und zwar insofern, als sie sich „auf die Explikation von Handlungssituationen stützt" und nicht „aus Gesetzeshypothesen deduziert"[85]. Den stärksten Akzent verleiht er seiner Unterscheidung des technischen und des praktischen Erkenntnisinteresses in ihrer Bedeutung für die Sinnkonstitution und der damit verbundenen Erkenntnisweisen aber durch seine Komplementaritätsthese, die er an der Interpretationsgemeinschaft der Naturforscher exemplifiziert.

Seine Argumentation ist auch hier bis zu einem gewissen Grade durchaus plausibel, vor allem insoweit, als sie einerseits den Verweis des Verstehens in die Heuristik zurückweist, die zumindest für die Auslegung von Texten völlig unangemessen ist, und andererseits die Bedeutung des Verstehens für die Geisteswissenschaften hervorhebt. Allerdings scheint mir die methodologische Verarbeitung dieser Gesichtspunkte auf einer durch seine Interessenlehre bedingten völlig schiefen Sicht der Erkenntnissituation zu beruhen[86].

Die Tatsache, daß sich die Naturwissenschaftler über ihre Probleme, Theorien und Verfahrensweisen verständigen müssen, hat, soweit ich sehe, noch niemand in Frage gestellt. Die Bedeutung der Tradition auch für die Wissenschaften ist eines der zentralen Themen, die der kritische Rationalismus – und zwar im Zusammenhang einer Kritik des klassischen Rationalismus und an ihm orientierter erkenntnistheoretischer

---

[85] A.a.O., S. 111, wo er sich den Gedanken William H. Drays zu diesem Thema anschließt. Zur Kritik an Dray und anderen Vertretern der sprachanalytischen Geschichtsphilosophie vgl. Leon J. Goldstein, Theorien in der Geschichtsschreibung, und derselbe, Daten und Ereignisse in der Geschichte, in: Albert (Hg.), Theorie und Realität, 2. Auflage, Tübingen 1972. Goldstein sucht nachzuweisen, daß „Autoren wie Dray tatsächlich nicht an Geschichte – dem Fach – und ihren Problemen interessiert sind, sondern lediglich an der Sprache, in der Historiker ihre fertigen Produkte formulieren", a.a.O., S. 292, das heißt: er wirft gerade diesen Theoretikern die Vernachlässigung der erkenntnistheoretischen Fragestellung unter dem Einfluß sprachanalytischer Gesichtspunkte vor.

[86] Schon in meinem in Anm. 11, oben, erwähnten Aufsatz „Hermeneutik und Realwissenschaft" habe ich darauf hingewiesen – a.a.O., S. 119ff. –, aber bisher keinen Eindruck bei ihm hervorgerufen. Seine Reaktion – a.a.O., I.Band, S. 27, Anm. 27 – zeigt ziemliches Unverständnis, denn er wiederholt im wesentlichen nur Thesen, die ich – allerdings als trivial – zugestanden habe, deren methodologische Relevanz für den Unterschied von Naturwissenschaften und Geisteswissenschaften ich aber mit bestimmten Argumenten bestreite, auf die er nicht eingeht. Ich muß mich daher wohl deutlicher ausdrücken.

Auffassungen – aufgeworfen hat[87]. Es besteht also kein Anlaß, uns Tatbestände dieser Art im Stile neuer Entdeckungen zu präsentieren, denen eine nicht an der Unterscheidung der von Apel herausgestellten Erkenntnisinteressen orientierte Wissenschaftslehre nicht gerecht werden könnte.

Auch die Tatsache, daß sich die Verständigung zwischen Wissenschaftlern nicht durch ein Verfahren der objektiven Wissenschaft *ersetzen* läßt, braucht uns nicht aus der Fassung zu bringen. Es ist mir nicht bekannt, daß irgend ein Vertreter der analytischen oder einer anderen Wissenschaftslehre den Anspruch erhoben hätte, an die Stelle dieser Verständigung könne eine Erklärung auf nomologischer Grundlage oder ein experimenteller Eingriff in das Naturgeschehen treten. Wer den Kontrast zu solch absurden Unterstellungen benötigt, um die eigenen Konzeption glaubhaft zu machen, erleichtert nicht gerade die Kommunikation. Diese Verständigung erfolgt vielmehr im allgemeinen, ohne daß man dabei eine Wissenschaft bemühen müßte, auch nicht eine Wissenschaft besonderer Art, wie sie Apel hier postuliert.

Wenn er allerdings davon spricht, daß die intersubjektive Verständigung zum *Thema* einer Wissenschaft werden kann, einer Verständigungswissenschaft in seinem Sinne des Wortes, dann ist das eine gänzlich andere Behauptung. Die Tatsache, daß die übliche Verständigung nicht durch naturwissenschaftliche Verfahrensweisen ersetzt werden kann, hat keineswegs die Konsequenz, daß eine Wissenschaft mit diesem Thema solche Verfahrensweisen nicht benutzen könnte.

Das, was Apel die Verständigung in der Subjekt-Subjekt-Dimension nennt[88], ist zunächst nicht mehr als ein alltäglicher Vorgang, der unter anderem auch kognitive Elemente involviert[89] und dessen Bedeutung niemand bestritten hat. Wer sich daran beteiligt, wird nicht eben dadurch schon den Anspruch machen können, eine spezifische Wissen-

---

[87] Vgl. dazu etwa KARL POPPER, Towards a Rational Theory of Tradition (1948), in seinem Aufsatzband: Conjectures and Refutations, London 1963, sowie andere Arbeiten in diesem Band; siehe auch „Tradition und Kritik“ in meinem „Plädoyer für kritischen Rationalismus“, München 1971.

[88] vgl, dazu APEL, a.a.O., Band I, S. 27, Anm. 27.

[89] Schon Max Weber hat solche Vorgänge im Rahmen seiner Wissenschaftslehre analysiert, vgl. etwa seine Kritik an Knies in „Roscher und Knies und die logischen Probleme der historischen Nationalökonomie“ und seinen Abschnitt „Soziologische Grundbegriffe“, beides in seinen „Gesammelten Aufsätzen zur Wissenschaftslehre“, 2. Auflage, Tübingen 1951, S. 93ff. bzw. S. 532f. Er hat ihnen im Rahmen seiner „objektivistischen“ Auffassung Rechnung getragen.

schaft zu bestreiben. Die methodische Verbesserung dieser Verständigung ist aber – ebenso etwa wie die methodische Verbesserung irgendwelcher Beobachtungsverfahren in der Physik – zunächst ein technisches Problem im üblichen Sinne dieses Wortes, so daß man gerade hier – im Gegensatz zur Apelschen Unterscheidung – ein technisches Erkenntnisinteresse konstatieren müßte, wenn auch ohne die damit bei ihm verbundenen Ansprüche, die ja auch für den Bereich der Naturwissenschaften verfehlt sind.

Ich habe in diesem Zusammenhang darauf aufmerksam gemacht, daß das Programm der älteren Hermeneutik – zum Beispiel bei Schleiermacher und auch noch bei Dilthey – in diesem Sinne aufgefaßt werden kann, im Sinne eines Versuchs nämlich, eine technologische Grundlage für das Aufdecken von Mißverständnissen, für adäquate Interpretationen und damit auch für die Verbesserung der „Verständigung" zu schaffen[90]. Nur wer den Begriff der „Technik" und den der „Technologie" von vornherein in sehr unplausibler Weise auf den naturwissenschaftlichen Bereich einschränkt, wird in diesem Zusammenhange diese Ausdrücke vermeiden wollen. Aber es ist nicht einzusehen, warum man methodologische Fragen durch terminologische Festsetzungen dieser Art präjudizieren sollte[91].

Außerdem habe ich schon früher darauf hingewiesen, daß eine Technologie sich durch Verbesserung ihrer theoretischen Grundlage oft ebenfalls verbessern läßt. Und da wir keinen Grund haben, in diesem

---

[90] Allerdings sollte man mit dem Ausdruck „Verständigung" vorsichtiger umgehen, als das in den Apelschen Untersuchungen geschieht, denn dieser Ausdruck erlaubt es, unbemerkt vom Problem des „Verstehens" fremder Äußerungen, das heißt: der Identifikation ihres Sinnes, zum Problem der Verständigung im Sinne der Erzielung eines Einverständnisses über bestimmte Auffassungen, Zielsetzungen, Konventionen usw. überzugehen. „Verständigung" im ersten Sinne mag man ohne weiteres dem kognitiven Bereich zurechnen, für die zweite Deutung ist das zumindest in manchen Fällen problematisch.

[91] Diltheys Ausdruck „Kunstlehre" sagt dasselbe wie „Technologie"; ich kann hier nur meine Bemerkung aus „Hermeneutik und Realwissenschaft" – a.a.O., S. 119f. – wiederholen, daß die Habermas-Apelsche Lehre frappierenderweise „zwar freigebig mit dem Worte ‚technisch' umgeht, wenn es sich um den Bereich der Naturwissenschaft im üblichen Sinne handelt – wobei schon das de facto allen Wissenschaften gemeinsame Interesse an intersubjektiver Prüfung von Hypothesen genügt, um mit diesem Worte zu operieren –, daß sie aber für den hermeneutischen Bereich dieses Wort selbst dann zu vermeiden sucht, wenn seine Verwendbarkeit der Sache nach kaum zu bestreiten ist". Die Vorentscheidung für eine aprioristische Interessenlehre wirkt sich hier zugunsten einer terminologischen Verschleierung ziemlich offenkundiger Zusammenhänge aus.

Falle eine Ausnahme davon zu machen, läßt sich dieser Gesichtspunkt auch hier – im Bereich der Hermeneutik – zur Geltung bringen. In diesem Zusammenhang habe ich das Problem der theoretischen Erklärung des Verstehens angeschnitten, also ein Problem, das genau dann entsteht, wenn die Verständigung und damit auch das Verstehen zum Thema einer Wissenschaft werden soll[92]. Daß eine Wissenschaft mit diesem Thema keine beschreibende und erklärende Wissenschaft üblicher Art sein könnte, dafür findet sich in den Apelschen Untersuchungen kein akzeptables Argument. Die Dichotomie von Subjekt-Objekt-Dimension und Subjekt-Subjekt-Dimension, die er in diesem Zusammenhang anführt, ist hier insofern irreführend, als die Unterstellung, die letzte der beiden Dimensionen sei dem Verständigungsproblem „an sich" zuzuordnen, zu falschen Konsequenzen führt.

Wer die Verständigung im Rahmen einer Wissenschaft zum Thema macht, der objektiviert sie damit in genau dem Sinne, in dem in den Naturwissenschaften andere Tatbestände objektiviert werden. Man darf sich hier nicht durch Assoziationen irreführen lassen, die darauf beruhen, daß man die Personen, zwischen denen die Verständigung stattfindet, auch „Subjekte" nennen kann. Wer über Personen und ihre Beziehungen spricht, macht sie eben dadurch zum Objekt seiner Darstellung. Es besteht kein Anlaß zu unterstellen, daß man durch eine solche „Objektivierung" Personen, ihre sinnorientierten Aktivitäten und ihre Beziehungen zueinander in einer Weise behandeln würde, wie sie etwa nur für Steine, Planeten oder niedere Organismen in Betracht käme[93].

Dadurch, daß man etwas zum Objekt der Erkenntnis macht, wird sein ontologischer Status in keiner Weise verändert. Von einer objektlosen Erkenntnis kann ich mir keine rechte Vorstellung machen, zumal Apel selbst, wie die Lektüre seiner Texte zeigt, auch in seinen „transzendentalen Reflexionen" unentwegt in ganz normaler Weise „objektiviert", was angeblich nicht „objektivierbar" ist. Es wäre vielleicht bes-

---

[92] Vgl. APEL, a.a.O., Band II, S. 112.

[93] Manche Ausführungen Apels zu diesem Punkt machen den Eindruck, als wenn er bei dem Wort „Objekt" in erster Linie an materielle Dinge und im Zusammenhang damit an die Naturwissenschaften denken würde, aber in diesen Wissenschaften treten bekanntlich auch Objekte ganz anderer Art auf: Strahlen, Wellen, Felder, Kräfte usw.; die Präferenzstrukturen und andere dispositive Eigenschaften in der Ökonomie und in anderen Sozialwissenschaften haben nicht mehr und nicht weniger den Charakter „innerweltlicher Objekte" als diese Entitäten in den Naturwissenschaften. Das gleiche gilt für Sätze, grammatische Strukturen und andere linguistische Objekte.

ser, diese ganze Subjekt-Objekt-Terminologie zu vermeiden, solange diejenigen Theoretiker, die aus solchen Unterscheidungen epistemologischen Honig saugen möchten, sich durch ihre eigene Ausdrucksweise systematisch irreführen lassen[94].

Es ist nun, so hoffe ich, ausreichend deutlich geworden, wie mißverständlich die Apelsche Behauptung ist, ich habe „letztlich immer noch ganz positivistisch suggeriert“, „die *hermeneutische* Problematik der *methodischen Verständigung*“ könne „im Zeitalter des szientifisch-technologischen Fortschritts ... auf eine *Erklärungs*problematik reduziert werden“[95]. Mit seiner eigenen Feststellung, daß „auch die methodischen Regeln einer Hermeneutik als Kunstlehre der ‚Interpretation‘ ... letztlich aus dem lebenspraktichen Kontext der Verständigung ursprünglich begriffen werden“ müssen[96], ist nicht viel anzufangen. Daß eine solche Kunstlehre, wie das in anderen Fällen auch gewesen ist, sich in einem solchen Kontext entwickeln kann, dagegen ist wohl wenig einzuwenden. Aber diese These löst weder das Problem der Struktur einer solchen Lehre, noch das ihrer Verbesserung auf der Grundlage wissenschaftlicher Forschung, also gerade nicht die beiden Probleme, zu denen ich mich geäußert hatte.

Aus den Apelschen Ausführungen zum Verstehensproblem ist, soweit ich sehe, keinerlei Klarheit darüber zu erlangen, wie man sich eine Hermeneutik der von ihm bevorzugten Art vorzustellen hat. Während seine Kritik an anderen Konzeptionen an der Sache vorbeigeht, ist er nicht in der Lage, seine eigenen Alternative deutlich zu machen.

Auch die These, daß die Philologien – und zwar in erster Linie – zu den Wissenschaften gehören, die sich die Verständigung zum Thema machen, ist meines Erachtens ganz und gar mißverständlich. Die Verwendung verstehender Verfahrensweisen – also derjenigen Techniken, deren sich die Kunstlehre der Hermeneutik anzunehmen hat – ist nämlich etwas gänzlich anderes als die Behandlung der Problematik des Verstehens – oder der Verständigung – selbst. In den philologischen Disziplinen werden aber solche Verfahrensweisen in erster Linie verwendet, die in der Hermeneutik thematisiert werden. Eine der Pointen meiner Argumentation gegen die Apelsche Auffassung besteht gerade darin, daß das Verstehensproblem, dessen Bewältigung für die Entwicklung

---

[94] Vgl. dazu auch meine Kritik an ähnlichen Einwänden gegen „Objektivierung“ in meiner Schrift „Theologische Holzwege“, Tübingen 1973, S. 76f.

[95] Vgl. Apel, a.a.O., Band I, S. 27, Anm. 27.

[96] A.a.O., S. 27.

der Hermeneutik erforderlich ist, ein allgemeines Problem ist – ein strukturelles Problem der menschlichen Kommunikation mit den Mitteln der Sprache[97] – und daß eine adäquate Behandlung dieses Problems Theorien mit Erklärungskraft voraussetzt, also Konzeptionen derjenigen Art, wie sie Apel nur im Rahmen seiner „Szientistik" vorgesehen hat.

Sein Zugeständnis, daß *auch* eine szientifische Erklärung des Verstehens möglich oder sogar wünschenswert ist[98], bleibt so lange unzureichend, als er nicht den Zusammenhang mit den von ihm behandelten Problemen zu sehen bereit ist. Die aus seiner Lehre von den Erkenntnisinteressen entspringende Wissenschaftseinteilung erweist sich also auch in diesem Punkte als unhaltbar. Sie ist überdies unvereinbar mit dem Erkenntnisprogramm der älteren Hermeneutik, das sich ohne Schwierigkeiten im Rahmen der von Apel kritisierten Wissenschaftslehre aufrechterhalten läßt, wenn man in dem von mir vorgeschlagenen Sinne verfährt. Die Heidegger-Gadamersche Hermeneutik überlasse ich dagegen gerne seiner Obhut[99].

Die Tatsache, daß er glaubt, meine Behandlung der Verstehensproblematik und meine Lösungsvorschläge kurzer Hand beiseite schieben zu können, hängt offenbar damit zusammen, daß er die Frage „Wie ist Verstehen möglich?", die in seinen Arbeiten immer wieder anklingt, als „transzendentale" Frage auffassen möchte, die durch eine „szientifische" Erklärung des Verstehens auf keinen Fall beantwortbar sei. Er scheint einen Unterschied zwischen „empirischen" und „transzenden-

---

[97] In diesem Zusammenhang hatte ich auf Wilhelm Diltheys Arbeit „Die Entstehung der Hermeneutik" (1900) – in seinen: Gesammelten Schriften, Band V, 4. Auflage, Stuttgart 1964 – hingewiesen, in der dieses Problem in dieser allgemeinen Weise aufgefaßt wird, so daß meine Auffassung in dieser Hinsicht an die Diltheysche anknüpfen kann.

[98] A.a.O., S. 27, Anm. 27; er macht dort den Zusatz: „oder genauer: seiner empirischen, z.B. psychologisch-linguistischen oder physiologischen *conditiones sine qua non*", um dann seinen „transzendental-hermeneutischen Ansatz" davon unterscheiden zu können, ohne zu bemerken, daß das von ihm selbst aufgeworfene Verstehensproblem auf eine Hermeneutik Diltheyscher Prägung und auf eine Fundierung in der von mir aufgezeigten Weise angewiesen ist.

[99] Er scheint sie übrigens zum Teil in ähnlicher Weise zu kritisieren, wie ich das getan habe, und zwar in Arbeiten, die er erwähnt, wenn er mir bescheinigt, ich konzentriere mich „nur mehr" auf die Polemik gegen die hermeneutisch-dialektischen Philosophien, statt mich den Sachproblemen zu widmen – a.a.O., S. 19f. Meine Lösungsvorschläge für Sachprobleme in diesen Arbeiten scheint er kaum bemerkt zu haben. Dazu vgl. jetzt auch mein Buch: Kritik der reinen Hermeneutik. Der Antirealismus und das Problem des Verstehens, Tübingen 1994.

talen" Bedingungen zu machen und den Glauben zu hegen, daß ein solcher Unterschied im Rahmen einer realistischen Konzeption haltbar ist.

Ich werde auf diese Frage noch einmal zurückkommen, möchte aber schon hier darauf aufmerksam machen, daß ich im Rahmen eines kritischen Realismus keinen Sinn darin sehe, bei der Analyse der realen Bedingungen irgendwelcher Tatbestände einen Unterschied dieser Art zu machen. Eine solche Frage ist für mich in erster Linie ein theoretisches – kein empirisches – Problem, bei dessen Lösung allerdings unter anderem auch empirische Aussagen benötigt werden[100].

Im übrigen habe ich nachzuweisen versucht, daß es vor allem die positivistische Deutung der Wahrnehmung als einer unmittelbaren deutungsfreien Erfassung realer Gegebenheiten war, die es ermöglicht hat, das Verstehen von Sinnzusammenhängen in Kontrast zur Beobachtung und damit zu naturwissenschaftlichen Verfahrensweisen zu setzen[101]. Inzwischen hat sich die im kritischen Realismus seit langem vertretene Lehre von der Wahrnehmung als Deutungsaktivität[102] durchgesetzt, so daß dieser angebliche Gegensatz nicht mehr konstruiert werden kann. Auch in seiner Argumentation für die zweite seiner Erkenntnisweisen, die durch ein „praktisches" Interesse an der Verständigung konstituiert sein soll, hat sich unser Autor also de facto von einer Unterscheidung abhängig gemacht, die nur auf dem Hintergrund einer positivistischen Deutung bestimmter Zusammenhänge plausibel ist.

Das emanziptorische Erkenntnisinteresse macht nach Apel eine weitere Erkenntnisweise erforderlich, in der „Erklären" und „Verstehen" dialektisch miteinander „vermittelt" werden. Die Idee der Notwendigkeit einer solchen Erkenntnisweise nach dem Muster einer in spezieller Weise gedeuteten Psychoanalyse hängt damit zusammen, daß in seiner Lehre „Erklären" und „Verstehen" in einen Gegensatz zu einander ge-

---

[100] Zum Beispiel im Kontext der Überprüfung vorgeschlagener theoretischer Problemlösungen; wenn ich hier einen Unterschied mache, dann vor allem den zwischen faktischen und empirischen Zusammenhängen, denn die Struktur realer Sachverhalte ist nicht immer ohne weiteres der Erfahrung zugänglich.

[101] Vgl. meinen Aufsatz „Hermeneutik und Realwissenschaft", a.a.O., S. 133f. und passim.

[102] Vgl. dazu schon die Arbeiten von Oswald Külpe zu Beginn dieses Jahrhunderts, in denen die Kontextabhängigkeit der Wahrnehmung betont und die für die moderne Wahrnehmungsforschung wichtige Bedeutung der Einstellung („set") vorweggenommen wurde; dazu ALFRED BOHNEN, Zur Kritik des modernen Empirismus, in: Theorie und Realität, a.a.O., sowie meinen Beitrag „Erkenntnis, Sprache und Wirklichkeit", in: BERNULF KANITSCHEIDER (Hg.), Sprache und Erkenntnis. Festschrift für Gerhard Frey, Innsbruck 1976, S. 39–53.

bracht werden, der bei angemessener Deutung dieser Verfahrensweisen nicht auftreten würde.

Die Apelsche „Komplementaritätsthese“ macht die ihnen zugrunde liegenden Probleme zu „einander ausschließenden und einander ergänzenden“ Fragestellungen, so daß nun eine „Vermittlungsthese“ plausibel erscheinen mag, die die Brücke zwischen ihnen schlagen soll – und zwar: unter hermeneutischem Gesichtspunkt, denn die Suspendierung des Verstehens zugunsten „objektiver“ Erkenntnismethoden ist angeblich nur angemessen, wenn sie letzten Endes dem Ziel besserer Verständigung dient[103]. Es komme darauf an, die „Erklärung“ jeweils in ein vertieftes Selbstverständnis „aufzuheben“, um den partiellen Abbruch der Kommunikation, den sie mit sich bringt, rückgängig und damit hermeneutisch fruchtbar zu machen.

Darin kommt unter anderem die Vorstellung zum Ausdruck, daß das in der Hermeneutik thematisierte Verstehen im Grunde genommen „tiefer“ reicht als die „objektivierenden“ Methoden erklärender Wissenschaften. Was man noch nicht verstehen kann, muß zunächst quasi-objektiv erklärt werden, bis dadurch schließlich ein tieferes Verständnis möglich wird[104]. Es ist ja seit langem üblich, der naturwissenschaftlichen Methode ein Haften an der Oberfläche zu bescheinigen, im Gegensatz zu den in die Tiefe dringenden verstehenden Verfahrensweisen.

Diese Einschätzung der Dinge mag damit zusammenhängen, daß wir gewohnt sind, den menschlichen Kulturleistungen, die stets mit symbolischen Aktivitäten – und daher auch mit Sinnphänomenen – verbunden zu sein pflegen, unsere höchste Wertschätzung entgegenzubringen. Es ist aber ganz irreführend anzunehmen, daß Sinnphänomene deshalb in einem für unsere Erkenntnis relevanten Sinne besonders tiefliegend seien und daß das Verständnis unserer Welt, unserer Mitmenschen und unserer selbst am tiefsten sei, wenn wir bei Phänomenen dieser Art angelangt sind.

In Wirklichkeit verhält es sich vielfach eher umgekehrt. Es kommt dann für die Erkenntnis unter Umständen darauf an, die hinter solchen Phänomenen liegenden Strukturen und Mechanismen aufzudecken[105],

---

[103] Vgl. Apel, a.a.O., Band II, S. 123ff.

[104] Man wird sich daran erinnern, daß eine Vorstellung dieser Art, nach der erklärende Verfahrensweisen erst an der Grenze des Verstehbaren legitim werden, schon in der Jasperschen Psychopathologie zu finden sind, die für die Psychiatrie der 20er Jahre von einiger Bedeutung war.

[105] Das bezieht sich vor allem auch auf teleologische Sinnprobleme, wie sie für die Psychoanalyse und ähnlich geartete Disziplinen in Betracht kommen. Vgl. dazu

und gerade das ist mit Hilfe einer theoretisch fundierten Untersuchung möglich. Das gilt natürlich nicht nur für Sinnzusammenhänge im Kontext sprachlicher Aktivitäten, sondern für menschliches Handeln überhaupt, das ja weitgehend durch die Möglichkeit sprachlicher Kommunikation mit anderen geprägt und durch diese Kommunikation gesteuert ist. Die Analyse des Handelns muß dieser Tatsache also Rechnung tragen.

Die theoretischen Sozialwissenschaften sind sich dessen seit langer Zeit bewußt. Max Webers Idee verstehender Erklärung menschlichen Handelns und sozialer Zusammenhänge scheint mir auf eine Einsicht dieser Art zurückzugehen. Auch wer die Details seiner Auffassung nicht für völlig akzeptabel hält, kann sich unter Umständen doch mit der Richtung einverstanden erklären, die in ihr eingeschlagen wurde: nämlich der Richtung auf eine Erklärung hin, in der die Rolle der Überzeugungen der handelnden Personen – ihrer kognitiven und normativen Auffassungen – adäquat berücksichtigt wird, also zum Beispiel auch die Tatsache, daß sie unter Umständen bestimmten Regeln oder Maximen folgen.

Daß man zur Identifikation derartiger für die Erklärung wichtiger Faktoren auch verstehende Verfahrensweisen heranziehen muß, wird heute in den Sozialwissenschaften kaum bestritten. Es wäre aber falsch, daraus den Schluß zu ziehen, daß deshalb die Erklärung selbst eine von der üblichen abweichende Struktur haben müsse und daß man dazu keine Theorien im üblichen Sinne des Wortes benötigen würde.

Apel zieht immer wieder das Beispiel der wissenschaftshistorischen Analyse heran, um zu zeigen, daß hier das übliche Erklärungsschema versagt[106]. Er spricht davon, daß die Popperschule durch Übergang zur Rekonstruktion der internen Wissenschaftsgeschichte selbst ein nichtszientistisches Paradigma verstehender Geisteswissenschaft produziert

---

z.B. die Bemerkungen, die Konrad Lorenz im Zusammenhang einer Kritik des teleologichen Denkens in der Psychologie über menschliche Denkprozesse macht vgl. LORENZ, Induktive und teleologische Psychologie, in: DERSELBE, Das Weltbild des Verhaltensforschers, München 1968, S. 18. Auch das *„kausale Denken des Menschen* selbst, dieses regulativste und zielstrebischste unter allem organischen Geschehen auf diesem Planeten", stehe, so stellt er dort fest, unter Gesetzen natürlicher Verursachung. „Die ‚Freiheit' und Strukturlosigkeit dieser Leistungen wird nur durch die geradezu unabsehbar verwickelte und feine Struktur und Zusammenarbeit der beteiligten Elemente vorgetäuscht, und sie werden dementsprechend durch bestimmte Schädigungen ganz ebenso gestört wie nur irgendwelche Maschinenfunktionen".

[106] Vgl. z.B. APEL, a.a.O., Band I, S. 32f., Band II, S. 67, S. 382.

habe, mit dem nun die eigene Methodologie der Einheitswissenschaft „widerlegt“ sei. Dabei scheint er übersehen zu haben, daß die Rolle des Verstehens bisher ja nicht geleugnet, sondern nur anders interpretiert wurde, als er das für richtig hält. Weiter ist die Rekonstruktion einer geschichtlichen Entwicklung ein Unternehmen, bei dem ständig theoretische Annahmen der verschiedensten Art gemacht werden müssen[107]. Und schließlich wird durch eine solche Rekonstruktion das Erklärungsproblem keineswegs überflüssig.

Das wissenschaftsgeschichtliche Forschungsprogramm, auf das Apel sich bezieht, zielt vor allem darauf ab, die faktisch wirksamen Faktoren der wissenschaftlichen Entwicklung besser zu identifizieren, als das bisher vielfach geschehen ist. Das heißt zum Beispiel auch: für die Erklärung nicht vorschnell auf sogenannt externe Faktoren zurückzugreifen, wenn sich zeigen läßt, daß tatsächlich bestimmte Maßstäbe, Normierungen oder Regeln eine Rolle gespielt haben, die sich im Sinne einer rationalen Methode auffassen lassen. Damit ist aber nicht etwa gesagt, eine brauchbare Erklärung könne ohne den Rückgriff auf sogenannte externe Faktoren auskommen. Aber ganz abgesehen davon dürfte die Vorstellung, man müsse die Methodologie der theoretischen Erklärung – und vielleicht darüber hinaus den Charakter der sie fundierenden Theorien – ändern, weil es erforderlich sei, bestimmte Faktoren, die sich als wirksam erwiesen haben, in die Analyse einzubeziehen, zumindest merkwürdig sein.

Noch seltsamer aber ist die Idee, die Tatsache, daß für das faktische Verhalten der Individuen im Gegenstandsbereich der Analyse normative Orientierungen eine Rolle spielen, mache eine „wertfreie“ Behandlung der betreffenden Erkenntnisproblematik im Sinne Max Webers unmöglich[108]. Soweit sich die Apelsche These auf den normativen Hintergrund – die Wertbasis – der wissenschaftlichen Betätigung bezieht, ist es schwer, die Pointe seiner Kritik zu erkennen, denn in dieser Hinsicht hat Weber selbst die Bedeutung von Wertgesichtspunkten ausdrücklich herausgestellt. Er hat allerdings großen Wert darauf gelegt, die verschiedenen Aspekte der sozialwissenschaftlichen Wertproblematik nicht durcheinanderzumengen, wie das in den Untersuchungen unseres Autors immer wieder geschieht.

---

[107] Vgl. dazu z.B. die oben erwähnten Arbeiten von Leon J.Goldstein, und meine Einleitung „Theorien in den Sozialwissenschaften“ zu dem Aufsatzband, in dem sie erschienen sind; vgl. jetzt auch mein in Anm. 99 erwähntes Buch: Kritik der reinen Hermeneutik.

[108] Vgl. Apel, a.a.O., Band I, S. 32f.; sowie Band II, S. 227ff.

Die Apelsche Behauptung, menschliche Handlungen seien „*als das, was sie sind,* nicht zu beschreiben, ohne daß man die immanenten Normen ihres Gelingens verstanden und als Bewertungsmaßstäbe anerkannt" habe[109], hätte er aber wohl mit Recht als Ausdruck heilloser Konfusion zurückgewiesen, denn verstehen muß man solche Maßstäbe zwar auf jeden Fall, wenn sie im Handeln der betreffenden Individuen wirksam werden, aber es wäre ziemlich unsinnig, sie deshalb auch ohne weiteres zu akzeptieren, zumal die Maßstäbe verschiedener Individuen nicht immer miteinander vereinbar sind, so daß man in die Lage käme, inkompatible Normen gleichzeitig als gültig zu betrachten, und zwar ohne jede Notwendigkeit, denn die Erkenntnisaufgabe erfordert kein solches Kunststück[110]. Da sich unser Autor eine gründliche Auseinandersetzung mit den Arbeiten der von ihm kritisierten Autoren zur Wertproblematik erspart hat, kann ich mich auf diesen Hinweis beschränken.

Die Bewältigung des Verstehensproblems erfordert also keine Neuerungen der Art, wie sie von Apel angedeutet werden. „Erklärung" und „Verstehen" brauchen nicht auf einander ausschließende Fragestellungen zurückgeführt zu werden, die man daher dialektisch zu vermitteln genötigt ist. Hätte Apel sich nicht so große Mühe gegeben, seine „Komplementaritätsthese" zu untermauern – wie wir gesehen haben, eine überflüssige Bemühung –, dann wäre er auch nicht darauf angewiesen gewesen, eine „Vermittlungsthese" der geschilderten Art zu konstruieren.

Es läßt sich übrigens zeigen, daß bei ihm auch in diesem Falle ein Vorurteil wirksam geworden ist, das seiner instrumentalistischen Deutung der naturwissenschaftlichen Methode entstammt. Und zwar geht es hier nicht nur darum, daß er eine erklärende Wissenschaft nur vom technischen Erkenntnisinteresse her zu verstehen in der Lage ist, sondern auch darum, daß er sich die praktische Verwendung einer solchen Disziplin nicht unter anderen Gesichtspunkten vorstellen kann als un-

---

109 A.a.O., Band II, S. 229.

110 Wer sich mit Max Weber auseinandersetzt, sollte zumindest seine einschlägigen Arbeiten zur Kenntnis nehmen, die heute sehr leicht zugänglich sind. Es handelt sich vor allem um die drei bekannten Abhandlungen zur Wertproblematik in seinen „Gesammelten Aufsätzen zur Wissenschaftslehre", 2. Auflage, Tübingen 1951, sowie die Teile seiner Stammlerkritik, die hier relevant sind, weil sie sich eingehend mit der Rolle von Regeln, Maximen usw. befassen; vgl, a.a.O., S. 322ff. Diese Arbeiten sind immer noch brauchbarer als manche Untersuchungen sprachanalytischer Provenienz, an die Apel sich mit Vorliebe hält.

ter dem einer Erweiterung der Herrschaft[111], obwohl selbst unter instrumentalistischem Gesichtspunkt eine solche Zielsetzung keineswegs als notwendig erscheint. Historisch gesehen ist diese Zielsetzung innerhalb der Sozialphilosophie, die das sozialwissenschaftliche Denken inspiriert hat, sogar sehr viel weniger prominent als etwa die Aufgabe, eine Verfassung der Freiheit zu schaffen, eine Aufgabe, die auch tatsächlich schon zum Motiv interessanter sozialtechnologischer Überlegungen geworden ist.

Aber wenn man schon einmal partout vom Interesse an reiner Erkenntnis abstrahieren will, wie es in der Linie der Apelschen Auffassung liegt, dann sollte man doch wenigstens die Möglichkeit in Betracht ziehen, theoretische Erkenntnisse in Aufklärung umzusetzen und in diesem Sinne das Selbst-und Weltverständnis zu fördern, in einem Sinne, der mit der hermeneutischen Fragestellung nicht mehr zu tun hat wie mit jeder anderen im Bereich der Erkenntnis. Eine Deutung der menschlichen Erkenntnis, die nicht auf „apriorische" Interessen der von Apel beschriebenen Art zurückgreift, sondern von der Suche nach Wahrheit in allen Bereichen ausgeht, kann gerade deshalb auch dem Interesse an Aufklärung am besten gerecht werden[112].

Wir sehen also, daß die Apelsche Lehre von den Erkenntnisinteressen nicht nur keine Beziehung zur Struktur der Erkenntnis in den verschiedenen Wissenschaften und deshalb auch keine methodologischen Konsequenzen hat, die für diese Wissenschaften interessant sein können. Sie leidet überdies darunter, daß dieser Autor sich gewisse philosophische Vorurteile über die Naturwissenschaften zu eigen gemacht hat, die dem Gedankenreservoir des Positivismus entstammen und ihn zu einer sehr einschränkenden Interpretation der Erkenntnis in diesen Wissenschaften verleiten. Seine eigenen hermeneutisch-dialektischen Gesichtspunkte kann er dann im Kontrast zu dieser Deutung präsentieren und in zwei weiteren Bereichen der Wissenschaftslehre – der Hermeneutik und der Ideologiekritik – unterbringen, die er gegen den

---

[111] So sagt er unter anderem – a.a.O., S. 125 –: „Wollte man tatsächlich – wie der Neopositivismus – die quasi-objektiven Erkenntnisleistungen der Verhaltenswissenschaften als Beginn einer universalen Naturwissenschaft vom Meneschen einschätzen, so müßte man konsequenterweise ihr Ziel in der Sicherung und Erweiterung der Herrschaft des Menschen über den Menschen sehen", vgl. dazu auch, in gleichen Band, S. 231, wo damit der offenbar unvermeidliche Technokratieverdacht verbunden wird.

[112] Vgl. dazu meinen Aufsatz „Aufklärung und Steuerung", Hamburger Jahrbuch für Wirtschafts-und Gesellschaftspolitik, 17. Jahr, 1972, S. 11ff.

ersten, für die Naturwissenschaften zuständigen Bereich – die Szientistik – scharf abzugrenzen sucht.

So ergibt sich bei ihm eine trichotome Wissenschaftslehre ähnlich derjenigen Max Schelers[113], nur mit dem Unterschied, daß er diese Einteilung als ein Resultat transzendentaler Reflexion präsentiert, also mit einem an die Kantsche Philosophie anknüpfenden Anspruch. Sein Einwand gegen den „Objektivismus" der analytischen Wissenschaftslehre, den er damit verbindet, übersieht die Tatsache, daß er – auch unter der Annahme der prinzipiellen Richtigkeit seiner Interessenlehre – selbst genötigt ist, in jedem der von ihm behandelten Gebiete „Objektivierung" im üblichen Sinne zuzulassen, wenn er nicht auf Erkenntnis überhaupt zu verzichten bereit ist, anders ausgedrückt: er muß wie jeder Erkennende die Darstellungsfunktion der Sprache in Anspruch nehmen. Hätte ich seine terminologischen Präferenzen, so würde ich diese Behauptung als ein Ergebnis transzendentaler Reflexion paraphrasieren.

Im übrigen weist er im Grunde genommen allen Wissenschaften praktische Aufgaben zu, im Hinblick auf die sie den Charakter „technologischer" Disziplinen annehmen, wenn man die Verwendung dieses Ausdrucks nicht willkürlich einschränkt[114]. Sein hermeneutischer Pragmatismus, der den endogenen Wertungen der Wissenschaft nicht gerecht wird, kann durch den Rekurs auf praktische Interessen den Charakter der wissenschaftlichen Erkenntnis nur verschleiern.

---

[113] In seiner Einleitung zum ersten Band seines oben erwähnten Werkes – S. 31, Anm. 37 – geht Apel auf meine Bemerkungen in „Hermeneutik und Realwissenschaft", a.a.O., S. 111f., über den Zusammenhang zwischen seiner und der Schelerschen Lehre ein und erweckt bei seinen Lesern den Eindruck, mir sei dabei ein genetischer Fehlschluß unterlaufen. Dabei habe ich an keiner Stelle dieses Aufsatzes „vernichtende Konsequenzen" aus genealogischen Hinweisen gezogen, wie der aufmerksame Leser ohne Schwierigkeit feststellen kann. Meine kritischen Argumente zur Apelschen Konzeption, die von ihm allerdings kaum beachtet werden, sind unabhängig von Erwägungen dieser Art. Trotzdem scheint mir der Hinweis auf die Abstammung dieser Konzeption, die ihr Autor bisher im Dunkeln gelassen hatte, hilfreich zu sein für ihr Verständnis.

III. Sozialisierung der Evidenz: Die transzendentale Hermeneutik und die Lehre von der Kommunikationsgemeinschaft

Wir haben gesehen, daß Apel seine Konzeption als Ergebnis einer Weiterentwicklung des Kantschen Ansatzes unter sprachphilosophischem Aspekt darstellt, als transformierte Transzendentalphilosophie, in der die Rolle des transzendentalen Subjekts von einer unbegrenzten Kommunikationsgemeinschaft übernommen wird. „Im Gegensatz zur heute vorherrschenden Wissenschaftslogik“ meint er, „daß jede philosophische Wissenschaftstheorie die von Kant gestellte Frage nach den transzendentalen Bedingungen der Möglichkeit und Gültigkeit von Wissenschaft beantworten muß“[115]. Im Gegensatz zur Meinung der „Vertreter eines orthodoxen Kantianismus“ muß aber seiner Auffassung nach die „Antwort auf die Frage nach dem transzendentalen Subjekt der Wissenschaft ... durch die wirkliche Errungenschaft der Philosophie dieses Jahrhunderts vermittelt sein: durch die Einsicht nämlich in den transzendentalen Stellenwert der Sprache und damit der Sprach-Gemeinschaft“.

Das klingt in der Tat nach einem reformierten Kantianismus, aber damit ist natürlich weder gewährleistet, daß diese Reform einen Fortschritt bedeutet, noch sichergestellt, daß ein Kantianismus dieser Art den heute vorliegenden anderen erkenntnistheoretischehn Konzeptionen vorzuziehen ist. Im Gegensatz zu anderen Auffassungen, die an Kant anknüpfen, zielt die transzendentale Reflexion bei Apel ausdrücklich auf die Begründung der Erkenntnis – im Sinne einer Letztbegründung – ab[116].

In seiner Analyse der Peirceschen Auffassung, aus der er sein transzendentales Subjekt, den Träger dieser Begründung, bezieht, räumt er zwar sein, daß hier eine reale Gemeinschaft zum Subjekt erhoben und daß die Erkenntnis als realer, geschichtlicher Interpretationsprozeß begriffen werde, aber die „sinnkritische Definition von Realität und

[114] Nicht nur die „Kunstlehren“ im Bereich des naturwissenschaftlichen Denkens haben diesen Charakter, sondern auch eine Hermeneutik, die der „Verständigung“, und eine Psychoanalyse (oder eine Disziplin mit ähnlicher Aufgabe, wie sie von Apel ins Auge gefaßt wird), die der „Emanzipation“ dienen kann. Eine Terminologie, die es nicht erlaubt, das deutlich zu machen, scheint mir in methodologischer Hinsicht keinerlei Vorzüge zu haben.

[115] Apel, a.a.O., Band II, S. 220.

[116] A.a.O., S. 222.

Wahrheit" und die „Begründung der notwendigen Geltung" der Schlußverfahren, so meint er, erfolgten „im Hinblick auf die normativ zu postulierende Konvergenz ... in der unbegrenzten Gemeinschaft". Damit glaubt er Peirce vor dem Einwand der „naturalistischen Reduktion" bewahren zu können.

Aber dieser Rettungsversuch ist meines Erachtens nicht gelungen, denn die Peircesche Gemeinschaft hätte nur dann die ihr zugedachte Funktion, wenn man voraussetzen könnte, daß ihre Realisierung – oder auch ihre partielle Realisierung – dazu führen würde, daß jener Konsens zustande kommen würde, der die Objektivität der Erkenntnis garantieren könnte. Eine Aussage dieser Art ist aber – gleichgültig, wie man im einzelnen die Wahrheit definiert und die Schlußverfahren festlegt – eine, wenn auch sehr allgemeine, metaphysische Aussage über *reale* Zusammenhänge. Sie unterscheidet sich in dieser Hinsicht nicht von entsprechenden Aussagen theoretischer Realwissenschaften, die für die approximative Realisierung gewisser „idealer" Bedingungen bestimmte Resultate in Aussicht stellen. Die methodologische Pointe solcher Aussagen liegt in unserem Falle darin, daß man die Annahme – und unter Umständen die Institutionalisierung – der betreffenden Verfahrensweisen empfehlen kann, wenn das betreffende Ziel – Wahrheit, Erkenntnis oder Erkenntnisfortschritt – erreicht werden soll.

Der Bezug auf die reale Kommunikationsgemeinschaft ist also für die sinnvolle Deutung dieser Konzeption unerläßlich, so daß die transzendentalen Bedingungen der Möglichkeit von Erkenntnis den Charakter realer Bedingungen im üblichen Sinne haben. Fragwürdig scheint mir dabei nur der damit verbundene Begründungsanspruch zu sein, der für die Apelsche Problemstellung besonders wichtig ist, und die mit ihm verknüpfte Vorstellung des Consensus als Garanten der Objektivität. Wenn Apel später konzediert, daß diese Gemeinschaft erfahrbar sei, wenn auch nicht „von außen", sondern nur als intersubjektives Medium in indirekter Weise[117], dann darf ich daraus wohl schließen, daß auch er sie für faktisch existent hält, wenn auch seine etwas kuriose Einstellung zum Objektivierungsproblem ihm eine klare Feststellung mit diesem Inhalt erschwert. Eine reale Gemeinschaft, in der, wie er sagt, „eine *ideale, unbegrenzte Gemeinschaft* als Telos vorausgesetzt" wird, ist vermutlich als einen Gemeinschaft zu verstehen, in der bestimmte Normierungen – Ideale, Maßstäbe, Kriterien – gelten, das heißt: faktisch anerkannt und daher bis zu einem gewisse Grade wenigstens wirksam

[117] A.a.O., S. 198.

sind. Diese Deutung würde jedenfalls die betreffenden Passagen verständlich machen, wenn sie ihnen auch vielleicht etwas von ihrem transzendentalen Duft nehmen würden.

Den methodischen Solipsismus der früheren Erkenntnistheorie hat, Apel zufolge, vor allem Royce überwunden, der die intersubjektive Verständigung als „transzendentalhermeneutische Bedingung" der Möglichkeit objektiv gerichteter Erkenntnis entdeckt habe. Nun wird man heute kaum jemanden finden, der die Tatsache leugnen würde, daß die Entwicklung der wissenschaftlichen Erkenntnis ohne intersubjektive Verständigung – und damit auch ohne Tradition – faktisch unmöglich gewesen wäre. In diesem Sinne ist die von unserem Autor akzentuierte „transdendental-hermeneutische" Einsicht trivial und unbestritten.

Aber es geht hier offenbar gar nicht um diesen schlichten Tatbestand, sondern um seine erkenntnistheoretische Verwertung für die Bestimmung des Unterschiedes zwischen Natur-und Geisteswissenschaften, und diese führt bei ihm zu der oben kritisierten Deutung und der in ihr enthaltenen Komplementaritätsthese, für die keinerlei Notwendigkeit besteht, denn die Roycesche Einsicht läßt sich, wie wir gesehen haben, ohne Schwierigkeiten mit der von Apel verabscheuten „objektivistischen" Deutung der geisteswissenschaftlichen Erkenntnis verbinden, wenn man darauf verzichtet, irreführende Alternativen – wie die zwischen dem Vorgang der Verständigung und einer wechselseitigen Verhaltenserklärung – zu bilden. Die „Thematisierung der hermeneutischen Problematik des Verstehens der Sinnintentionen"[118] ist jedenfalls ohne eine derartige Objektivierung kaum zu denken.

Auch die „Geschichtlichkeit" des Apelschen Kollektivsubjekts kann man ohne weiters zugestehen[119] denn es ist nicht zu sehen, wie man es vermeiden könnte, die „Welt als Geschichte in engagierter Praxis fortzusetzen". Erstaunlich ist nur die Vorstellung, jemand, dem es darum geht, „Gesetzeswissen über die Welt als Kosmos durch experimentelle Erprobung in technisches Können umzusetzen", könne sich dadurch von dieser „Geschichtlichkeit" befreien. Ist die „Gemeinschaft der Experimentatoren" schon deshalb ungeschichtlich, weil das in ihr verwandte Gesetzeswissen nicht historischen Charakter hat? Ist sie kein Teil jener „geschichtlichen Interaktionsgemeinschaft", auf die Apel seine transzendentale Besinnung nun ausdehnt?

---

[118] A.a.O., S. 204.
[119] A.a.O., S. 213.

Wie dem auch sei, seine Reflexion führt ihn dazu, jenes schon erwähnte regulative Prinzip „aufzufinden", nämlich das der Realisierung jener unbegrenzten Interpretationsgemeinschaft, die jeder Denkende implizit als ideale Kontrollinstanz voraussetze[120]. Ich bin mir nicht ganz klar darüber, ob er meint, diese ideale Instanz werde von jedem Denkenden de facto vorausgesetzt, oder: sie sollte von ihm vorausgesetzt werden, ganz abgesehen von der Frage, in welchem Sinne hier von „Voraussetzung" die Rede ist. Ich habe mich allerdings an den voraussetzungsvollen Charakter des Apelschen Unternehmens gewöhnt, auch daran, daß seine Voraussetzungen meist „transzendentaler" Natur zu sein pflegen. Aber dadurch wird die hier bestehende Unklarheit nicht behoben.

Apel selbst setzt, dessen darf man wohl einigermaßen sicher sein, voraus, daß jeder Denkende die erwähnte Voraussetzung macht. Betrachtet er diese seine eigene „Voraussetzung" wohl als eine Hypothese? Warum sollte man genötigt sein, eine solche Hypothese zu akzeptieren? Solche und ähnliche Fragen stellen sich immer wieder bei der Lektüre solcher Auslassungen. In diesem Falle habe ich die Vermutung, daß die unbegrenzte Interpretationsgemeinschaft jedenfalls ein Apelsches Ideal ist, eine normative Idee, zu der er sich bekennt. Die Frage, ob andere Leute sie in irgendeiner Weise „voraussetzen", wollen wir dahingestellt sein lassen.

Daß jemand, der in einer bestimmten Situation argumentiert, gewisse Regeln der Argumentation anerkennt, wird man wohl im allgemeinen behaupten können. Daß er deren Anerkennung auch von seinem Partner erwartet, ist ebenfalls nicht unplausibel. Der Weg zur Apelschen Gemeinschaft ist von da aus aber noch sehr weit, und die Tatsache, daß er selbst in dieser Weise extrapoliert, ist für mich kein Anlaß „vorauszusetzen", daß jeder andere gehalten sei, in gleicher Weise zu verfahren, oder gar nicht umhin könne, das zu tun. Daß durch eine solche Annahme, „ein Hegelscher Begriff ... ins Recht gesetzt" werde[121], überrascht mich nicht, aber dieser Umstand ist nur geeignet, mein Mißtrauen zu erhöhen. Die transzendentale Methode scheint, jedenfalls in Apelscher Deutung, darin zu bestehen, das „vorauszusetzen", was man zum Zwecke der Rechtfertigung dringend benötigt.

Zu welch interessanten Konsequenzen die von ihm vorgeschlagene *„cartesische Radikalisierung der transzendentalen Fragestellung"* durch

[120] A.a.O., S. 215.
[121] A.a.O., S. 217.

Rekurs auf das erwähnte Kollektivsubjekt führt, zeigt seine Behandlung des Problems der Apriorität der euklidischen Geometrie oder der sogenannten Farbsätze[122]. Es sei zwar plausibel, so meint er, daß die betreffenden Aussagen „deshalb *synthetische Sätze a priori*" seien, „weil wir uns die entsprechenden Sachverhalte zwar ohne Widerspruch anders d*enken,* nicht aber anders *vorstellen* können". Eine Feststellung dieser Art, die sich „auf die jemeinige Anschauungsevidenz angesichts der individuellen Phänomene" gründe, reiche indessen nicht aus, um die *„a priori intersubjektive Geltung"* der betreffenden Aussagen zu begründen. Dazu sei vielmehr erforderlich, „daß die jemeinige Anschauungsevidenz durch pragmatisch-semantische Regeln mit einem ‚Sprachspiel' verknüpft, d.h. im Sinne des späten Wittgenstein zu einem ‚Paradigma' des Sprachspiels erhoben" werde. In diesem Falle sei dann „die *jemeinige Bewußtseinsevidenz* durch sprachliche Verständigung in eine *a priori-Geltung von Aussagen für uns* umgesetzt" und sie könne daher „im Sinne der Konsens-Theorie der Wahrheit als a priori verbindliche Erkenntnis gelten".[123]

Man könnte angesichts dieses Beispiels meinen, hier sei eine soziologische Analyse der Entstehung intersubjektiver Geltung beabsichtigt, und der Verfasser suche zu zeigen, daß es nur darauf ankommt, Aussagen, deren subjektive Evidenz auf Beschränkungen der menschlichen Phantasie basiert, zum „Paradigma" zu machen – und damit auf eine bestimmte Weise zu dogmatisieren –, um ihre allgemeine Anerkennung zu sichern. Aber er will sich hier offenbar zu einem erkenntnistheoretischen Problem äußern und normativ relevante Feststellungen machen. Der erkenntnistheoretische Mangel der Evidenztheorien scheint seiner Meinung nach durch den Konsens einer Kommunikationsgemeinschaft heilbar zu sein, die „Sozialisierung" der Evidenz scheint zur Wahrheit zu führen. Das mag zwar einer breiten Strömung des deutschen Denkens entgegenkommen[124], aber denjenigen Philosophen, die erkennt-

---

[122] A.a.O., S. 221; bei den Farbsätzen handelt es sich um Aussagen wie: „Was grün ist, ist nicht rot", wie sie von Husserl, aber auch von Philosophen der analytischen Richtung behandelt wurden, vgl. z.B. HARALD DELIUS, Untersuchungen zur Problematik der sogenannten synthetischen Sätze apriori, Göttingen 1963, passim.

[123] A.a.O., S. 120.

[124] Vgl. etwa KLAUS HOLZKAMP, Kritische Psychologie, Frankfurt am Main 1972, passim, sowie meine Kritik in „Vom Instrumentalismus zur Hermeneutik des Gesamtsubjekts", in: HANS ALBERT/HERBERT KEUTH (Hg.), Kritik der kritischen Psychologie, Hamburg 1973.

nistheoretische Probleme ernst zu nehmen gewohnt sind, stockt vermutlich der Atem, wenn sie so etwas hören.

Im übrigen ist die Dogmatisierung bestimmter Bestandteile von Überzeugungen durch ihre Erhebung zum „Paradigma" sicherlich eine beliebte Strategie der Argumentation, und eine „Kommunikationsgemeinschaft", in der sie regelmäßig geübt wird, darf sich durchaus als Gemeinschaft denkender und argumentierender Personen betrachten. Nach allem, was Apel zu solchen Problemen sagt, ist jedenfalls nicht einzusehen, warum sie nicht seiner „apriorischen" Kommunikationsgemeinschaft nahekommen sollte. Zumindest der erforderliche „Konsens" dürfte in ihr unter Umständen leicht zu erreichen sein.

Um die Frage, wie die Maßstäbe im einzelnen beschaffen sein sollten, die für die Bewertung von Argumenten, Aussagen und Verfahrensweisen in Betracht kommen, hat er sich bisher wenig gekümmert. Er hat diese Frage den, wie wir wissen, in ihrem Gesichtskreis etwas beschränkten, szientistischen Wissenschaftstheoretikern überlassen. Diese Leute scheinen im Gegensatz zu ihm anzunehmen, daß die Problematik adäquater Maßstäbe die wichtigere ist, und daß es wesentlich auf die normative Realisierung solcher Maßstäbe – ihre Erhebung zu Normen der Erkenntnispraxis – ankommt, wenn man die menschliche Erkenntnis fördern will. Ein transzendentales Subjekt scheinen sie für diese Zwecke nicht zu benötigen, und zwar weder ein individuelles noch ein kollektives Subjekt dieser Art. Das ist vielleicht zu verstehen, wenn man bedenkt, daß eigentlich auch der Transzendentalphilosoph von solchen Maßstäben ausgehen muß, um sein Subjekt überhaupt definieren zu können[125].

Mit dem Anspruch, den Szientismus der üblichen Wissenschaftslehre überwunden zu haben, will sich Apel keineswegs begnügen. Darüber hinaus bietet er seine Auffassung als eine *„wahrhaft dialektische Konzeption diesseits von Idealismus und Materialismus"* an, und zwar „insofern, als sie den Gegensatz von transzendentalem Idealismus und gesellschaftsbezogenem ‚historischen Materialismus' schon im Ansatz ‚vermittelt'"[126]. Diese Vermittlung soll darin liegen, „daß die unabdingbar normative und ideale Voraussetzung des transzendentalen Sprach-

---

[125] Apel erkennt das an, denn er geht davon aus, daß die „idealen Normen, ohne deren Voraussetzung jedes Argument seinen Sinn verlieren würde ... prinzipiell in der konkreten Gesellschaft müssen realisiert werden können" – a.a.O., S. 224 –, aber er scheint sein transzendentales Subjekt als Garanten der Geltung zu benötigen.

[126] A.a.O., S. 224f.

spiels einer unbegrenzten Kommunikationsgemeinschaft einerseits mit jedem Argument, ja mit jedem menschlichen Wort postuliert ist (genaugenommen sogar mit jeder Handlung, die als solche verständlich sein soll), andererseits aber in der geschichtlich vorgegebenen Gesellschaft immer noch erst zu realisieren ist". In diesem Sinne, so scheint mir, „vermittelt" jede Konzeption, die zu realisierende Ideale postuliert, „dialektisch" zwischen den erwähnten Auffassungen.

Aus dem „Antagonismus" der beiden „Momente" in seiner transzendentalen Voraussetzung der Kommunikationsgemeinschaft ergibt sich aber nun nach Apel „ein dialektischer Grundzug" seiner Wissenschaftstheorie, „der in dem Augenblick hervortritt, wo die Kommunikationsgemeinschaft, die das transzendentale Subjekt der Wissenschaft bildet, zugleich zum Objekt der Wissenschaft wird: auf der Ebene der Gesellschaftswissenschaften im weitesten Sinne"[127]. Es „zeigt sich" nämlich jetzt, „daß einerseits das Subjekt des möglichen Wahrheitskonsenses der Wissenschaft nicht ein außerweltliches ‚Bewußtsein überhaupt', sondern die geschichtlich-reale Gesellschaft ist, daß andererseits aber die geschichtlich-reale Gesellschaft nur dann adäquat verstanden werden kann, wenn sie als virtuelles Subjekt der Wissenschaft einschließlich der Sozialwissenschaft betrachtet und ihre gesellschaftliche Realität immer zugleich empirisch und normativ-kritisch im Hinblick auf das in der Gesellschaft zu realisierende Ideal der unbegrenzten Kommunikationsgemeinschaft rekonstruiert wird".

„Dialektisch" scheint dieser Grundzug seiner Lehre vor allem deshalb zu sein, weil das „Subjekt" hier gleichzeitig „Objekt" und weil die „geschichtliche Realität" dieses „Subjekts-Objekts" zugleich „empirisch" und „normativ-kritisch" zu rekonstruieren ist. Wer sieht nicht, daß an dieser Stelle offenbar „Gegensätze" dialektisch „vermittelt" werden müssen, wenn man da weiterkommen will? Wer sieht darüber hinaus nicht, daß hier der „Konflikt" zwischen dem transzendentalen Ansatz Apels und der analytischen Wissenschaftslogik offenbar wird, die „zutiefst bestimmt zu sein" scheint „durch die – von ihr freilich kaum reflektierte – Voraussetzung, daß die saubere *Trennung von Subjekt und Objekt der Wissenschaft* nicht nur im Bereich der Naturwissenschaften, sondern auch im Bereich der Gesellschaftswissenschaften aufrechtzuerhalten ist"?

Hier liegt seiner Meinung nach der „Rubikon" der gegenwärtigen Grundlagendiskussion, den er zu überschreiten gewillt ist, wie er uns

---

[127] A.a.O., S. 225.

versichert. Er ist „durch die Frage gekennzeichnet: ob durch den Umstand, daß der Mensch in den Gesellschaftswissenschaften zugleich Subjekt und Objekt der Wissenschaft ist, ein prinzipieller Unterschied im Vergleich zur Situation der Naturwissenschaft bedingt ist“[128]. Seine Überschreitung des Rubikons hat, wie wir dann erfahren, vor allem drei wichtige Konsequenzen: (1) Schon für die Identifikation der Gegenstände der Wissenschaft ergibt sich ein fundamentaler Unterschied, der „*zwei völlig verschiedenen Begriffe von Erfahrung*“ erforderlich macht. (2) Es ergibt sich weiter eine „*Transzendierung des Begriffs wertfreier Wissenschaft,* wie ihn Max Weber auch für die Sozialwissenschaften verbindlich gemacht hat“[129]. (3) Und der „*Unterschied von Theorie und Praxis,* so wie er von Kant im Blick auf die Begründung der Naturwissenschaft ... etabliert wurde, läßt sich für die Grundlegung kritischer Sozialwissenschaften nicht aufrechterhalten“[130].

Der Ausgangspunkt dieses Angriffs gegen die analytische Wissenshaftslehre, die These der Trennbarkeit von Subjekt und Objekt, verdient eine Würdigung. Ich kenne nämlich keinen Theoretiker in den Sozialwissenschaften, der sich nicht darüber klar wäre, daß die Forscher, die in diesen Disziplinen arbeiten, unter Umständen auch zum Objektbereich ihrer Untersuchungen gehören. Man kann sogar darauf hinweisen, daß dasselbe Verhältnis für manche Naturwissenschaften gilt, und zwar nicht nur für die Biologie. Eine „Trennung“ von Subjekt und Objekt liegt ihnen – und auch den Vertretern der analytischen Lehre – daher sicherlich fern. Immerhin werden sie aber meist doch bereit sein, eine Unterscheidung zwischen ihrem Objektbereich und sich selbst als forschenden Subjekten zu machen, eine Unterscheidung, die sie allerdings in keiner Weise daran hindert festzustellen, daß in bestimmten Fällen die Subjekte und die Objekte ihrer Forschung – wenigstens partiell – identisch sind. Das hängt mit dem weithin bekannten Umstand zusammen, daß die Extensionen verschiedener Begriffe zusammenfal-

---

[128] A.a.O., S. 226. Dieser Tatbestand pflegt auch Habermas großes Kopfzerbrechen zu bereiten, wie seine Analyse der Problematik des Sinnverstehens in den Sozialwissenschaften zeigt, vgl. sein Buch: Theorie des kommunikativen Handelns, Band I, 3. Auflage, Frankfurt 1985, S. 154 und passim, und meine Kritik im VIII. Kapitel: Ein hermeneutischer Rückfall: Habermas und der kritische Rationalismus, meines oben erwähnten Buches: Kritik der reinen Hermeneutik, S. 240ff.

[129] A.a.O., S. 227; vgl. dazu meine Kritik der Apelschen Wissenschaftslehre, s. oben.

[130] A.a.O., S. 230.

len können, einem Umstand, dem die analytische Wissenschaftslehre – in all ihrer Beschränktheit – Rechnung zu tragen in der Lage ist[131].

Allerdings wird der Analytiker unter Umständen geneigt sein, den genannten Tatbeständen in anderer Weise Rechnung zu tragen, vor allem unter Vermeidung des Apelschen Vokabulars, um sich und andere vor den Fallstricken zu schützen, denen, wie man sieht, diejenigen zum Opfer fallen, die sich seiner bedienen. Er wird es vermeiden, von „dem" Subjekt und „dem" Objekt der Gesellschaftswissenschaften zu reden, und zwar schon deshalb, weil er die Hochstilisierung sozialer Gemeinschaften zu Kollektivsubjekten, wie sie vor allem in der marxistischen Tradition geläufig ist, für systematisch irreführend hält. Es ist aber durchaus möglich zu zeigen, daß sich an meinem Argument nichts für die Frage Wesentliches ändert, wenn man zu den Apelschen Kollektivsubjekten und -objekten übergeht.

Wir kommen nun zu den Konsequenzen, die er seiner Rubikon-Überschreitung zuzuschreiben wünscht. Was die beiden angeblich völlig verschiedenen Erfahrungsbegriffe angeht, so ist es schwierig, ein Argument zu identifizieren, das für einen solchen Unterschied spricht. Mit der Frage der Identifikation von Gegenständen in der Ebene der Beschreibung und mit der Problematik des Verstehens haben wir uns oben schon befaßt. Daß die verschiedenen Wissenschaften – und zwar nicht nur die Naturwissenschaften einerseits und die Geisteswissenschaften andererseits in dieser Dichotomisierung – verschiedene Objektbereiche, Begriffsapparate und Verfahrensweisen haben, wird man nicht leugnen wollen, ebensowenig wie man abstreiten wird, daß verschiedene Erfahrungen für sie wesentlich sein können. Aber die Apelsche Behauptung soll offenbar weit darüber hinaus gehen.

Er möchte zum Beispiel für das Identifikationsproblem und für das Problem der Beschreibung einen Unterschied machen, der davon abhängt, ob man die „Daten" für die Erklärung braucht und sie „unter Klassenbegriffe subsumiert" oder ob man sie „als raum-zeitlich individualisierte Momente der durch sie hindurch vermittelten Ganzheit des irreversiblen Geschichtsprozesses" thematisiert. Ich sehe nicht, welche Pointe in dieser Unterscheidung liegt, denn für die Anwendung von

---

[131] Nota bene; sogar unser Autor selbst sieht sich offenbar gezwungen, die Unterscheidung zwischen Subjekt und Objekt „vorauszusetzen", um sein Problem überhaupt formulieren zu können, vgl. dazu a.a.O., S. 249, wo er allerdings, ohne viel Aufhebens davon zu machen, zwischen „Trennung" und „Unterscheidung" hin und her pendelt, als ob es auf Unterschiede dieser Art nicht ankäme.

Gesetzen zur Erklärung konkreter Tatbestände benötigt man ebenso „raum-zeitlich individualisierte Momente" wie für die Analyse des Geschichtsprozesses, und auch in dieser Analyse pflegen überdies Subsumtionen unter Klassenbegriffe aufzutreten[132]. Und die Frage der Erklärung hat wenig damit zu tun, ob man in bestimmten Sinne von Ganzheiten sprechen kann. Wenn unser Autor etwas näher auf die Logik der Beschreibung eingegangen wäre, dann hätte sich sofort gezeigt, daß die von ihm postulierten Unterschiede aus der Luft gegriffen sind.

Wenn man nun, wie er das tut, den innovativen Prozess der Hypothesenbildung und Hypothesenkorrektur als *„reflexive Selbsterfahrung der Wissenschaft"* charakterisiert und dazu auffordert, ihn „ernsthaft als Paradigma auch der Objekterfahrung historisch-kritischer Gesellschaftswissenschaften anzuerkennen"[133], dann ist wieder kaum zu sehen, was damit für das Erfahrungsproblem erreicht werden soll. Dieser innovative Prozeß vollzieht sich nämlich in einem sozialen Zusammenspiel, bei dem die daran beteiligten Personen „Erfahrungen" im üblichen Sinne des Wortes machen, wobei Wahrnehmungsleistungen aller Art – darunter auch solche, die man unter den Begriff des „Verstehens" zu bringen pflegt – eine Rolle spielen können. Wozu soll es nützlich sein, diesen Prozeß, dem die von ihm angegriffene Lehre durchaus Rechnung trägt, als „reflexive Selbsterfahrung der Wissenschaft" zu bezeichnen? Inwiefern würde dadurch, daß man ihn „als Paradigma" in dem erwähnten Sinne anerkennt, die „Subjekt-Objekt-Trennung" aufgegeben, von der wir annehmen dürfen, daß sie ohnehin nur eine Apelsche Fiktion ist, eine Fiktion, die aus ähnlichen Fehldeutungen hervorgegangen ist wie seine These von den beiden Erfahrungsbegriffen.

Wenn er sich nun bemüht, den Weberschen Begriff der wertfreien Wissenschaft zu „transzendieren", dann setzt er sich ohne weitere Diskussion über alles hinweg, was Weber selbst und was Vertreter ähnlicher Auffassungen zu dieser Problematik gesagt haben. Es mag ja sein, daß er die betreffenden Argumente nicht für stichhaltig hält, aber es käme wohl darauf an zu zeigen, daß eine solche Stellungnahme berechtigt ist. Schon Weber selbst hat versucht, deutlich zu machen, inwiefern man Begriffe wie „Rationalität" deskriptiv verwenden kann, also: ohne damit eigene normative Beurteilungen zu implizieren, und diese Frage

---

[132] Möglicherweise sogar häufiger als in den Naturwissenschaften, wo in vielen Bereichen ein begriffliches Instrumentarium vorherrscht, das sehr viel komplexere Begriffsarten enthält.

[133] A.a.O., S. 227.

ist später sehr ausführliich diskutiert worden. Die Apelschen Bemerkungen zu diesem Problem zeigen nur, daß er von dieser Diskussion keine Kenntnis genommen hat, so daß er die einfachsten Einwände nicht berücksichtigt[134].

Seine These von einem gewissen „normativ relevanten Engagement" als Basis der Erfahrung wurde zum Beispiel von Max Weber vorweggenommen, der unter anderem darauf hingewiesen hat, daß es „transzendentale Voraussetzung" jeder Kulturwissenschaft ist, „daß wir Kultur*menschen* sind, begabt mit der Fähigkeit und dem Willen, bewußt zur Welt *Stellung* zu nehmen und ihr einen *Sinn* zu verleihen"[135]. Auf die Apelsche These, die Beschreibung menschlicher Handlungen involviere nicht nur das Verständnis der für sie maßgebenden Normen, sondern auch ihre Anerkennung als Bewertungsmaßstäbe, bin ich oben schon eingegangen[136].

In beiden Fällen zeigt sich, daß der Schluß auf die Notwendigkeit von Werturteilen im Aussagenzusammenhang der Sozialwissenschaften ein Fehlschluß ist[137]. Daß Apel die wertfreie Wissenschaft „transzendieren" kann, wenn er das gerne möchte, braucht man natürlich nicht zu bestreiten. Das können wir alle. Es scheint sogar meist leichter zu sein als die Bemühung, sich im Rahmen des Max Weberschen Wertfreiheitsprinzips zu bewegen. Aber um den Weberschen Standpunkt zu überwinden, muß man seine Lösung der sozialwissenschaftlichen Wertproblematik erst einmal zur Kenntnis nehmen und analysieren[138].

---

[134] Das gilt auch für HABERMAS, vgl. dazu und zum Folgenden meine Analyse im VIII. Kapitel meines Buches: Kritik der reinen Hermeneutik, a.a.O., S. 252–255.

[135] Vgl. MAX WEBER, Die „Objektivität" sozialwissenschaftlicher und sozialpolitischer Erkenntnis (1904), in WEBER: Gesammelte Aufsätze zur Wissenschaftslehre, a.a.O., S. 180.

[136] Vgl. S. 46f. oben, und den Hinweis in Anm. 110 auf die hier relevante Webersche Stammlerkritik.

[137] Vgl. dazu: Theorie und Praxis. Max Weber und das Problem der Wertfreiheit und der Rationalität, in meinem Aufsatzband: Konstruktion und Kritik, Hamburg 1972, S. 41ff.

[138] Wer freilich, wie Apel das tut, die These, daß „die Realisierung der Wahrheit a priori abhängt von der Realisierung der *unbegrenzten* Kommunikationsgemeinschaft in einer geschichtlich-gegebenen Gesellschaft" ohne Umschweife als eine transzendental-*normative* „Voraussetzung" aller Wissenschaft charakterisiert – a.a.O., S. 228 –, darf sich nicht wundern, wenn man sein Verständnis dieses Problemkreises in Zweifel zieht. Aussagen über reale Abhängigkeiten hat, soweit ich sehe, bisher kaum einer der an der Werturteilsdiskussion Beteiligten so bedenkenlos als „normativ" hingestellt.

Gehen wir nun zur Untersuchung der angeblich radikalsten Konsequenz des Apelschen Rubikon-Übergangs über, der These nämlich, der Kantsche Unterschied zwischen Theorie und Praxis lasse sich für die Grundlegung kritischer Sozialwissenschaften nicht aufrechterhalten. Da ich seit längerer Zeit die wissenschaftliche Arbeit als Erkenntnispraxis – als eine methodisch geregelte Praxis im Dienste der Wahrheitsssuche – aufzufassen pflege, bin ich an einer scharfen Unterscheidung zwischen theoretischer und praktischer Vernunft ebensowenig interessiert wie unser Autor. Aber seine These hat mit dieser Charakterisierung der Forschung, die sich ja auf alle Wissenschaften bezieht, offenbar wenig zu tun. Es geht ihm hier nur wieder um seine besondere Art von instrumentalistischer Deutung erklärender Wissenschaften und den damit verknüpften Technokratieverdacht, woraus dann „die Möglichkeit und Notwendigkeit eines andersartigen Praxisbezugs der ‚kritischen Sozialwissenschaften'" gefolgert wird, und zwar unter Voraussetzung des „emanzipatorischen Engagements", das für diese Wissenschaften angeblich angenommen werden muß[139]. Ich darf meinerseits voraussetzen, daß ich mich zu dieser Problematik ausreichend geäußert habe[140].

Wie immer man zu den drei Thesen stehen mag, die Apel zur Überwindung der analytischen Lehre formuliert, rätselhaft bleibt dabei die Frage, inwieweit sie sich als Konsequenzen daraus ergeben, daß man die oben erwähnte Trennungsfiktion – die Fiktion einer Subjekt-Objekt-Trennung – beseitigt, denn diese Fiktion spielt in der von ihm apostrophierten Lehre keine Rolle. Nirgends wird sie dort in irgendeinem Sinne dieses Wortes „vorausgesetzt". Deshalb ist auch nicht einzusehen, inwiefern der Gedanke der *„Teilnahme an einem gemeinsamen Sprachspiel"* benötigt wird, um eine *„Überwindung der Subjekt-Objekt-Trennung"* anzubahnen, wie sie für die „verstehenden Geistes-und Sozialwissenschaften" zu fordern sei[141]. Was diese „Teilnahme" angeht, so ist sie nach Apel eine notwendige Bedingung für die Feststellung, „daß ein Mensch einer Regel folgt, z.B. spricht oder sinnvoll handelt"[142].

---

[139] A.a.O., S. 231f.

[140] Vgl. S. 47f., oben.

[141] Apel, a.a.O., S. 252, im Anschluß an Peter Winch.

[142] A.a.O., S. 251; eine solche Feststellung ist nach Apel nur möglich, „wenn sich sein Verhalten aus dem Zusammenhang eines Sprachspiels als öffentlich kontrollierbares Regelbefolgen verständlich machen läßt", wozu angeblich eine solche „Teilnahme" an diesem Sprachspiel erforderlich ist. In diesem Punkt schließt Apel sich der Auffassung Winchs an.

Nun ist zum Beispiel der Historiker kaum jemals in der Lage, an den „Sprachspielen", die im Objektbereich seiner Untersuchungen stattgefunden haben, „teilzunehmen", es sei denn, man dehne den Begriff der „Teilnahme" soweit aus, daß „Verstehen" mit „Teilnahme" identisch wird. Aber dann verliert die Apelsche Akzentuierung der Teilnahme als Bedingung des Verstehens ihre Pointe. Auch dann bleibt aber die Behauptung über die Bedeutung einer solchen Teilnahme für die Überwindung der Subjekt-Objekt-Trennung unverständlich.

Auch wenn der Historiker oder der Ökonom zum Beispiel die Handlungen von Unternehmern versteht, die die Maxime der Gewinnmaximierung befolgen – wenn er diese Handlungen also als Befolgung von Regeln besonderer Art identifizieren kann – und wenn ein solches Verstehen Voraussetzung für die Erkenntnis bestimmter Zusammenhänge ist, was man ohne weiters annehmen kann, inwiefern wird dadurch eine „Subjekt-Objekt-Trennung" überwunden? Handelt es sich um die Analyse einer historischen Situation, in der ein Unternehmerverhalten dieser Art auftritt, dann sind offenbar Subjekt und Objekt der Analyse nicht nur begrifflich unterscheidbar, sondern darüber hinaus real verschieden und in diesem Sinne „getrennt". Wird dagegen eine gegenwärtige Situation dieser Art untersucht, dann kann es immerhin passieren, daß der Untersuchende selbst mitbetroffen ist – etwa ein Theoretiker der Ökonomie, der gleichzeitig als Unternehmer tätig ist. In diesem Falle ist zwar immer noch zu unterscheiden zwischen dem betreffenden Forscher als erkennendem Subjekt und ihm – bzw. seinem Verhalten als Unternehmer – als Teil des Objektbereichs. Wir können hier aber durchaus von einer partiellen Identität von Subjekt und Objekt der Erkenntnis sprechen, wenn wir uns der geringen Bedeutung dieser trivialen Feststellung bewußt sind. Ich wüßte nicht, wer bisher daran gezweifelt hätte, daß in solchen Fällen Subjekt und Objekt „nicht zu trennen" sind.

Sobald man nun aber das Subjekt der Erkenntnis „sozialisiert", wie Apel sich zu tun bemüht, haben wir es laufend mit „der Gesellschaft" als solcher zu tun, die sich selbst erkennt, aber wir können dennoch nicht umhin, zwischen dem zu *unterscheiden, worüber* die Rede ist – also den behandelten Aspekten sozialer Zusammenhänge –, und der Gesellschaft als Erkenntnissubjekt. Daß die reale Verschiedenheit hier verschwindet, ist eine triviale Konsequenz der Apelschen Subjekt-Definition, deren Notwendigkeit oder Fruchtbarkeit im übrigen schwer einzusehen ist. Ich sehe jedenfalls nicht, was für die „Begründung" der Geistes- oder Sozialwissenschaften aus solchen Begriffsbildungen zu gewinnen ist.

Der Apelsche Versuch, den Rubikon zu überschreiten, scheint mir also mißlungen zu sein. Nicht nur hat die von ihm unterstellte Trennungs-Fiktion keine Bedeutung für die analytische Lehre, die er kritisiert. Auch sein Versuch einer Überwindung dieser Fiktion hat sich als fiktiv erwiesen, und die „Konsequenzen", die er formuliert, sind nicht nur ihrem Inhalt nach, wie sich gezeigt hat, höchst fragwürdig, sondern es ist darüber hinaus auch nicht zu sehen, daß sie sich in irgendeiner Weise aus Voraussetzungen ableiten lassen, in denen die erwähnte Fiktion überwunden wird. Die „dialektische Vermittlung", die er mit seinem Versuch anstrebt, hat sich als überflüssig erwiesen, denn die „Gegensätze", zwischen denen vermittelt werden sollte, sind ohne jede Bedeutung für die Erkenntnis.

Wir haben gesehen, daß die „*transzendentalhermeneutische* Reflexion auf die Bedingung der Möglichkeit sprachlicher Verständigung in einer unbegrenzten Kommunikationsgemeinschaft" die „Einheit der *theoretischen* und *praktischen* Vernunft" begründen[143] und damit gleichzeitig das Fundament der Erkenntnis und des Handelns, die Grundlage der Wissenschaften und der Ethik, liefern soll. Sie überwindet damit gleichzeitig „die szientistische Idee der normativ neutralen oder wertfreien ‚Objektivität'", die einer solchen Begründung im Wege steht. In diesem Zusammenhang präsentiert Apel die drei Grundvoraussetzungen des analytischen Denkens, die in dieser Beziehung hinderlich sind: das Humesche Prinzip, die Beschränkung der Wissenschaft auf Tatsachenanalyse und die Einschränkung der Objektivität des Wissens – im Sinne intersubjektiver Geltung – auf die Wissenschaft[144]. Seine Gegenargumentation besteht, wie schon erwähnt, darin, daß er die Relevanz der ersten und die Geltung der dritten Annahme bestreitet, und zwar mit Hilfe von Argumenten, die wir zum Teil in unserer bisherigen Untersuchung schon als unzulänglich zurückgewiesen haben.

Seine Ablehnung der Wertneutralität der Humanwissenschaften im Hinblick auf die angebliche Notwendigkeit einer wertenden Gegenstandskonstitution braucht uns nicht mehr zu beschäftigen. Sie beruht, wie wir gesehen haben, auf einer ungenügenden Analyse der Wertproblematik, in der nicht einmal die Weberschen Gedanken zu diesem Problemkreis berücksichtigt wurden. Auf das Problem der Neutralität der analytischen Meta-Ethik, das unser Autor dann anschneidet, bin ich vor

143 A.a.O., S. 357; wie auch schon auf S. 230ff.

144 A.a.O., S. 378; vgl. auch S. 22, oben.

längerer Zeit eingegangen[145], ohne zu der Auffassung zu gelangen, die er der Popper-Schule zuschreibt, daß diese Disziplin als eine „wissenschaftliche Theorie“ aufzufassen sei[146]. Ganz abgesehen davon, daß in diesem Bereich des Denkens eine Theorie im üblichen Sinne bisher kaum identifizierbar sein dürfte, würde ich die Diskussion über Kriterien, die dort stattfindet, zur Moralphilosophie rechnen, wie das in der philosophischen Tradition stets gebräuchlich war. Daß die Moralphilosophie wie jede andere philosophische Disziplin auch theoretische Einsichten der Realwissenschaften verwerten kann, steht dabei außer Frage[147].

Aber selbst wenn die Apelsche Unterstellung richtig wäre, könnte sich daraus keine Konsequenz in seinem Sinne ergeben, denn das Argument einer wertenden Gegenstandskonstitution ist hier ebenso irrelevant wie im Falle der anderen Humanwissenschaften. Das soll nicht heißen, daß man die Relevanz humanwissenschaftlicher Einsichten für die Normenkritik und für den Wandel von Wertüberzeugungen leugnen müßte[148]. Aber dieses Relevanzproblem kann man – jedenfalls wenn man an Klärung interessiert ist – vom Problem der Wertfreiheit unterscheiden.

Man kann also kaum sagen, daß es unserem Autor gelungen ist, den Nachweis zu erbringen, daß auf die von ihm bevorzugte Weise die „Humesche Distinktion unterlaufen“, das heißt ihre Irrelevanz für das Begründungsproblem der Ethik gezeigt werden kann. Wer die Unterscheidung zwischen normativen und deskriptiven Aussagen und das Humesche Prinzip grundsätzlich anerkennt – und das tut er ja ausdrücklich – und überdies die Wissenschaft auf Erkenntnisaufgaben be-

---

[145] Vgl. meinen Aufsatz: Ethik und Meta-Ethik. Das Dilemma der analytischen Moralphilosophie, Archiv für Philosophie, 11, 1971, auch in: Konstruktion und Kritik, a.a.O.

[146] Apel, a.a.O., S. 383.

[147] Soweit ich sehe, ist auch bei Hans Lenk nicht die Idee einer Meta-Ethik als wissenschaftlicher Theorie zu finden, wie Apel ihm unterstellt; seine „Metametaethik“ wird von ihm als eine „Sammeldisziplin von ethischen und metaethischen *Modellen*“ gekennzeichnet; vgl. dazu Hans Lenk, Kann die sprachanalytische Moralphilosophie neutral sein? in: Albert/Topitsch (Hg.), Werturteilsstreit, Darmstadt 1971, S. 546.

[148] Vgl. dazu mein Buch: Traktat über kritische Vernunft, a.a.O., Kapitel III; auf dieses Problem spielt Apel – a.a.O., Band II, S. 385 – an, allerdings ohne eine Analyse anzubieten, aus der hervorgehen würde, inwiefern dadurch die „Humesche Distinktion unterlaufen“ wird. Es fließt bei ihm alles ineinander, wie auch sonst so oft in seinem Buch.

schränkt, kann einen Ausweg nur darin sehen, daß er auf die *wissenschaftliche* Begründung der Ethik verzichtet. In diesem Falle verliert das Humesche Prinzip in der Tat die ihm zugeschriebene Bedeutung, und der ohnehin aussichtslose Umgehungsversuch über die Frage der Gegenstandskonstitution wird überflüssig.

Dieser Weg entspricht der zweiten Argumentationsstrategie Apels, die sich gegen die Geltung der dritten „Grundvoraussetzung" des analytischen Denkens richtet: der Beschränkung der Objektivität des Wissens auf die Wissenschaft. Wir finden bei ihm allerdings nun eine etwas andere Formulierung, die zu Bedenken Anlaß gibt. Er spricht hier nämlich von der „szientistische(n) These der Reduzierbarkeit aller intersubjektiven Geltung von Argumenten auf die objektive Geltung wertfreier Aussagen"[149]. Nun ist mir nicht bekannt, daß eine solche Reduktionsmöglichkeit irgendwo im analytischen Denken vertreten oder vorausgesetzt worden wäre. Es ist vielmehr üblicherweise umgekehrt so, daß die Geltung bestimmter Aussagen unter der Voraussetzung behauptet wird, daß gewisse Argumente in Ordnung sind. Dabei wird die Geltung von Argumenten aber keineswegs auf den Bereich der Wissenschaft eingeschränkt. Es dürfte kaum einen Vertreter des analytischen Denkens geben, der eine solche Einschränkung ins Auge fassen würde, während in anderen philosophischen Strömungen die Ablehnung rationaler Argumentation durchaus nicht selten ist[150].

Die ursprünglich von Apel formulierte These bezog sich auf objektives Wissen, also auf die intersubjektive Geltung kognitiver Aussagen. Daher ist schon die von ihm als richtig unterstellte Folgerung nicht haltbar[151]. Sie pflegt daher auch im Rahmen der analytischen Moralphilosophie nicht anerkannt zu werden. Daraus ergibt sich die Konsequenz, daß es unnötig ist, die dritte Apelsche Annahme in Frage zu stellen, wenn man seine „Folgerung" zuungunsten einer intersubjektiven

---

149 Apel, a.a.O., S. 391.

150 Unser Autor sollte sich hier an Martin Heidegger erinnern, der den Bereich solcher Argumentation noch sehr viel stärker einzuschränken pflegt.

151 Aus der These, daß nur die Wissenschaft objektives Wissen liefert, folgt in Verbindung mit der Behauptung, Objektivität sei identisch mit intersubjektiver Geltung, nur, daß nur die Wissenschaft intersubjektiv gültiges *Wissen* liefert. Solange der Begriff der Objektivität nicht auf das Wissen eingeschränkt wird, folgt aber daraus nichts für die normative Ethik. Zumindest der Argumentation in diesem Bereich wird auch üblicherweise nicht die objektive Geltung abgesprochen; vgl. dazu etwa William K. Frankena, Analytische Ethik, herausgegeben von Norbert Hoerster, München 1972, passim.

Begründung der Ethik vermeiden will. Wenn dem aber so ist, braucht man überhaupt keine der von ihm formulierten „Grundvoraussetzungen" aufzugeben, um eine solche Begründung möglich zu machen. Die Schwierigkeiten des Begründungsdenkens liegen anderswo. Ihnen kann aber, wie sich zeigen wird, auch Apel nicht entgehen, der sich die „Letztbegründung" von Erkenntnis und Handeln zur Aufgabe gemacht hat.

Sein Versuch, durch transzendentale Reflexion die „These von der Unmöglichkeit intersubjektiver Geltung moralischer Normen"[152] zu destruieren, richtet sich also gegen eine Art von Szientismus, die im analytischen Denken kaum vertreten sein dürfte. Immerhin ist es trotzdem nicht uninteressant, wie er an seine Aufgabe herangeht. Er geht heuristisch von der These aus, die „Objektivität" der wertfreien Wissenschaft setze selbst noch die intersubjektive Geltung moralischer Normen voraus[153], einer These, die ich mich übrigens erinnere, in etwas anderer Form bei Karl Popper gefunden zu haben[154], der allerdings keinerlei transzendentale Ansprüche im Apelschen Sinne damit verbindet. Auch die „radikalisierte" Form seiner These, daß die in jeder Problemerörterung, nicht nur in der Wissenschaft, vorausgesetzte rationale Argumentation die Geltung universaler ethischer Normen voraussetzt, ist – wenn man einmal von der etwas unglücklichen Formulierung absieht – nicht überraschend für einen Leser des erwähnten Popperschen Buches, in dem das Prinzip der Rationalität, wie man leicht feststellen kann, nicht auf die Befolgung logischer Regeln beschränkt wird[155]. Er ändert diese These aber nun nochmals ab und gelangt so zu der Behauptung, daß die „Logik – und *mit ihr zugleich* alle Wissenschaften und Technologien – eine Ethik als Bedingung der Möglichkeit *voraussetzt*"[156].

In seiner Analyse zum Nachweis der Richtigkeit dieser These geht er, wie an vielen Stellen seiner Arbeiten, auf die Wittgensteinsche Bemerkung über die Unmöglichkeit einer einzigen Regelbefolgung zurück,

---

[152] Apel, a.a.O., S. 394.

[153] A.a.O., S. 395.

[154] Vgl. Karl Popper, Die offene Gesellschaft und ihre Feinde, II. Band: Falsche Propheten, Bern 1958, S. 293: „Die Ethik ist keine Wissenschaft. Aber obgleich es keine rationale wissenschaftliche Basis für die Ethik gibt, gibt es doch eine ethische Basis der Wissenschaft und des Rationalismus". Auch sonst ist in den letzten Kapiteln dieses Buches viel über solche „Voraussetzungen" zu finden.

[155] Apel scheint das Gegenteil zu unterstellen, sonst wäre der zweite Abschnitt auf S. 397 seines oben erwähnten Buches kaum verständlich. Zumindest erweckt er hier den Eindruck, eine weitere Konzeption zu vertreten als Popper.

[156] A.a.O., S. 399.

die er für selbstverständlich zu halten scheint[157]. Diese Bemerkung, die Wittgenstein in der für seine Spätphilosophie charakteristischen aphoristischen Weise plausibel zu machen sucht, wird von unserem Autor nicht nur ohne weiteres akzeptiert, sondern überdies in äußerst fragwürdiger Weise verwertet. Sie bezieht ihre Plausibilität vor allem aus der Vagheit des alltäglichen Sprachgebrauchs, die dazu verleitet, zwischen zwei Deutungen hin und her zu schwanken: einer Deutung, die sie analytisch wahr machen würde – wie das Wittgenstein durch seinen Hinweis auf die Grammatik des betreffenden Ausdrucks nahelegt –, und einer anderen, die sie zu einer akzeptablen informativen Behauptung erheben würde.

Die erste Deutung ist, wie mir scheint, für die Apelschen Zwecke völlig unergiebig, denn warum sollte man die Erörterung eines philosophischen Problems an den Alltagssprachgebrauch binden? Es gehört nicht viel Phantasie dazu, sich einen Fall zu denken, in dem „ein einziges Mal nur ein Mensch" einer bestimmten Regel folgt, wenn man diesen Fall nicht *ex definitione* ausschließen, also etwa dagegen einwenden möchte, daß es sich dann um keine Regel gehandelt habe, weil mit dem Regelbegriff die Idee mehrfacher Befolgung verbunden sei.

Auch die Apelsche Deutung, es sei „sinnlos" anzunehmen, „jemand befolge eine Regel nach Kriterien, die prinzipiell niemand sonst kontrollieren könnte"[158], scheint die These Wittgensteins analytisch zu machen, denn die beiden Ausdrücke „sinnlos" und „prinzipiell" sollen doch wohl alle faktischen Umstände und darüber hinaus alle Naturgesetze als für die Entscheidung der betreffenden Frage irrelevant erscheinen lassen. In diesem Falle ist nicht einzusehen, wie aus der These eine

---

[157] Vgl. dazu LUDWIG WITTGENSTEIN, Philosophische Untersuchungen, Oxford 1953, I, § 199: „Ist, was wir ‚einer Regel folgen' nennen, etwas, was nur *ein* Mensch, nur *einmal* im Leben, tun könnte? – Und das ist natürlich eine Anmerkung zur *Grammatik* des Ausdrucks ‚der Regel folgen'. Es kann nicht nur ein einziges Mal nur eine Mitteilung gemacht, ein Befehl gegeben, oder verstanden worden sein, etc. – Einer Regel folgen, eine Mitteilung machen, einen Befehl geben, eine Schachpartie spielen sind *Gepflogenheiten* (Gebräuche, Institutionen).

Einen Satz verstehen heißt, eine Sprache verstehen. Eine Sprache verstehen heißt, eine Technik beherrschen" usw. – vgl. dazu APEL, a.a.O., S. 399f., sowie DERSELBE, Die erkenntnisanthropologische Funktion der Kommunikationsgemeinschaft und die Grundlage der Hermeneutik, in: MOSER/SCHMIDT (Hg), Information und Kommunikation. Referate und Berichte der 23. Internationalen Hochschulwochen Alpbach 1967, München/Wien 1968, S. 164f.

[158] Vgl. APEL, Die erkenntnisanthropologische Funktion der Kommunikationsgemeinschaft und die Grundlage der Hermeneutik, a.a.O., S. 165.

wichtige Konsequenz für unser Problem folgen könnte. Soll sie aber nur zum Ausdruck bringen, daß die Regelbefolgung und das Erlernen von Regeln im allgemeinen de facto vom Funktionieren einer Gemeinschaft abhängig ist, in der Abweichungen jeweils von anderen Personen kontrolliert und unter Umständen sanktioniert werden, dann mag sie in dieser Form durchaus akzeptabel sein, aber sie ist keineswegs mehr für eine „transzendentale" Argumentation im Apelschen Sinne verwendbar, denn von faktischen Bedingungen für die Realisierung bestimmter Normen, für die sich etwa die Sozialwissenschaften interessieren, kann bei ihm – wenigstens seinem eigenen „transzendentalhermeneutischen" Selbstverständnis nach – nicht die Rede sein.

Wenn er nun im Hinblick auf die Wittgensteinsche Unmöglichkeitsthese behauptet, die logische Geltung von Argumenten könne nicht überprüft werden, ohne „im Prinzip" eine zur intersubjektiven Verständigung und Konsensbildung befähigte Gemeinschaft „vorauszusetzen", dann wird damit bestenfalls impliziert, daß andere die Argumentation *prinzipiell* durch Anwendung der einschlägigen *Regeln* kontrollieren *könnten,* was nicht mehr bedeutet, als daß es entsprechende Regeln gibt. Auch für diese anderen würde es sich übrigens dabei um die Anwendung einer Technologie handeln.

Die „transzendentale" Behauptung Apels geht, was ihren Inhalt und ihre Bedeutung betrifft, also wohl kaum über das hinaus, was in der analytischen Deutung der Wittgensteinschen These enthalten ist, es sei denn, er entschließt sich dazu, sie auf das oben erwähnte Problem der Realisierung zu beziehen und eine entsprechende Umdeutung vorzunehmen. Man sollte jedenfalls nicht „voraussetzen", die transzendentale Reflexion gebe ein Verfahren an die Hand, aus logisch schwachen Annahmen gehaltvolle Konsequenzen zu ziehen, solange sich diese Idee nur an Hand von Beispielen illustrieren läßt, deren Überzeugungskraft davon abhängt, daß man die im Laufe der Beweisführung wechselnde Interpretation nicht bemerkt.

Ähnliche Einwände lassen sich gegen die weiteren Schritte der zweiten Apelschen Argumentationsstrategie erheben. Die Behauptung zum Beispiel, die „logische Rechtfertigung unseres Denkens" *setze* „mit der wirklichen Argumentationsgemeinschaft" auch „die Befolgung einer moralischen Grundnorm" *voraus,* nämlich der Norm „wechselseitige(r) Anerkennung aller Mitglieder als gleichberechtigter Diskussionspartner"[159], ist von der gleichen Qualität wie die früheren Thesen. Daß

---

[159] Apel, a.a.O., Band II, S. 400.

man gültige Argumente formulieren kann, ohne diese Anerkennung faktisch zu vollziehen, wird man wohl kaum leugnen wollen. Vermutlich will unser Autor das mit seiner Bemerkung konzedieren, man könne nicht sagen, „daß die Logik eine Ethik logisch *impliziert*"[160]. Die Rede von der „Voraussetzung" wechselseitiger Anerkennung kann also nicht bedeuten, daß diese Anerkennung logisch gefolgert werden könne. Andererseits kann sie auch kaum bedeuten, daß man diese „moralische Grundnorm" logisch voraussetzen müsse, um logisch argumentieren zu können, denn nach dem jetzigen Stande der Logik, den Apel vermutlich an dieser Stelle noch nicht überwinden möchte, ist bei gegebener Konsequenz keine eindeutige Menge von Voraussetzungen identifizierbar. Die Auswahl *dieser* Voraussetzung ist also in der Apelschen Beweisführung kaum „gerechtfertigt", um eines seiner Lieblingsworte zu verwenden.

Das gleiche gilt für den weiteren Schritt zur Anerkennung aller Menschen als „Personen" im Sinne Hegels. Wohlgemerkt: niemand bestreitet, daß im Denken und Handeln der Mitglieder von Gemeinschaften ethische Ansprüche der verschiedensten Art gemacht und Normen befolgt und sanktioniert werden. Aber die Behauptung, die „Grundnorm" der wechselseitigen Anerkennung der Diskussionspartner „impliziere virtuell" diejenige der Anerkennung aller Menschen als „Personen", macht ganz andere Ansprüche. Was immer man unter einer „virtuellen Implikation" verstehen mag – ich bin nicht in der Lage zu erkennen, ob hier eine logische Neuerung beabsichtigt ist –, die von Apel gemachten zusätzlichen Voraussetzungen sind keineswegs selbstverständlich, abgesehen davon – und das muß in diesem Zusammenhang betont werden –, daß es sich in der Tat um ad hoc eingeführte Annahmen handelt, die hier seiner Prämissenmenge hinzugefügt werden. Es geht, soweit ich sehe, um zwei Behauptungen: (1) daß alle sprachlichen Äußerungen, sinnvollen Handlungen und – soweit verbalisierbar – leibhaften Expressionen als „virtuelle Argumente" aufzufassen sind; und (2) daß ein unüberbietbares Interesse an unbegrenzter Diskussion besteht, ein Interesse also, das alle anderen Interessen dominiert[161].

Die erste dieser Behauptungen ist insofern äußerst fragwürdig, als die Verbalisierung von Handlungen und Expressionen zwar zu Aussagen verschiedenen Charakters führen mag, aber nicht notwendig auch zu Argumenten. Nicht jede sprachliche Äußerung ist schon eine Argu-

---

[160] A.a.O., S. 399.

[161] Vgl. dazu a.a.O., S. 400.

mentation, und ihre Verwandlung in eine solche erfordert unter Umständen die Hinzufügung neuer Komponenten, deren Inhalt keineswegs eindeutig bestimmbar ist. Wenn man die Apelsche These ernst nimmt, dann kann man zum Beispiel auch die Behauptung vertreten, ein Ring sei eine virtuelle Kette, ein Baum ein virtueller Wald und ein Wort ein virtuelles Gedicht, und daraus in ähnlicher Weise Konsequenzen ziehen, wie unser Autor das beabsichtigt. Wenn man den Apelschen Begriff der „virtuellen Implikation" ähnlich auffassen darf, dann wird vieles verständlich, was in seinen Arbeiten bisher schwer zu verstehen war. Auch Gewaltakte dürfen wir nun wohl zu den „virtuellen Argumenten" zählen.

Die Annahme eines dominierenden Interesses an unbegrenzter Diskussion ist meines Erachtens nicht weniger fragwürdig. In ihr kommt ein Hyperrationalismus zum Ausdruck, dessen Notwendigkeit ich jedenfalls nicht einzusehen vermag. Er läßt sich bei Apel wohl aus der Idee der „unbegrenzten Rechtfertigung" herleiten, die wiederum mit dem von Peirce übernommenen Konsens-Postulat zusammenhängen mag. Aber die Vorstellung, daß man alles und jedes „rechtfertigen" müsse, scheint mir nicht so selbstverständlich zu sein, daß man sie einfach „voraussetzen" darf, um zu Konsequenzen zu gelangen, die einem moralisch akzeptabel erscheinen.

Es „zeigt sich" nun nach Apel, „daß die in der Logik vorausgesetzte Ethik der Argumentation für die logische und empirisch wissenschaftliche Rechtfertigung von Meinungen nicht nur eine Bedingung der Möglichkeit ist, sondern sie als *Anspruch* aller Mitglieder der Argumentationsgemeinschaft an alle anderen und somit als moralische Pflicht erweisen kann"[162]. Wir erinnern uns, wie diese Konsequenz erreicht wurde: nämlich durch die auf sie zugeschnittene Fabrikation einer „Voraussetzung". Immerhin erkennt unser Autor, wie wir gesehen haben, an, daß das entscheidende Argument zur „‚Letztbegründung' der Logik mitsamt der von ihr vorausgesetzten Ethik" noch aussteht. Er sieht überdies richtig die Schwierigkeit, die sich daraus ergibt, daß jede Begründung schon die Geltung der Logik voraussetzt[163]. An diesem Hindernis darf aber wohl sein transzendentales Unternehmen nicht scheitern. Vielmehr nimmt er diese Gelegenheit wahr, um deutlich zu machen, daß eben mit der Feststellung der Nichtbegründbarkeit der Logik

---

162 A.a.O., S. 403.
163 A.a.O., S. 405.

auf der Grundlage ihrer Unentbehrlichkeit für jede Begründung eine transzendentale Einsicht erreicht sei.

Aber diese „Einsicht" verhilft im Gegensatz zu dem, was er in seinen diesbezüglichen Ausführungen suggerieren möchte, keineswegs zu einer „Begründung" in irgendeinem hier relevanten Sinne dieses Wortes, denn wir können aus ihr nicht die Konsequenz ziehen, daß die Logik, die wir faktisch stets „voraussetzen" – und in Ermanglung einer Alternative wohl voraussetzen müssen –, auch adäquat ist, so daß ihre Benutzung zu vertretbaren Begründungen führt. Auf die von ihm bevorzugte Weise läßt sich leider unsere heutige Logik – oder eine ihrer heute diskutierten Versionen – nicht in der Weise auszeichnen, wie das für eine „philosophische Begründung" wohl notwendig wäre, es sei denn, man sei bereit, der faktisch benutzten Logik kurzerhand zu bescheinigen, daß sie deshalb auch „wohl begründet" sei.

Ich weiß nicht, woher Apel die Einsicht hat, daß unsere heutige Logik die „Bedingung der Möglichkeit aller Begründung" ist, wie er das in dieser schlichten Weise konstatiert. Soll man das ohne „Begründung" einsehen? Handelt es sich hier vielleicht um eine synthetische Aussage a priori im Kantschen Sinne des Wortes? Hilft es für diese Frage weiter, wenn man auf die „*pragmatische Dimension* der Argumentation" hinweist, die von anderen Theoretikern angeblich nicht genügend in Betracht gezogen wurde, auf unsere „*Reflexionskompetenz*" und auch das „*selbstreflexive Wissen* des transzendental-pragmatischen Subjekts"[164]? Liegt in solchen Hinweisen mehr als die Behauptung, daß man eben gewisse „Einsichten" *habe,* angesichts deren jede weitere Begründungsforderung sinnlos wäre? Sollen solche „Einsichten" damit etwa für sakrosankt erklärt werden?[165]. Und sollen demnach ausgerechnet jene transzendentalen Reflexionen größere Sicherheit für sich in Anspruch nehmen dürfen, als man sie anderen Denkbemühungen zugestehen würde? Wir werden später sehen, daß das nach Apels Ansicht in der Tat der Fall ist.

Unser Autor bemüht sich in diesem Zusammenhang darum, die Lenkschen Betrachtungen zum Problem der Logikbegründung als transzendentale Reflexionen zu charakterisieren und sie in seine Konzeption einzubauen. In seinen Untersuchungen zu diesem Problem

---

[164] A.a.O., S. 406f.

[165] Vgl. dazu meine Kritik im ersten Kapitel meines Buches „Traktat über kritische Vernunft", a.a.O. Auf diese Problematik werde ich noch zurückkommen, wenn ich die Apelschen Einwände gegen den kritischen Rationalismus diskutiere.

plädiert Hans Lenk für die These, daß gewisse Komponenten der heutigen Logik unverzichtbare Bestandteile rationaler Kritik sind und daher nicht aufgegeben werden können[166]. Sie gehören gewissermaßen zur „Institution rationaler Kritik", so daß ein Verzicht auf sie die Aufgabe dieser Institution bedeuten würde. Lenk möchte damit keineswegs die These der Nichtbegründbarkeit der logischen Regeln angreifen. Er will nur darauf aufmerksam machen, daß sie gleichzeitig auch nicht verwerfbar sind. „Mit den konsequenzenlogischen Regeln", so sagt er, „würde der rationale Kritizismus selber aufgehoben"[167]. Es scheint also Bestandteile unserer Auffassungen zu geben, die prinzipiell der rationalen Kritik nicht ausgesetzt werden können. Ist das wirklich so?

Gegen die Idee unverzichtbarer Komponenten der Logik und damit der Kritik braucht man an sich keine Einwendungen zu machen, auch nicht gegen die speziellen Argumente Lenks, mit denen er zu zeigen sucht, daß und warum bestimmte dieser Komponenten unverzichtbar sind. Es stellt sich nur die Frage, ob diese Unverzichtbarkeisthese selbst als Hypothese angesehen werden kann, die der Diskussion offen steht, oder ob sie als Dogma zu behandeln ist.

Ich nehme nicht an, daß Lenk der Meinung ist, seine These sei sicher begründet oder durch unmittelbare Einsicht in ihrer Geltung garantiert. Man sehe sich seine Argumentation für das Prinzip der Widerspruchsfreiheit an, die darauf hinausläuft, daß ein Verzicht auf dieses Prinzip deshalb ausgeschlossen ist, weil sich aus Aussagenmengen, die ihm nicht genügen, beliebige Aussagen ableiten lassen[168]. Dieses Argument setzt natürlich voraus, daß das Prinzip aufgegeben wird, ohne daß andere Regeln entsprechend geändert werden. Man müßte vermutlich wohl ziemlich weitgehende Änderungen in dieser Beziehung in Kauf nehmen, um die Zurückweisung dieses Prinzips zu kompensieren. Wer dafür plädiert, hätte sicher eine Aufgabe vor sich, um die er nicht zu beneiden wäre. Das bedeutet aber keineswegs, daß man die Unverzichtbarkeit des Prinzips in einem absoluten Sinne zeigen könnte, wie das erforderlich wäre, um den Fallibilismus in diesem Punkte suspensieren zu können[169]. Es bedeutet auch nicht, daß eine Revision der Idee der

---

[166] Vgl. dazu Hans Lenk, „Philosophische Logikbegründung und rationaler Kritizismus", a.a.O. (siehe Anm. 61, oben), S. 105ff.

[167] A.a.O., S. 109.

[168] Er weist mit Recht darauf hin, daß ich selbst mich diesem Argument Karl Poppers angeschlossen habe; a.a.O., S. 144, Anm. 62.

[169] Vgl. dazu meinen Aufsatz „Kritizismus und Naturalismus", in: Konstruktion und Kritik, a.a.O., S. 27f., Anm. 27.

Kritik auf der Basis einer veränderten Logik mit Gewißheit ausgeschlossen werden könnte. Daß wir uns zur Zeit schlecht vorstellen können, wie diese Revision aussehen würde, ist sicher richtig. Aber unsere beschränkte Phantasie scheint mir keinen Anspruch auf logische Dignität machen zu dürfen. Ob die Verfechter einer transformierten Transzendentalphilosophie ihr transzendentalpragmatische oder ähnliche Qualitäten zuschreiben möchten, muß man ihnen selbst überlassen.

Daß man mit den konsequenzenlogischen Regeln den rationalen Kritizismus selbst aufgeben würde, ist eine unter Umständen richtige Feststellung, dann nämlich, wenn man die für ihn maßgebende Idee der Kritik an diesen Regeln orientiert und eine Änderung im oben erwähnten Sinne infolgedessen als Eliminierung eines konstitutiven Bestandteiles dieser Auffassung ansieht. In diesem Falle muß man eben die Möglichkeit ins Auge fassen, auch den rationalen Kritizismus – in diesem Sinne des Wortes – auf Grund kritischer Argumente aufzugeben, wobei sich diese Argumente selbst übrigens sogar noch im Rahmen der vorher akzeptierten Logik halten können. Wer die Unverzichtbarkeit bestimmter Komponenten der Logik zum Dogma machen würde, hätte ihn übrigens schon damit aufgegeben, und zwar interessanterweise *ohne* die von Lenk als für die Kritik konstitutiv charakterisierten Elemente zu beseitigen, nämlich durch die Aufgabe des mit ihm verbundenen konsequenten Fallibilismus.

Man sieht also, daß es gar nicht so schwer fällt, von dieser Auffassung abzugehen. Es entspricht vermutlich sogar einer natürlichen Neigung des „gesunden Menschenverstandes", der die Suche nach einem archimedischen Punkt der Erkenntnis so leicht nicht aufgeben wird.

Kehren wir zurück zum Apelschen Versuch einer transzendentalen Begründung der Logik. Man wird nun verstehen, daß ich nicht in der Lage bin zu sehen, wie sich aus den Überlegungen Lenks etwas zugunsten der Apelschen Beweisführung gewinnen läßt. Bislang hatte unser Autor, wie wir uns erinnern, nur darauf abgestellt nachzuweisen, daß die Logik in einem bestimmten Sinne – nämlich als Bedingung ihrer Möglichkeit – eine Ethik voraussetze. Auch dieser „Nachweis" hatte schon, wie wir gesehen haben, gewisse Eigenheiten, die ihn für andere wenig überzeugend erscheinen lassen. Sein Exkurs über die Vorzüge der transzendentalen Reflexion, die uns auch über die nächste Klippe hinweghelfen soll, hat nun deutlich gemacht, was wir von diesem Hilfsmittel zu erwarten haben. Es soll uns, wie wir hören, zur Einsicht in die Tatsache verhelfen, „daß die Teilnehmer an einer philosophischen Grundlagendiskussion immer schon implizit die moralischen Grundnormen einer kritischen Kommunikationsgemeinschaft akzeptiert haben"[170]. Der Wille zur Argumentation, der die Geltung moralischer Grundnormen zur Folge haben soll, ist – um die Apelsche Sprache zu benutzen – ein „Nichthintergehbares". Die Annahme dieser Normen müsse, so meint er, „notwendigerweise vorausgesetzt" werden und habe daher den Charakter des Kantschen „Faktums der Vernunft".

Über die Natur dieser „Notwendigkeit" habe ich auf Grund seiner Ausführungen keine Klarheit gewinnen können. Die Behauptung, daß wir ohne Zustimmung zu solchen Normen nicht einmal sinnvoll fragen können, ist wohl faktisch falsch, aber selbst, wenn sie in diesem Sinne wahr wäre, würde das nichts für sein Begründungsproblem einbringen. Ich sehe nicht, auf welche Weise er hier dem Humeschen Einwand entgehen kann, denn dieser Einwand bezieht sich auf den Übergang von kognitiven zu normativen Aussagen überhaupt. Er ist nicht an den empirischen Charakter der betreffenden kognitiven Aussagen gebunden. Aus einem „Faktum der Vernunft" läßt sich keine Norm hervorzaubern, wenn man nicht bereit ist, logische Regeln abzuändern, deren Unverzichtbarkeit Apel gerade besonders hervorgehoben hatte.

Selbst wenn man jemandem, der die „Frage nach der Rechtfertigung des Moralprinzips" stellt, „einsichtig machen" kann, „was er ‚immer schon' als Grundprinzip akzeptiert hat"[171], dann hat seine Frage nach der Rechtfertigung keine Beantwortung gefunden, denn er will ja wohl wissen, warum er es auch akzeptieren sollte. Die Apelsche Suggestion, daß man auch dieses „einsichtig machen" *könne,* kann ja wohl nicht selbst Anspruch darauf machen, eine solche Rechtfertigung zu sein. Seine Aufgabe in diesem Zusammenhang wäre vielmehr die, seine Leser als Diskussionspartner zu betrachten, denen er das einsichtig macht, und zwar dadurch, daß er eine Rechtfertigung *liefert.*

Sein Diktum, wer dies nicht einsehe, scheide damit aus der Diskussion aus[172], scheint mir daher die Krönung seiner transzendentalem Reflexionsbemühungen darzustellen. Damit hat er durch Ausscheidung aller unangenehmen Diskussionspartner eine im Sinne dieser Reflexion homogene Größe hergestellt. Wenn man bedenkt, welche Voraussetzungen er einführen mußte, um dieses Ergebnis zu erreichen, dann kann man wohl mit einem gewissen Recht vom Zusammenbruch dieser neuen Version der Transzendentalphilosophie sprechen.

---

170 Apel, a.a.O., S. 415.
171 A.a.O., S. 420f.
172 A.a.O.-, S. 421.

Zur Beantwortung der Frage, was durch die transzendentale Reflexion auf die moralischen Normen der im Apriori der Argumentation mit-vorausgesetzten Kommunikationsgemeinschaft wirklich erreicht sei, erweitert er den Geltungsbereich seiner Theorie von der Gemeinschaft der Wissenschaftler auf die gesamte Menschheit, denn im „Apriori der Argumentation" liege der Anspruch, alle menschlichen Ansprüche zu rechtfertigen, nicht nur die Behauptungen der Wissenschaft. Auch dieser Extrapolation seiner eigenen Ansprüche sucht er den Charakter einer Einsicht in notwendige Zusammenhänge zu verleihen, indem er etwa behauptet, wer argumentiere, erkenne damit *implizit* alle möglichen Ansprüche an, „die durch vernünftige Argumente gerechtfertigt werden können"[173].

Jemand, der sich faktisch nicht an diese Regel gebunden fühlt und ihr daher *explizit* widerspricht, kann aber wohl kaum wegen Mißachtung logischer Regeln kritisiert werden. Er macht allerdings vielleicht andere „Voraussetzungen" als unser Autor. Aber das ist ja eben die Crux dieser ganzen transzendentalen Bemühungen, deren Analyse wir soviel Zeit gewidmet haben, daß die „Voraussetzungen", auf die dieser seine Partner zu verpflichten wünscht, nicht eindeutig aus den zu diesem Behufe gemachten Annahmen folgen, sonst wären eben diese die Voraussetzungen, aus denen gefolgert wird.

Der *Sprung* zu den Voraussetzungen ist, wie man seit langem weiß, *kein* logischer *Schluß,* so daß der Liebhaber transzendentaler Besinnung nicht zeigen kann, daß er so und nicht anders gemacht werden muß. Der mit seinem Rechtfertigungsstreben verbundene Drang, die Notwendigkeit seiner Einsichten zu zeigen, führt daher nicht selten zu undurchsichtigen Aussagenverkettungen, die in ihrer Funktion dem Versuch des Artisten gleichen, die Kaninchen aus dem leeren Hut hervorzuzaubern. Wenn dabei das Endprodukt dieses Unternehmens gewisse plausible Züge enthält – etwa ethische Aussagen, denen jeder gerne zustimmen möchte, wie zum Beispiel: daß man gehalten sei, alle sprachfähigen Wesen als Personen anzuerkennen oder alle vernünftigen Ansprüche zu honorieren –, dann hat der Verfechter dieses Ansatzes gute Chancen, die Wohlmeinenden auf seine Seite zu bringen, ihnen also seine Behauptungen und Forderungen „einsichtig zu machen". Inwiefern er dabei seinen Anspruch eingelöst hat, etwas zu „begründen" oder gar eine „Letztbegründung" zu leisten, ist allerdings eine andere Frage – eine Frage, die nur wenige interessieren mag.

---

173 A.a.O., S. 425.

IV. Kritischer Rationalismus oder hermeneutischer Pragmatismus? Zum Problem des archimedischen Punktes der Erkenntnis

1. Der Szientismus-Verdacht und seine Grundlage

Die Bemühungen Karl-Otto Apels, eine neue Version der Transzendentalphilosophie auszuarbeiten, zeichnen sich zwar durch das Bestreben aus, nach Möglichkeit allen philosophichen Strömungen im Rahmen dieser Konzeption einen Platz zu verschaffen, aber sie stehen naturgemäß dennoch in einem gewissen Gegensatz zu einigen dieser Ansätze. Er sieht sich nämlich meist durch die dominierenden Gesichtspunkte seines Unternehmens, die vor allem der transzendentalen Hermeneutik Heideggerscher Prägung entstammen, genötigt, andere Auffassungen zurechtzustutzen, bis sie für seine Zwecke brauchbar werden, und sie daher einer entsprechenden Kritik zu unterwerfen. So verfährt er unter anderem auch mit dem kritischen Rationalismus, dem er nicht müde wird, einen Rest von Szientismus vorzuwerfen, und dessen Kritik an Letztbegründungen aller Art natürlich mit seinen eigenen Absichten nicht vereinbar ist.

In seiner Philosophie der „offenen Gesellschaft“ möchte Karl Popper, wie Apel in einer seiner Arbeiten feststellt[174] „das normative Paradigma der wissenschaftlichen Methode im Sinne einer ethisch und politisch relevanten Philosophie der Gesellschaft ... extrapolieren“. Er berücksichtige dabei aber „noch weniger als Peirce, daß die Idee einer kritischen Gesellschaftsphilosophie, in der es u.a. um die interpersonelle *Verständigung über Bedürfnisse und Ziele* geht, nicht einfach als Verallgemeinerung des naturwissenschaftlichen Methodenideals und seines technologischen Praxisbezugs zu denken ist“. Diese Tatsache führt Apel darauf zurück, daß Popper in seinem methodologischen Ansatz „die Reflexion auf transzendentale Voraussetzungen der Erkenntnis“ noch in stärkerem Maß „abgebaut“ habe als Peirce. Im Popperschen Denken hat er zwei Typen von „abstraktiven Fehlschlüssen“ entdeckt, die von diesem Reflexionsabbau zeugen. Dieser Entdeckung wollen wir uns nun zuwenden.

Der „im engeren Sinne *szientistisch-technizistische* Fehlschluß“ liege, so meint er, darin, „daß mit dem Methodenideal der *Einheitswissenschaft* zugleich auch die *Sozialtechnologie* ... zur *Grundlage* der kritischen Rationalität in der Sozialpolitik einer ‚offenen Gesellschaft‘ ge-

[174] Vgl. Apel, a.a.O., Band I, S. 13.

macht wird"[175]. Sein Einwand gegen Popper läuft darauf hinaus, daß „die Sozialtechnologie ihre ideale Voraussetzung gerade nicht im Modell der ‚offenen Gesellschaft'" habe, sondern „in einer Gesellschaft, die – auf grund stabiler quasi-archaischer Herrschaftsstrukturen – in Informierte und Nichtinformierte, Manipulierende und Manipulierte, Subjekte und Objekte der Wissenschaft und Technologie zerfällt". Sie funktioniere nicht dann am besten, „wenn möglichst alle als mündige Bürger an der informierten Diskussion über Ziele und Normen beteiligt werden, sondern zweifellos dann, wenn die Verhaltensobjekte der Technologie möglichst weitgehend auf den Status stummer Naturobjekte reduziert werden könnten".

Dieser Einwand zeigt, so darf man wohl sagen, nur die seltsame Vorstellung, die sich Apel – wie früher schon Habernas – über diese Disziplin gebildet hat. Jede, auch die freiheitlichste Gesellschaft, unterliegt bekanntlich institutionellen Regulierungen der Beziehungen zwischen ihren Mitgliedern, und jede Änderung institutioneller Vorkehrungen macht sozialtechnologische Überlegungen erforderlich, wenn man an rationaler Politik interessiert ist. Eines der wichtigsten Probleme der Sozialwissenschaften ist aber seit langem das Problem, welche Institutionen für eine Verfassung der Freiheit notwendig sind, ein Problem, dessen Lösung auch sozialtechnologische Überlegungen involviert.

Das Problem der Organisation der intersubjektiven Verständigung in einer offenen Gesellschaft, das von Apel selbst in einer Form gestellt wird, die den Anschein eines Gegensatzes zu sozialtechnologischen Fragen erweckt, ist nach einem weniger eingeschränktes Verständnis dieser Disziplin, wie es im kritischen Rationalismus üblich ist, ein Problem genau dieser Art[176]. Wenn unser Autor Poppersche Ideen kriti-

---

[175] A.a.O., S. 14; sowie Band II, S. 371.

[176] „Die Organisation der *Verständigung über* notwendige Maßnahmen der Sozialtechnologie ist aber nicht selbst wieder eine Maßnahme der Sozialtechnologie" heißt es bei Apel – a.a.O., Band I, S. 15 – in einem Tone, der die Selbstverständlichkeit dieser Feststellung suggeriert. Ich weiß nicht, was eine „Maßnahme der Sozialtechnologie" ist, denn ich pflege zwischen Aussagensystemen und ihrer praktischen Anwendung einen Unterschied zu machen – vgl. dazu meinen Aufsatz „Wertfreiheit als methodisches Prinzip", in: Ernst Topitsch (Hg.), Logik der Sozialwissenschaften, Köln/Berlin 1964, S. 193, sowie „Sozialwissenschaft und politische Praxis" in: Konstruktion und Kritik, a.a.O., S. 109 –, also auch zwischen einer Sozialtechnologie und ihrer Anwendung in der Politik. Die Organisation der Verständigung macht politische Maßnahmen erforderlich, aber das schließt nicht aus, daß mit diesen Maßnahmen Sozialtechnologie angewendet wird. Für eine Vorstellung von einer

siert, dann ist es völlig unzweckmäßig, ihnen Apelsche Beschränkungen zuzuschreiben, falls er dem Leser ein zutreffendes Bild der kritisierten Anschauungen vermitteln will. Daß jede Umsetzung sozialtechnologischer Erkenntnisse in politische Maßnahmen außerdem noch Wertungen – auch moralischer Natur – involviert, ist wohl jedem der von ihm apostrophierten Theoretiker ebenfalls klar. Mir scheint also, bei diesem ersten Einwand gegen den kritischen Rationalismus hat ihm sein instrumentalistisches Vorurteil und seine Vorliebe für eine unvorsichtige Verwendung der Subjekt-Objekt-Terminologie einen Streich gespielt.

Eine zweite Form des *„szientistischen Fehlschlusses"* glaubt er darin identifizieren zu können, daß mit der Erhebung der kritischen Argumentation „zum Paradigma der ‚offenen Gesellschaft'" übersehen wird, „daß damit schon ein Erkenntisinteresse und eine zugehörige praktische Zielsetzung als *Maßstab* der kritischen Argumentation eingesetzt und damit gleichzeitig der Diskussion entzogen ist"[177]. In der Popperschen Philosophie ist angeblich, wie man weiter lesen kann, „eine Argumentationsgemeinschaft, welche nicht schon auf die objektbezogenen szientifisch-technologischen Methoden festgelegt wäre, nicht vorgesehen"[178].

In diesem Einwand offenbaren sich wieder nicht etwa szientistische Beschränkungen der Idee methodischer Rationalität, wie unser Kritiker zu verstehen gibt, sondern vielmehr Beschränkungen seines eigenen Verständnisses der von ihm kritisierten Konzeption. Denn erstens läßt sich der kritische Rationalismus nicht auf den gegenstandskonstitutiven Instrumentalismus festlegen, der die Wurzel der Apelschen Deutung der Naturwissenschaften bildet, und zweitens ist die von ihm angegriffene Rationalitätskonzeption keineswegs mit der für die Realwissenshaften geltenden Methodologie identisch.

Wer die einschlägigen Arbeiten aufmerksam gelesen hat, braucht nicht darauf hingewiesen zu werden, daß auch Popper die Methodologie der Prüfung wissenschaftlicher Theorien – unter Verwendung der Falsifikationsidee – nur als einen Spezialfall einer allgemeinen Konzeption kritischer Prüfung auffaßt, von der gezeigt werden kann, daß sie nicht an einer auf Spezialbereiche beschränkbaren Idee orientiert ist[179]. Um das zu sehen, muß man allerdings die betreffende Argumentation

---

solchen Disziplin, die zu beschränkt ist, um hier verwendbar zu sein, habe ich keinen Bedarf.

177 Apel, a.a.O., S. 16.

178 A.a.O., S. 18.

179 Vgl. dazu auch mein Buch „Traktat über kritische Vernunft", a.a.O.

etwas näher ins Auge fassen, das heißt: diejenigen Texte beachten, in denen die betreffenden Probleme behandelt werden. Unser Autor zeigt hier, wie an anderen Stellen seiner Arbeiten, eine bemerkenswerte Neigung, die leicht identifizierbaren ausdrücklichen Stellungnahmen seiner Gegner zu ignorieren, vor allem, soweit sie für seine Deutungen unangenehm werden könnten. Was davon unter „hermeneutischen" Gesichtspunkten zu halten ist, möchte ich dahingestellt sein lassen. Daß man einen „Maßstab" nicht der Diskussion entziehen muß, wenn man für seine Verwendung plädiert, bedarf wohl kaum der Erläuterung.

Die Apelsche Diagnose stellt darauf ab, daß die in ihr konstatierten Beschränkungen auf den Mangel an prinzipieller transzendentaler Reflexion über die Bedingungen der Möglichkeit von Erkenntnis im kritischen Rationalismus zurückzuführen sind. Er hätte aber ohne Schwierigkeit feststellen können, daß Überlegungen dieser Art – nämlich Überlegungen über Möglichkeiten und Kriterien der Erkenntnis, die sich keineswegs auf spezielle Wissenschaften beschränken – im Rahmen dieser Auffassung durchgeführt wurden, wenn auch in etwas schlichterer Verpackung, als wir sie von seinen Arbeiten her gewohnt sind.

Man braucht sich nicht unentwegt jener anspruchsvoll klingenden Wortverbindungen – wie „transzendentalhermeneutisch", „transzendentalpragmatisch" usw – zu bedienen, um über so etwas nachzudenken, zumal die Verwendung solcher Termini unnötigerweise den Eindruck erweckt, es handele sich um eine bestimmte *Methode* der „Reflexion", während de facto eben nur Überlegungen zu bestimmten Fragen angestellt werden. Die Besonderheit des Apelschen Verfahrens besteht, soweit ich sehe, weder darin, daß er eine solche Methode verwendet, noch darin, daß ein bestimmtes Thema behandelt wird, sondern vielmehr in dem Umstand, daß gewisse Argumente als „Letztbegründungen" akzeptiert werden, denen gegenüber, wie ich meine, größeres Mißtrauen am Platze gewesen wäre. Sie werden akzeptiert, weil es scheinbar ohne solche „Begründungen" nicht gehen kann.

In seiner Kritik am kritischen Rationalismus ist unter anderem auch die Rede davon, daß in der „Popper-Schule" andere Paradigmata der philosophischen Tradition „von vornherein als methodologisch irrelevant oder gar ‚obskurantistisch'" abqualifiziert werden, „so etwa das der ‚geisteswissenschaftlichen' *Hermeneutik* oder das der sozialkritischen *Dialektik*"[180]. Statt „den Transformationsprozeß einer wissenschaftsbezogenen Philosophie mit Hilfe einer differenzierten Wissen-

---

[180] Apel, a.a.O., S. 19.

schaftstheorie in der schwierigsten Dimension der Sachprobleme voranzutreiben", konzentriere sie sich „nur mehr auf die Polemik gegen die *hermeneutisch-dialektischen* Philosophien, die – wie unzulänglich auch immer – das zentrale Problem der modernen Humanwissenschaften und Soziaphilosophie zumindest thematisiert" hätten: nämlich „das der Identität und Nichtidentität von Subjekt und Objekt der kommunikativen Erkenntnis und der Handlung qua Interaktion in einer offenen Gesellschaft".

Da er sich hier vor allem auf meine Arbeiten bezieht[181], ist vielleicht ein kurzes Wort in eigener Sache angebracht. Zunächst wäre da zu bemerken, daß in den von ihm angeführten – und in anderen – Arbeiten eine ganze Reihe von Lösungsvorschlägen für die behandelten Probleme angeboten werden, auch da, wo andere Autoren kritisiert werden. Es handelt sich dabei zwar teilweise um Probleme, die Apel in seinen Arbeiten erörtert, aber er ist weit davon entfernt, sich genauer mit meinen Vorschlägen zu beschäftigen oder gar auseinanderzusetzen. Da ich bisher schon mehrfach darauf hingewiesen habe, erspare ich mir weitere Hinweise.

Nirgends wird er im übrigen bei mir finden, daß die von ihm angeführten Konzeptionen „von vornherein" abqualifiziert werden, wenn er sich nicht durch polemische Akzente zu sehr von meinen Argumenten ablenken läßt. Ich verfüge zwar nicht über eine trichotome Wissenschaftslehre wie die Apelsche, aber doch über eine Auffassung, die differenziert genug ist, um mit den von ihm aufgeworfenen Problemen – zum Beispiel der Wertproblematik, dem Verstehensproblem und der Frage der Sozialkritik – fertig zu werden. Zudem wird der Leser bei einem genaueren Vergleich merken, daß seine Kritik an manchen Thesen der zeitgenössischen Philosophie – zum Beispiel an der Gadamerschen Hermeneutik[182] in mancher Hinsicht der meinen in jenen Arbeiten durchaus ähnlich ist, nur daß die meine von ihm als Polemik abqualifiziert wird[183]. Darüber, ob das von ihm erwähnte Problem das zentrale

---

[181] Er erwähnt – a.a.O., S. 20, Anm. 11 – die folgenden: „Traktat über kritische Vernunft", a.a.O., und „Plädoyer für kritischen Rationalismus", a.a.O.

[182] Vgl. Apel, a.a.O., S. 46f.; sowie meine Kritik in den in Anm. 181 genannten Arbeiten; vgl. auch seine in Band II, a.a.O., S. 373, skizzierte Alternative und die Einleitung meines Traktats.

[183] Zur Gadamerschen Hermeneutik vgl. nun auch das II. Kapitel: Im Banne Heideggers: Gadamer und die Universalität des Verstehens, meines oben erwähnten Buches „Kritik der reinen Hermeneutik" und meinen Beitrag „Critical Rationalism and Universal Hermeneutics" zu: Jeff Malpass/Ulrich Arnswald/Jens Kertscher (eds.),

Problem jener Disziplinen ist, wird man verschiedener Ansicht sein dürfen. Wer die Fallstricke erkannt hat, die die Befürworter solcher Formulierungen mit ihrem Subjekt-Objekt-Vokabular für sich selbst bereithalten, wird an einer solchen Identifizierung angeblich wichtiger Fragen wenig Geschmack finden.

Auch meiner Polemik gegen die „Hermeneutik" liegt nach Apel ein Fehlschluß zugrunde, den er „in der Geschichte des Szientismus" zurückzuverfolgen sucht, statt zu eruieren, ob er bei mir tatsächlich zu finden ist. Ich habe nie bezweifelt, daß man auch Naturwissenschaft und Technologie „in den Dienst praktischer Legitimation von Herrschaftsinteressen" stellen kann, und ich habe – im Gegensatz zu unserem Autor – auch nicht von Methoden „im Sinne der ‚wertfreien' szientifisch-technologischen Rationalität" gesprochen[184], so daß man einen Kontrast zu Problemen normativer Hermeneutik und Ideologiekritik konstruieren könnte, wie er das versucht.

Die allgemeine Rationalitätskonzeption, die im kritischen Rationalismus vorherrscht, wurde vielmehr von mir offen als eine normative Konzeption deklariert, und ich habe zu zeigen versucht, inwiefern diese Konzeption eben nicht auf szientifisch-technologische Probleme zu beschränken ist, sondern sich auf Problemlösungsversuche in allen Bereichen anwenden läßt, auch zum Beispiel in der Kritik von Wertüberzeugungen und in der Ideologiekritik. Es ist auch keineswegs so, daß ich das, was Apel in diesem Zusammenhang eine „‚geisteswissenschaftliche ‚Verstrickung" nennt, scheue. Ich erlaube mir nur, eine etwas andere Auffassung von der Art der zu behandelnden Probleme und ihrer adäquaten Lösung zu vertreten, eine Auffassung, auf die man im Detail eingehen müßte, ohne sie „von vornherein" abzuqualifizieren[185].

Etwas später wird den kritischen Rationalisten die „kaum zu erschütternde Überzeugung" zugeschrieben, „die ‚seinsfromme' *Herme-*

Gadamer's Century. Essays in Honour of Hans-Georg Gadamer, Cambridge/Mass./ London 2002.

184 Apel, a.a.O., S. 20f.

185 Zum Beispiel erweckt Apel, wie schon erwähnt, beim Leser den Eindruck, in meinem Hinweis auf die frappierende Ähnlichkeit seiner trichotomen Wissenschaftslehre mit der Schelerschen Lehre von den drei Wissensformen sei ein negativer genetischer Fehlschluß enthalten; aber ein solcher Schluß ist dort in keiner Weise zu identifizieren. Meine Argumente gegen seine trichotome Lehre sind in der gleichen Arbeit enthalten. Er ignoriert sie aber und zieht es vor, an ihrer Stelle ein Argument zu destruieren, das er mir unnötigerweise zuschreibt.

neutik müsse, wegen ihrer theologischen ... Herkunft, eine konservative Dogmatik implizieren und infolgedessen ein gebrochenes Verhältnis zur *kritischen Reflexion unterhalten*«[186]. Auch hier nimmt es unser Autor mit den für die Prüfung dieser These in Betracht kommenden Texten nicht allzu genau. Bei mir ist nämlich keineswegs von einer Notwendigkeit dieser Art die Rede. Allerdings habe ich konstatiert, daß die *Gadamersche* Hermeneutik *de facto* ein solches Verhältnis zur kritischen Analyse unterhält, was sich an Hand der einschlägigen Ausführungen dieses Autors belegen läßt, aber genau diese Kritik hat Apel selbst in seiner Untersuchung dieser Auffassung – soweit ich sehe – ebenso wie Habermas mehr oder weniger übernommen[187].

Ähnliches läßt sich zu den Bemerkungen über meine Analyse der praktischen Funktionen der Wissenschaft sagen, zu denen er sich herbeiläßt. Er konfrontiert hier „die anspruchsvolleren Programme einer philosophischen Begründung der Wertungsnormen bzw. einer historisch-soziologischen Totalreflexion der Lage im Sinne einer engagierten ‚Theorie der Gegenwart'" mit der Beschränkung auf das „Durchspielen alternativer hypothetischer Problemlösungen", die er bei mir zu finden meint, und zieht daraus fatale Folgerungen im Hinblick auf die bei solcher Beschränkung zu erwartende Gesellschaftsverfassung, die seiner Meinung nach dann „auf eine Kombination von Technokratie und politischem Dezisionismus hinausliefe"[188], eine Wiederholung Habermasscher Vermutungen. Dabei mißachtet er genau das, was ich im gleichen Zusammenhang und an anderer Stelle zu den einschlägigen Problemen gesagt habe[189], und zwar insbesondere zur Rolle der Erkenntnis für die Wertkritik, die Ideologiekritik und die Aufklärung und zur Bedeutung dieser Zusammenhänge für Gesellschaft und Politik. Dadurch erweckt er beim Leser den Eindruck, als ob vom kritischen Rationalismus her zu solchen Problemen nichts gesagt werden könnte, obwohl man annehmen darf, daß er die betreffenden Texte, die er ja teilweise zitiert, gelesen hat. Daß ihm die angebotenen Lösungen mißfallen, darf man von einem Verfechter einer Philosophie der Letztbegründung sicherlich er-

---

186 APEL, a.a.O., S. 48.

187 Vgl. a.a.O., S, 46f., eine Stelle, auf die ich schon hingewiesen habe.

188 APEL, a.a.O., Band II, S. 148f.; dabei bezieht er sich auf meinen oben erwähnten Aufsatz „Sozialwissenschaft und politische Praxis", in dem die Weisser-Lompesche Position analysiert wird.

189 Vgl. dazu meinen in Anm. 188, oben, erwähnten Aufsatz sowie die auf die Wertproblematik, die Ideologiekritik und das Problem rationaler Politik bezüglichen Teile der in Anm. 181, oben, erwähnten Arbeiten.

warten. Aber das ist kein Grund, ihre Existenz zu verschweigen oder sie mit solch irreführenden Bemerkungen abzutun.

Als besonders irreführend ist die teilweise auf mich gemünzte Bemerkung Apels einzustufen, die „kritischen Sozialwissenschaften sollten sich ... von einem dogmatischen Szientismus, der in den mythischen, metaphysischen und theologischen Traditionen einschließlich ihrer geisteswissenchaftliche Säkularisationen nur Unsinn (‚Leerformeln') mit ideologischer Funktion zu erblicken vermag ..., ebensoweit entfernt halten wie von einem hermeneutischen Relativismus, der die Geschichte als Dimension emanzipatorischen Forschritts aufgegeben hat"[190]. Ähnliche Vorwürfe bin ich zwar gewohnt[191], aber Apel sollte die Einstellung des kritischen Rationalismus zu solchen Traditionen besser kennen[192].

Im Kontext seiner Bemühungen, die Ethik transzendental zu begründen, findet sich Apel schließlich bereit, auf die Behandlung solcher Probleme im Rahmen des kritischen Rationalismus einzugehen. Er spricht hier von dem „Versuch, die Grenzen einer wertneutralen Metaethik allein dadurch zu überwinden, daß man sie mit der normativen Wissenschaftslogik in Parallele setzt"[193]. Dieser Versuch, so meint er aber, führe „lediglich zu dem Programm, die vorliegenden Moralsysteme in derselben Weise wie wissenschaftliche Theorien auf ihre logische Konsistenz und ihre empirische Bewährung hin zu überprüfen". Es sei dagegen „leicht zu sehen, daß bei Moralsystemen, im Unterschied zu wissenschaftlichen Theorien, von empirischer Bewährung nur gesprochen werden könne, wenn schon ein ethischer Maßstab der Bewährung vorausgesetzt" werde.

Was unser Autor hier als eine „Strategie der Parallelisierung" charakterisiert, geht tatsächlich auf eine einheitliche Konzeption rationaler Problemlösung zurück, aus der für Wissenschaft und Ethik gleichermaßen bestimmte Konsequenzen folgen, unter anderem die Konsequenz der rationalen Kritisierbarkeit ethischer Aussagen und Systeme und damit die Ablehnung einer Dogmatisierung auch für diesen Bereich. Da-

---

[190] Vgl. Apel, a.a.O., Band II, S. 263, Anm. 87.

[191] Vgl. damit meine Schrift „Theologische Holzwege. Gerhard Ebeling und der rechte Gebrauch der Vernunft", Tübingen 1973, S. 84ff.

[192] Vgl. dazu die betreffenden Kapitel von Karl Poppers Buch „Conjectures and Refutations", a.a.O. und andere Arbeiten.

[193] Apel, a.a.O., Band II, S. 397f.; dabei bezieht er sich in einer langen Anmerkung (Anm. 53, S. 398) auf meinen oben erwähnten Aufsatz „Ethik und Metaethik", abgedruckt in: Werturteilsstreit, a.a.O.

bei weise ich ausdrücklich darauf hin, daß sich solche Systeme zwar mehr oder weniger bewähren können, „aber in anderer Weise als die der Wissenschaft“[194], und zwar gerade deshalb, weil ein anderer Maßstab der Bewährung in Betracht kommt, der meta-ethischen Auffassungen entstammt. Ich habe es daher vermieden, von *empirischer* Bewährung zu sprechen.

Ich halte „trotz dieses Unterschiedes“ an dieser „Parellelisierung“ fest, weil nicht einzusehen ist, inwiefern man ethische Auffassungen von Anforderungen kritischer Rationalität ausnehmen sollte. Wieso mir das den Vorwurf der „Verwischung des prinzipiellen Unterschieds von metaszientifischer Methodologie und Ethik“ und daher eines „Rest-Szientismus“ einbringen kann, ist mir unerfindlich, es sei denn Apel will sich hier zugunsten einer Dogmatisierung solcher Auffassungen aussprechen.

„Besonders kraß“, so hört man dann weiter, trete dieser „Rest-Szientismus“ in meinem Vorschlag in Erscheinung, „die prinzipiell nicht mögliche Letztbegründung der Ethik entsprechend der Wissenschafts-Kritik durch methodische Proliferation von Alternativ-Ethiken im Sinne des ‚Theorienpluralismus‘ zu ersetzen“. Er glaubt mich in diesem Zusammenhang darauf aufmerksam machen zu müssen, daß der „kritische Effekt“ sich erst einstellen könne, „wenn man eine normativ nicht neutrale Metaethik der Argumentationsmaßstäbe … schon voraussetzen“ könne.

Nun liegt die Pointe meiner Arbeit über das Dilemma der analytischen Moralphilosophie, auf die sich Apel unter anderem bezieht, gerade darin, daß die Metaethik, wenn sie nicht zu einer deskriptiven Kultursoziologie degenerieren solle, normativ nicht neutral sein könne. Ich sehe also nicht, inwiefern ich mich von ihm darüber belehren lassen muß, zumal er seine Einsichten in dieser Hinsicht aus Arbeiten bezieht, die dem Umkreis des kritischen Rationalismus entstammen. Im übrigen ist die Berücksichtigung alternativer Problemlösungen im Bereich der Ethik nur ein Aspekt meiner Vorschläge für die Lösung solcher Probleme[195], so daß seine Behauptung, ich schlüge vor, die Letztbegründung hier durch Proliferation zu ersetzen, auf eine Karikatur hinausläuft. Darauf, wie eine solche Begründung mit Hilfe transzendentaler Reflexion funktioniert, brauche ich hier nicht mehr einzugehen.

---

[194] A.a.O., S. 512.

[195] Apel bezieht sich hier auf die beiden letzten Seiten des Kapitels über „Erkenntnis und Entscheidung“ in meinem „Traktat über kritische Vernunft“.

Damit dürfte sich gezeigt haben, daß der von Apel gegen den kritischen Rationalismus erhobene Szientismus-Verdacht jeder Grundlage entbehrt. Auf andere Aspekte seiner Kritik an dieser Auffassung, vor allem solche, die die zentrale Problematik des Begründungsdenkens betreffen, soll in den folgenden Abschnitten eingegangen werden.

2. Das Münchhausen-Trilemma und die These vom abstraktiven Fehlschluß

Nachdem er schon mehrfach – gewissermaßen im Vorbeigehen – auf die Kritik des Begründungsdenkens im kritischen Rationalismus eingegangen war, hat Apel nun eine ausschließlich diesem Thema gewidmete Arbeit vorgelegt, die den Versuch einer „Metakritik des ‚kritischen Rationalismus'" enthält[196]. Er bemüht sich in vier Abschnitten der Reihe nach um eine Charakterisierung der Problemstellung, um eine kritische Rekonstruktion des „Münchhausen-Trilemmas", um eine Antwort auf die Frage, ob das Fallibilismus-Prinzip der Voraussetzung unbezweifelbarer Evidenz widerspricht, und schließlich um eine eigenen Lösung des Problems philosophischer Letztbegründung im Sinne seines oben untersuchten Ansatzes. Ich möchte diesmal so verfahren, daß ich meine Skizze seiner Argumentation mit einem kritischen Kommentar begleite.

Zunächst schildert er in durchaus zutreffender Weise die Kritik des kritischen Rationalismus am klassischen Rationalismus und der für ihn charakteristischen Begründungsidee und seinen Anspruch, mit einer Konzeption, die an der Idee rationaler Kritik orientiert ist, eine vertretbare Alternative präsentiert zu haben[197]. Er bezieht sich dabei auf meine These, daß das Prinzip zureichender Begründung, wenn man es ernst nehme, zu dem von mir so genannten „Münchhausen-Trilemma" zwischen infinitem Regreß, logischem Zirkel und Abbruch des Verfahrens an einem Punkt führe, der eine willkürliche Suspendierung des Prinzips

---

[196] Vgl. dazu Karl-Otto Apel, Das Problem der philosophischen Letztbegründung im Lichte einer transzendentalen Sprachpragmatik. Versuch einer Metakritik des ‚kritischen Rationalismus', in: Bernulf Kanitscheider (Hg.), Sprache und Erkenntnis. Festschrift für Gerhard Frey, Innsbruck 1976, S. 55–82. Das Manuskript dieses Aufsatzes war im Jahre 1974 im Seminar über das Realismus-Problem im Rahmen der Alpbacher Hochschulwochen vorgelegt worden.

[197] Apel, a.a.O. Allerdings ist darauf hinzuweisen, daß ich bewußt nicht von einem *Leibniz*schen Postulat der „zureichenden Begründung" gesprochen habe, um diesem Philosophen nicht die von mir bevorzugte methodische Reformulierung zu unterstellen; vgl. Traktat über kritischen Vernunft, a.a.O., S. 9f.

bedeute und letzten Endes einen Rekurs auf ein Dogma involviere. Er geht dann auf die daran anknüpfende Empfehlung ein, eine Entscheidung zugunsten eines konsequenten Fallibilismus und der damit verbundenen Methode der kritischen Prüfung zu treffen, nach der keine Problemlösung der Kritik entzogen werden darf, und stellt fest, daß diese Entscheidung als „rational letztlich nicht begründbare" zu betrachten sei[198].

Die Annahme der Methode kritischer Prüfung in dem hier gemeinten Sinne involviert zudem eine moralische Entscheidung, denn das hier vorgeschlagene Rationalitätsmodell ist der Entwurf einer Lebensweise und hat daher ethische und darüber hinaus politische Bedeutung. Auch Konsequenzen für die Lösung ethischer Probleme – zuungunsten der Idee der Letztbegründung und zugunsten der Anwendung des Prinzips kritischer Prüfung auch in diesem Bereich – werden von ihm erwähnt.

Seine eigene Aufgabe sieht er in einer „metakritischen Überprüfung" dieser Position, in der „zunächst nichts anderes als eine Selbstanwendung des ‚kritischen Rationalismus'" liege. Sein Ziel bestehe also nicht in der „Infragestellung des Prinzips der ‚kritischen Überprüfung'"[199]. Er habe vielmehr im Sinn, „nach den *Bedingungen der Möglichkeit intersubjektiv gültiger* Kritik" zu fragen, und zwar in bezug auf wissenschaftliche Erkenntnisse wie auf moralische Normen. Dabei komme es darauf an, den von mir behaupteten „inneren Zusammenhang zwischen der These von der Unmöglichkeit der Letztbegründung und dem positiven Programm des ‚rationalen Kritizismus' zu überprüfen", also die Frage zu beantworten, „*ob* – und wenn ja, in welchen Sinne – *das Prinzip der Kritik ersetzt werden*" könne, oder „*ob* – und wenn ja, in welchem Sinne – *das Prinzip der Begründung nicht vielmehr von dem Prinzip der intersubjektiv gültigen Kritik vorausgesetzt*" werde.

In seinem Abschnitt zur Rekonstruktion des Münchhausen-Trilemmas stellt er zunächst fest, daß das philosophische Problem der Letztbegründung, wie es sich in der Tradition gestellt habe, „nicht als ein rein formallogisches Problem aufgefaßt werden" könne. Er gesteht dann zu, daß auch ich den Leibnizschen „Satz vom Grunde" ausdrücklich als

[198] Dieser Ausdruck enthält, wie zu betonen ist, einen Bezug auf die klassische Begründungsidee und ist *insofern* zutreffend.

[199] Er fragt geradezu: „Wer möchte heutzutage schon in *diesem Sinn* den ‚kritischen Rationalismus' in Frage stellen?" Der Leser wird aber sehen, daß Apel letzten Endes genau das tut. Und warum sollte er das nicht tun? Es kommt allerdings dabei auch auf die Weise an, in der das geschieht.

„allgemeines Postulat der klassischen Methodologie des rationalen Denkens“ auffasse. Im Gegensatz dazu sei ich jedoch bei der Einführung des genannten Trilemmas von der modernen Logik ausgegangen und habe „den Anschein“ erweckt, als könne ich „die Aporetik des rationalistischen Letztbegründungspostulats der Neuzeit auf ein f*ormal logisch* ableitbares Trilemma“ zurückführen, „nämlich auf das, aus der Forderung rein deduktiver Letztbegründung in der Tat ableitbare, Trilemma“, das ich schon erwähnt habe.

Daran schließen sich dann Bemerkungen meines Kritikers an, die mich darauf aufmerksam machen, daß im „Unterschied zu der logisch-mathematischen (und auch der metalogischen und metamathematischen) Problematik der Letztbegründung“ das „neuzeitliche *Prinzip des zureichenden Grundes,* sofern es den – eventuell logisch vermittelten – *Rekurs auf Evidenz*“ fordere, „von vornherein ein *epistemologisches* Prinzip“ sei, – „ein Prinzip, das, modern gesprochen, die *pragmatische* Dimension (der *Evidenz für ein Erkenntnissubjekt)*“ involviere.

Diese Belehrung hätte sich erübrigt, wenn Apel den ihm vorliegenden Text ernster genommen hätte, in dem ich das Begründungsproblem ausdrücklich als zentrales epistemologisches Problem der klassischen Lehre eingeführt und behandelt habe. Auch bei dem von mir formulierten Trilemma handelt es sich keineswegs um ein Problem der formalen Logik, obwohl diese natürlich im Rahmen des behandelten Problems eine Rolle spielen kann. Meine Argumentation beschränkt sich nicht einmal auf den Fall, in dem Begründungen unter Verwendung deduktiver Verfahrensweisen angestrebt werden, sondern sie ist, wie ich ausdrücklich festgestellt habe[200], auf alle Fälle anwendbar, in denen innerhalb von Begründungen irgendwelche Ableitungsverfahren eine Rolle spielen[201].

---

[200] Vgl. meinen: Traktat über kritische Vernunft, a.a.O., S. 15.

[201] Daher sind auch früheren Äußerungen Apels, aus denen hervorgeht, daß er transzendentale Begründungen hier gerne ausnehmen möchte, irrelevant, vgl. Apel, Transformation der Philosophie, a.a.O., Band II, S. 200: „Ich glaube nicht, daß die Frage nach den transzendentalen Bedingungen der Möglichkeit und Gültigkeit von Wissenschaft identisch ist mit der Frage nach einer möglichen *Deduktion* von Theoremen im Rahmen eines selbst wieder zu begründenden axiomatischen Systems und daß sie daher in einen *logischen* Zirkel, einen *regressus ad infinitum* oder aber auf eine *dogmatische* Setzung der letzten Prinzipien zurückführen muß“. Die dazu gehörige Anmerkung weist darauf hin, daß der Apelsche Satz durch eine nachlässige Lektüre meines Buches „Traktat über kritische Vernunft“ inspiriert wurde; vgl. Apel, a.a.O., S. 405f. Diese Kritik trifft auch die diesbezüglichen Bemerkungen von Jürgen Mittelstraß im Kapitel „Erfahrung und Begründung“ seines Buches: „Die Möglichkeit von

Im übrigen bin ich gerade deshalb, weil ich dieses Problem als ein erkenntnistheoretisches aufgefaßt habe, in seinem Rahmen auf die Evidenzproblematik und ähnliche Probleme ausführlich eingegangen. Apel hätte also gar nicht auf meine „Intentionen" achten müssen, um zu einem adäquaten Urteil zu gelangen, sondern nur seine Aufmerksamkeit dem in Frage kommenden Text widmen müssen[202], der deutlich machen dürfte, daß ich erkenntnistheoretische Probleme behandele und auf Logik nur in Rahmen dieser Probleme eingehe, soweit das erforderlich erscheint.

Mein Kritiker zieht aus seiner Deutung nun die Konsequenz, die völlige Sinnlosigkeit des Evidenzpostulats könne „prinzipiell nicht allein mit formallogischen Mitteln" erwiesen werden, und stellt die Frage, ob „ein solcher Nachweis nicht, paradoxerweise, von vornherein selbst voraussetzen" würde, „daß der Rekurs auf ‚Evidenz' nicht auf Willkürentscheidungen hinausläuft, sondern für eine philosophische Argumentation *unentbehrlich* ist"[203]. Abgesehen davon, daß ich nicht von „völliger Sinnlosigkeit" eines solchen Postulats geredet habe – es scheint mir sogar im Rahmen des klassischen Rationalismus sehr sinnvoll zu sein –, bin ich weit davon entfernt zu glauben, daß die Fragwürdigkeit solcher Thesen „allein mit formallogischen Mitteln" gezeigt werden kann. Die gegenteilige Unterstellung bei meinem Kritiker stützt sich ausschließlich auf sein Mißverständnis einiger Passagen in einem längeren Kapitel, in dem ich unter anderem ausführlich auf das „Offenbarungsmodell" der Erkenntnis und damit zusammenhängende Vorstellungen eingehe.

Im übrigen spreche ich ganz bewußt nur selten von „Evidenz" und, soweit ich sehe, nie von einem „Evidenzpostulat", sehr oft aber vom Streben nach Gewißheit, und zwar deshalb, weil ich eine damit etwa zu verbindende Einschränkung der Begründungsproblematik und darüber hinaus auch diejenigen Mißverständnisse vermeiden möchte, die Apel, wie wir sehen werden, benötigt, um seine Argumentation plausibel zu machen.

Wissenschaft", Frankfurt am Main 1974, S. 57 und passim, woraus sich für die von ihm intendierte Alternative ebenfalls kritische Konsequenzen ergeben.

202 Zudem habe ich das Trilemma nicht einmel „formal logisch" *abgeleitet* oder auf eine solche Ableitbarkleit hingewiesen, wie er unterstellt. Aber wenn schon, was würde dadurch geändert? Zwischen meiner „Ableitung" des Trilemmas und den in ihm *erwähnten* Ableitungsverfahren muß man zumindest unterscheiden.

203 Apel, Das Problem der philosophischen Letztbegründung im Lichte einer transzendentalen Sprachpragmatik, a.a.O.

Für seine weitere Untersuchung stellt er nun zunächst klar, daß er „keineswegs jene Position des klassischen Rationalismus verteidigen“ möchte, „die im Sinne des kartesischen Primats der *Erkenntnis-* qua *Bewußtseins-Theorie* die *Wahrheits*-Suche auf die *Evidenz*-Suche zurückführt“, also „keine, empiristische oder rationalistische, ‚Ursprungsphilosophie‘ der Erkenntnis ..., in der ‚eine gleichzeitige Lösung des Ursprungs- und des Geltungsproblems‘ verteidigt wird“[204]. Das hält er schon deshalb für wenig aussichtsreich, „weil *Erkenntnis-Evidenz* als solche, wenn sie auch unentbehrlich sein dürfte, *auf das jeweilige Evidenz-Bewußtsein eingeschränkt*“ sei und „die traditionelle Erkenntnistheorie qua Bewußtseinstheorie mit ihren Denkmitteln nicht zeigen“ könne, „wie Erkenntnis-Evidenz, d.h. Evidenz als Evidenz von Vorstellungsverknüpfungen für ein jemeiniges Bewußtsein, in *intersubjektive Geltung von sprachlich formulierten Aussagen* überführt werden“ könne.

Ausdrücklich stimmt er dann der These zu, „daß ‚Evidenz‘ von Überzeugungen für ein jeweiliges Bewußtsein *nicht ausreicht,* um die Wahrheit von Aussagen sicherzustellen“, woraus man wohl entnehmen kann, daß er diese Sicherstellung auf irgendeine Weise jedenfalls ins Auge gefaßt hat. Darüber hinaus stellt er „wahrheitstheoretische Konsequenzen“ in Aussicht, die „aus dem Umstand“ folgen, „daß erst und nur der *kritische Diskurs* der Wissenschaftler über die *intersubjektive Geltung* von Ergebnissen der Wissenschaft entscheiden kann“. Dieser Passus gibt – ganz im Einklang mit früheren Äußerungen, auf die ich schon eingegangen bin – einen Hinweis darauf, wie er sich eine Wahrheitsgarantie vorstellt.

Es folgt dann ein Abschnitt, in dem er meiner Meinung über die Notwendigkeit der Berücksichtigung pragmatischer Zusammenhänge bei der Behandlung erkenntnistheoretischer Probleme zustimmt und damit zeigt, daß er die Auffassungen zur Kenntnis genommen hat, die er in seiner oben erwähnten Kritik nicht berücksichtigt. Im Anschluß an meine Skizze der Problemsituation bringt er nun seine „transzendentale Sprachpragmatik“ ins Spiel, die, wie wir wissen, darauf aus ist, die *„Bedingungen der Möglichkeit intersubjektiv gültiger* Erkenntnis und ... Erkenntniskritik“ zu eruieren[205]. Sie soll nun durch den Versuch erprobt werden, meine Kritik am klassischen Begründungspostulat

---

[204] A.a.O., mit einem Hinweis auf S. 23 meines oben erwähnten Buches.

[205] Seine Erläuterungen auf den folgenden Seiten stellen ein Resumé der Resultate früherer Arbeiten dar, das sich mit dem deckt, was wir schon behandelt haben.

„*transzendentalpragmatisch* zu rekonstruieren und kritisch zu überprüfen".

Ein Ergebnis dieser Bemühungen teilt er gleich im nächsten Abschnitt mit, nämlich die Behauptung, daß das Münchhausen-Trilemma „sich nur für *Sätze* bzw. axiomatisch geordnete *Satz-Systeme* im Sinne der *syntaktisch-semantischen* Konstruktion sogenannter ‚formalisierter Sprachen', d.h. aber: unter vorheriger Abstraktion von der *pragmatischen* Dimension des argumentativen Sprachgebrauchs *logisch ableiten* läßt". Vom „transzendentalpragmatischen Gesichtspunkt" aus könne aber der Sinn des Begründungsverfahrens keineswegs „als der einer prinzipiell nicht abzubrechenden *Deduktion von Sätzen* (über Sachverhalte) *aus Sätzen* (über Sachverhalte)" aufgefaßt werden. Dieses deduktive Verfahren müsse vielmehr „von vornherein" „als – allerdings objektivierbares – *Mittel im Kontext der argumentativen Begründung von behaupteten Aussagen durch Erkenntnis-Evidenzen* angesehen werden".

Nun kann sich jeder Leser meines Buches ohne Schwierigkeit davon überzeugen, daß ich den „Sinn des Begründungsverfahrens" keineswegs in der von Apel kritisierten Weise aufgefaßt habe, sonst hätte ich das Problem der Suche nach dem Fundament der Erkenntnis in ganz anderer Weise behandeln müssen[206]. Ich habe in der Tat „das deduktive Verfahren der Zurückführung von Sätzen auf Sätze" – und nicht nur dieses, sondern darüber hinaus alle in Betracht kommmenden Ableitungsverfahren – „von vornherein nur als Mittel im Kontext der argumentativen Begründung von behaupteten Aussagen durch Erkenntnis-Evidenzen" behandelt. Nur in einem solchen Kontext kommt es überhaupt zu einem Trilemma der von mir formulierten Art[207], denn bei der Beschränkung auf die deduktive Verfahrensweise geht das Begründungsproblem selbst verloren, das den Ausgangspunkt und Leitfaden meiner Untersuchung bildet.

---

[206] Ich habe zum Beispiel stets außer den in Betracht kommenden Ableitungsverfahren die Basis solcher Ableitungen berücksichtigt und ausgiebig behandelt; vgl. mein oben erwähntes Buch, S. 8ff. und S. 15ff. Es ist sehr interessant festzustellen, daß mein Kritiker hier – wohl von seinem Vorurteil darüber geleitet, was ich allenfalls berücksichtigt haben könnte – die einschlägigen Passagen meiner Arbeiten systematisch ignoriert, um mich dann über meine Lücken zu belehren.

[207] Wenn man einmal von der Einschränkung absieht, die im Gebrauch der Worte „Evidenz" und „argumentativ" liegen könnte, einer Einschränkung, die für meine Auffassung keine Bedeutung hat.

[208] Vgl. – Conjectures and Refutations, a.a.O., S. 3ff. und passim.

Mein Kritiker ist, wie auch schon in den bisher erörterten Arbeiten, mit dem Vorwurf eines „abstraktiven Fehlschlusses" schnell bei der Hand, so, wenn er meine Darstellung der Begründungsproblematik unbesehen in Parallele setzt zu der Popperschen Aussage, daß Sätze nur durch Sätze begründet werden können, einer Aussage übrigens, die dessen eigener späterer Behandlung dieser Problematik, wie man leicht feststellen kann[208], keinerlei Schranken im Sinne der von Apel behaupteten Abstraktion vom pragmatischen Aspekt auferlegt hat. Aber Belege für das Vorliegen eines solchen „Fehlschlusses" sind in seiner Darstelung nicht zu finden. Nichtsprachliche Faktoren habe ich nämlich ausdrücklich in meine Untersuchung einbezogen[209].

Unser Autor ergreift nun aber die Gelegenheit, sich selbst zu der von ihm angeschnittenen Evidenzproblematik zu äußern, und man erfährt von ihm, daß die „*Erkenntnis-Evidenzen* vermöge der ‚propositionalen Akte' ..., von denen die Urteilsbildung abhängig" sei, „von vornherein mit Sprachgebrauch und Tätigkeiten der Erkenntnissubjekte verwoben" seien.[210] „Begründung als Geltungsbegründung von Erkenntnis" müsse sich daher „immer zugleich auf die möglichen Bewußtseins-Evidenzen der einzelnen kompetenten Erkenntnissubjekte ... und auf die a priori intersubjektiven Regeln eines argumentativen Diskurses ... stützen, in dessen Kontext die Erkenntnis-Evidenzen zu intersubjektiver Geltung gebracht werden müssen".

Was immer man von dieser Beschreibung der Verwobenheit von Erkenntnis und Sprachgebrauch halten möchte, die als solche nichts enthält, was den Vertreter irgendeiner Strömung des heutigen philosophischen Denkens überraschen wird – eine erkenntnistheoretische Pointe, die sich zur Kritik des kritischen Rationalismus verwerten ließe, könnte nur dann daraus resultieren, wenn sich eine Konsequenz im Hinblick auf eine mögliche Wahrheitsgarantie darin ausmachen ließe. Denn das Evidenz-Problem ist im Rahmen der von mir behandelten Begründungsproblematik nur insofern interessant, als es darum geht, ein sicheres Indiz für die Wahrheit von Überzeugungen aller Art – und damit von Aussagen, in denen sie zum Ausdruck kommen – zu eruieren.

Nun spricht Apel in diesem Zusammenhang auch von „bestimmten Erkenntnis-Evidenzen, welche die einzelnen Diskurs-Teilnehmer als

---

[209] Dafür, daß dies auch im Zusammenhang einer positiven Analyse des Erkenntnisproblems im Rahmen des kritischen Rationalismus möglich ist, vgl. meinen Beitrag zur Frey-Festschrift: Erkenntnis, Sprache und Wirklichkeit.

[210] Apel, a.a.O., mit Hinweisen auf Searles „Sprechakte" und Wittgensteins „Sprachspiele".

für sie maßgebliche Wahrheitskriterien in die argumentative Konsens-Bildung einbringen". Auf diese Weise treten nun also „Wahrheits-Kriterien" in der Beschreibung des Verhaltens von Teilnehmern eines „Sprachspiels" auf, von denen bisher nicht die Rede gewesen ist. Ich bin mir nicht darüber klar, ob er mit diesem Hinweis erkenntnistheoretische Ansprüche verbinden will, denn in diesem Fall müßten diese angeblichen Kriterien selbst untersucht und die Berechtigung ihrer Annahme zur Diskussion gestellt werden. Der bloße Hinweis auf die Tatsache, daß irgendwelche Personen sogenanmnte „Wahrheitskriterien" in die „Konsens-Bildung" einbringen, ist nämlich erkenntnistheoretisch ohne jede Bedeutung. Auch Philosophen haben immer wieder solche Kriterien „eingebracht", aber die wichtige Frage in unserem Zusammenhange ist die, ob dieses Verfahren und sein Ergebnis akzeptabel war.

Mein Kritiker hat richtig vorausgesehen, daß ich seine bisherige Behandlung des Problems der zureichenden Begründung für inadäquat halte, aber nicht nur wegen seiner „verharmlosenden" Explikation des „Evidenz"-Begriffs, wie er sagt[211], sondern vor allem deshalb, weil er das klassische Begründungsproblem, von dem ich in meiner Analyse ausgegangen bin – und das mit dem Problem der Wahrheitsgarantie auf Grund von Evidenz oder anderen Indizien eng zusammenhängt – überhaupt noch nicht behandelt hat. Man sehe sich die betreffenden Passagen seines Textes einmal genauer an und versuche herauszufinden, wo außer seiner auf Fehldeutungen zurückgehenden Kritik an der angeblichen Abstraktion von der pragmatischen Dimension im kritischen Rationalismus etwas zu dieser Frage zu finden ist.

Wie so oft in den Arbeiten meines Kritikers geht hier das zu behandelnde Problem in Beschreibungen, Hinweisen und Andeutungen unter, aus denen keinerlei Konsequenzen folgen, die für seine Lösung in Betracht kommen. Die Tatsache, daß er das im letzten Abschnitt seiner Analyse selbst bemerkt, macht seine bisherigen Ausführungen nicht bedeutsamer. Es geht im konsequenten Fallibilismus in der Tat um die Frage der Gewißheit im Sinne der Unbezweifelbarkeit, der er sich nun endlich zuwenden will. Sehen wir zu, wie es diesem Problem in seiner Untersuchung ergeht.

---

211 In seiner Anm. 23 sucht er zum Beispiel zwischen „Evidenz" im Sinne der Erkenntnistheorie und „Evidenz-Erlebnissen" im Sinne der empirischen Psychologie zu unterscheiden; dabei liegt die Pointe der epistemologischen Evidenz-Theorie gerade darin, sichere Anzeichen für die Wahrheit im Erlebnis zu identifizieren.

3. Die Relativierung des Fallibilismus

Seine Untersuchung der Frage, ob „das Fallibilismus-Prinzip der Voraussetzung unbezweifelbarer Evidenz" widerspricht, beginnt mit dem Zugeständnis, daß dieses Prinzip „in der Tat eine unentbehrliche Voraussetzung der Methodologie empirischer Wissenschaften" darstellt. Daran schließt sich aber gleich die Frage an, ob nicht „gerade diese Unterscheidung" – ebenso wie die von mir „in Anspruch genommene Einsicht in den Unterschied von *Evidenz*-Suche und *Wahrheits*-Suche (oder von Kritizismus und Wahrheits-Rationalismus) – ihrerseits eine *evidente Wesens*-Einsicht im Sinne philosophischer Erkenntnis" voraussetzt. Man sieht hier schon die Tendenz der Apelschen Bearbeitung des Begründungsproblems. Sie läuft letzten Endes auf den Versuch einer Einschränkung des Fallibilismus auf bestimmte Wissensbereiche hinaus.

Zunächst möchte Apel einräumen, „daß das ‚Fallibilismus'-Prinzip – in einem freilich noch zu klärenden Sinn – selbst auf die Einsichten der Formalwissenschaften (Logik und Mathematik) und der Transzendentalphilosophie anzuwenden ist". Andererseits möchte er aber „gewissermaßen im Ausgleich für dieses Zugeständnis ... – in einem ebenfalls noch zu klärenden Sinn – selbst für die empirischen Wissenschaften die methodologische Unentbehrlichkeit von *Evidenz* im Sinne von *unbezweifelbarer Gewißheit* in Anspruch nehmen". Man darf auf die „Vermittlung" dieser beiden Gesichtspunkte gespannt sein, die sicherlich die Verwertung transzendentalpragmatischer Einsichten erforderlich machen wird.

Um den Sinn seiner Thesen zu verdeutlichen, geht Apel auf meine im Zusammenhang mit der Charakterisierung von Dogmen gemachte Aussage ein, daß man „eigentlich alles ... grundsätzlich bezweifeln kann". Diese Aussage unterwirft er an Hand Peircescher und Wittgensteinscher Äußerungen einer „sinnkritischen" Untersuchung, aus der zunächst hervorgeht, daß „das Zweifeln – und damit auch die Kritik im Sinne Poppers und Alberts" – „als *sinnvolles Sprachspiel* ... nicht explizierbar" sei, „ohne im Prinzip zugleich *unbezweifelbare* Gewißheit vorauszusetzen".

Nun geht der konsequente Fallibilismus nicht davon aus, daß alles gleichzeitig bezweifelt werden könnte oder sollte, sondern er erhebt nur den Anspruch, daß keine Problemlösung irgendwelcher Art prinzipiell vom Zweifel ausgenommen werden kann. Mit dieser Deutung, die jedem einigermaßen gründlichen Leser zugänglich sein dürfte, wird die

Fragwürdigkeit des Apelschen Einwandes deutlich, der sich auf eine These bezieht, die nicht zur Diskussion steht. Darüber hinaus ist aber der von ihm formulierte Satz meines Erachtens insofern unhaltbar, als ein Zweifel – und damit auch Kritik etwa im Bereich der Wissenschaft – nicht einmal Gewißheit voraussetzt, sondern nur die vorläufige Annahme bestimmter Auffassungen auf Grund der bisherigen Problemsituation und damit die Suspension des Zweifels in bezug auf nicht thematische Aussagen, deren prinzipielle Bezweifelbarkeit zugegeben werden kann.

Welcher Wissenschaftler, der zum Beispiel eine bestimmte physikalische Theorie der Kritik unterwirft, würde heute tatsächlich den Anspruch machen, daß er die Grundlage dieser Kritik für absolut gewiß hält? Aber selbst wenn er das in bestimmten Fällen tatsächlich tut, braucht er eine solche Gewißheit doch keineswegs „vorauszusetzen". Daß er die Grundlagen seiner Kritik – bzw. seines aktuellen Zweifels – darüber hinaus für unbezweifelbar halten muß, so daß ihre Revision auch in Zukunft nicht in Betracht käme, ist aber meines Erachtens eine völlig unnötige und angesichts der heutigen Problemsituation in der Erkenntnistheorie unplausible Annahme[212]. Der an der Wittgensteinschen Spätphilosophie orientierte Hinweis Apels, daß „z.B. die Überzeugung, daß die Erde eine um sich selbst und um die Sonne rotierende Kugel" sei, ein „Sprachspiel-‚Paradigma' für unsere möglichen sinnvollen Fragestellungen in der Aeronautik und in der Meteorologie" sei, scheint mir völlig irrelevant in unserem Zusammenhang zu sein, solange man für solche „Paradigmen" nicht Unbezweifelbarkeit in Anspruch nehmen will. Tut man das aber, dann wird die Sache noch bedenklicher.

Mein Kritiker zieht nun die Folgerung, daß auch „*Begründung* im Alltag und in der Wissenschaft auf die im Sprachspiel *sinngemäß* vorausgesetzte *Evidenz* zurückführen" müsse. In diesem Sinne zumindest könne „Rekurs auf Evidenz" nicht mit einem „Rekurs auf ein Dogma" – oder auf eine „Willkür-Entscheidung" – gleichgesetzt werden, „denn auch die *Kritik*" müsse „selbst – als *sinnvolle Kritik* im Rahmen eines

[212] Solche Behauptungen werden auch durch Hinweise auf Peirce und Wittgenstein nicht besser. Ich weiß nicht, inwieweit Peirce tatsächlich die Unbezweifelbarkeit bestimmter Aussagen oder Überzeugungen annahm – er hat sich ja hauptsächlich wohl mit der Frage beschäftigt, inwieweit jeweils ein aktueller Zweifel sinnvoll erscheint –; wenn er so etwas aber wirklich behaupten wollte, dann kann ich seine Auffassung nicht akzeptieren, da ich keinerlei Argument finden kann – auch nicht in den Ausführungen Apels –, das für eine solche These sprechen würde.

Sprachspiels – zumindest virtuell *begründet* sein", also „im Prinzip auf *Evidenz* zurückgehen können".

Um den Zusammenhang mit den bisherigen Thesen unseres Autors herzustellen, empfiehlt es sich, in diesen Passagen zunächst einmal das Wort „Evidenz" durch „Gewißheit" – oder noch besser „Unbezweifelbarkeit" bzw. einen grammatikalisch passenden Ausdruck – zu ersetzen. Man wird dann vermutlich erkennen, daß alle diese Behauptungen in der neuen Formulierung genau dieselbe Kritik auf sich ziehen wie die vorher diskutierten Thesen. Weder Begründung noch Kritik müssen sich auf unbezweifelbare Aussagen oder Überzeugungen stützen, es sei denn, man setzt das Prinzip zureichender Begründung im klassischen Sinne voraus. Und den Rekurs auf eine angeblich unbezweifelbare Instanz kann man wohl mit Recht einen Rekurs auf ein Dogma nennen. Durch die Einführung des Evidenz-Vokabulars wird man daran nicht gehindert, es sei denn, man benütze das Wort „Evidenz" hier in einem anderen Sinne. Aber dann wird man kaum behaupten wollen, daß die Apelschen Ausführungen für unser Problem relevant sind, so daß sich kritische Konsequenzen der von ihm gewünschten Art ziehen lassen.

Es ist also nicht zu erkennen, inwiefern durch Apels bisherige Argumentation „zahlreiche unvorsichtige oder überspitzte Programmthesen" als „unhaltbar erwiesen" werden, die man bei mir finden könnte. Wenn er den Eindruck hat, daß „die Redeweise der ‚kritischen Rationalisten' … nicht selten das Mißverständnis einer anarchischen Kritik um der Kritik willen, einer kritischen Vernunft ohne Maßstäbe der Kritik" suggeriert, dann habe ich nur den Ratschlag, weniger auf Suggestionen als auf den Inhalt der betreffenden Passagen zu achten. Seine bisherige Kritik zeichnet sich jedenfalls durch eine bemerkenswerte Mißachtung des Textes aus. Er sagt nun durchaus zu Recht, daß „die Pointe des ‚kritischen Rationalismus' … noch nicht wirklich erfaßt zu sein" scheint, und unternimmt einen „zweiten Anlauf". Der erste hat uns in der Tat nicht weiter gebracht.

Mit einem Mal entdeckt er nun die Tatsache, daß der für meine Auffassung charakteristische Fallibilismus nur den „virtuell universalen Zweifel" im Peirceschen Sinne involviert, eine Entdeckung, die er wohl schon früher hätte verwerten können, zumal nichts dafür spricht, daß eine andere Deutung angebracht ist. Daraus entsteht für ihn das Problem, wie ein Fallibilismus-Postulat, das dieser Deutung entspricht, „mit der sinnkritischen Einsicht *Peirce's* und *Wittgensteins* in Einklang" zu bringen ist, „daß jeder Zweifel und jede Kritik im *Prinzip* … durch vorausgesetzte *unbezweifelbare Evidenz* hinreichend begründbar sein muß".

Dieses Problem, das, wie Apel selbst feststellt, für den Peirceschen Standpunkt große Schwierigkeiten mit sich bringt, kann für einen konsequenten Fallibilismus schon deshalb nicht in Betracht kommen, weil hier der Rekurs auf unbezweifelbare Evidenz keine Rolle spielt. Ich habe zu zeigen versucht, inwiefern ein solcher Rekurs unnötig ist. Mein Kritiker dagegen sucht die unvereinbaren Forderungen, die er ohne Bedenken akzeptiert, dadurch in Einklang zu bringen, daß er zwischen zwei Reflexionsstufen unterscheidet: „der Reflexionsstufe vorwissenschaftlicher und wissenschaftlicher Sprachspiele" und der Reflexionsstufe transzendentalpragmatischer Reflexion auf die Struktur von Sprachspielen überhaupt"[213]. „Vom *philosophischen Reflexions-Standpunkt"*, so meint er dann, lasse sich „mit bezug auf jedes Sprachspiel überhaupt – einschließlich des philosophischen Sprachspiels – sagen, daß *in seinem Rahmen* Zweifel und Kritik nur unter der Voraussetzung ihrer zureichenden Begründbarkeit durch Rekurs auf *unbezweifelbare paradigmatische Evidenz* sinnvoll" seien. „Zugleich" lasse sich aber „auf dieser *Reflexions*-Ebene auch ein *fallibilistischer Vorbehalt* als virtuell universaler Zweifel hinsichtlich der paradigmatischen Evidenzen aller möglichen Sprachspiele – ausgenommen das philosophische Sprachspiel des Zweifels – formulieren".

Diese Unterscheidung von Reflexionsstufen ist aber nur dann in der Lage, den Widerspruch zu beseitigen, der durch die Aufrechterhaltung zweier unvereinbarer Forderungen entsteht, wenn der Fallibilitätsvorbehalt die Bedeutung hat, die Unbezweifelbarkeit auf das jeweilige Sprachspiel zu relativieren. Das bedeutet aber nichts anderes, als daß die anfängliche Behauptung prinzipieller Unbezweifelbarkeit bestimmter Komponenten von Überzeugungen, die dem konsequenten Fallibilismus Popperschen Prägung widersprechen würde, aufzugeben wäre. Das selbstgeschaffene Problem hat sich also durch Rückkehr zu der Auffassung, die unser Autor hier mit Hilfe einer transzendentalen Pragmatik in Frage stellen wollte, aufgelöst. Um das zu erreichen, wäre die Unterscheidung dieser Reflexionsstufen nicht einmal notwendig gewe-

---

[213] A.a.O.; vgl. dazu auch CHARLES S. PEIRCE, Schriften I. herausgegeben von APEL, Frankfurt am Main 1967, S. 125, wo er bemerkt, daß Peirce vergessen hat, zwischen der philosophischen und der wissenschaftlichen Reflexionsstufe zu unterscheiden, also „auf Bedingungen der Möglichkeit der eigenen wissenschaftstheoretischen Analyse" zu reflektieren. Ich vermute, daß Peirce wohl die Nutzlosigkeit dieser Unterscheidung für sein Problem sehr schnell entdeckt hätte.

sen, wenn man nicht von der an sich im Rahmen eines konsequenten Fallibilismus unvertretbaren Forderung nach Rekurs auf prinzipiell unbezweifelbare Evidenz ausgegangen wäre.

Zudem dürfte es schwierig sein, die These über den möglichen Sinn eines Zweifels im Rahmen eines bestimmten Sprachspiels vor dem Einwand zu retten, daß man sie sinnvollerweise kaum anders deuten kann als so, daß der jeweilige Rahmen des betreffenden Sprachspiels durch die in Betracht kommende paradigmatische Evidenz *definiert* ist, so daß ein Zweifel, der nicht durch einen solchen Rekurs „begründbar" ist, *eo ipso* das ganze Sprachspiel in Frage stellt. Die betreffende Begründbarkeitsforderung wäre in diesem Falle allerdings völlig leer, da man eben nur zwischen einem Zweifel im Rahmen des betreffenden Sprachspiels und einem Zweifel, der das Sprachspiel selbst betrifft, zu wählen hätte. Und in der Tat wird ein konsequenter Fallibilismus beide Arten von Zweifeln prinzipiell zulassen müssen.

Der Apelsche Umweg über die beiden Reflexionsstufen, der nur durch eine kuriose Verzeichnung der Problemsituation plausibel erscheinen konnte, hat sich letzten Endes als überflüssig erwiesen. Schon die Ausgangsidee meines Kritikers, nämlich die Vorstellung, man müsse Zweifel und Kritik unbedingt durch Rekurs auf Unbezweifelbares in irgendeinem Sinn dieses Worten „begründen", ist ohne jede Plausibilität, es sei denn, man habe die Eierschalen des klassischen Rationalismus noch nicht abgeworfen.

Im übrigen ist es vielleicht nicht überflüssig, darauf hinzuweisen, daß Apel mit seiner umwegigen Rückkehr zum konsequenten Fallibilismus gleichzeitig deutlich gemacht hat, daß er „Evidenz" – auch wenn er sie im Rahmen bestimmter Sprachspiele als unbezweifelbar bezeichnet – dennoch nicht als ein Indiz der Wahrheit im Sinne einer Garantie behandeln kann, wenn er die prinzipielle Revidierbarkeit von „Sprachspielen" zuläßt, wie er das jedenfalls mit seinem Fallibilitäts-Vorbehalt andeutet. Das ist aber der einzige Sinn von „Evidenz", der in der Kritik des kritischen Rationalismus am Begründungsdenken eine Rolle spielt.

Man darf sich also durch die Benutzung dieses Ausdrucks in den weiteren Apelschen Untersuchungen nicht täuschen lassen. Dieses bei ihm so beliebte Wort mag eine sehr schillernde und daher schwer zu bestimmende Bedeutung haben, aber die für unser Problem ausschlaggebende Bedeutung, die eine Wahrheitsgarantie involviert, kann es in der Apelschen Beweisführung nur noch annehmen, wenn er den Fallibilitäts-Vorbehalt wieder zurücknimmt. Wir werden sehen, ob seine transzendentalen Reflexionen ihn in diese Richtung drängen werden.

Zunächst fragt er nun nach dem Grund dafür, „daß ... sowohl das *Fallibilismus*-Prinzip im Sinne eines Prinzips virtuell universaler Kritik als auch das *Prinzip der zureichenden Begründung von Zweifel und Kritik durch Rekurs auf Evidenz* zu Recht bestehen“[214]. Diese Frage ist nur zu verständlich, denn für das letzte der beiden Prinzipien, mit dem er – im Gegensatz zu der von ihm kritisierten Auffassung – laufend operiert, ist bisher keinerlei Argument zu finden gewesen. Er nennt die Kombination der beiden Thesen in seiner Auffassung daher mit Recht „philosophisch außerordentlich bemerkenswert“. Eine befriedigende Antwort auf die von ihm aufgeworfene Frage erfordert, wie er meint, „nicht mehr und nicht weniger als eine angemessene *transzendentalpragmatische* Unterscheidung und Vermittlung zwischen der *epistemologischen Ursprungsphilosophie* und der *sprachanalytischen Philosophie* des 20. Jahrhunderts“.

Die transzendentalpragmatische Vermittlung, die er dann offeriert, hat zunächst eine *„anti-evidenztheoretische* Konsequenz“, die in der Feststellung zum Ausdruck kommt, daß die „Antwort auf die Frage nach der *intersubjektiven Geltung* der Erkenntnis ... nicht schon durch Rückgang der einzelnen Erkenntnissubjekte auf *Bewußtseins-Evidenz* (und sei es sogar apriorische Evidenz für jedes ‚Bewußtsein überhaupt‘) gegeben werden“ kann, „sondern erst durch *Konsens*-Bildung auf Grund eines *argumentativen Diskurses* in der ‚Interpretationsgemeinschaft‘ der Wissenschaftler“. Andererseits könne aber „die Konsens-Bildung ... aufgrund des argumentativen Diskurses“ in dieser Gemeinschaft „keineswegs ohne einen epistemologischen Rückgang auf *Erkenntnis-Evidenzen* gedacht werden“. Apel glaubt hier[215] von einer „a priori notwendige(n) *Verbundenheit von diskursbezogener Argumentation und* (zureichender Begründung durch) *Rekurs auf Erkenntnis-Evidenz*“ reden zu können und erläutert sie in folgender Weise:

---

[214] Vgl. APEL, Das Problem einer philosophischen Letztbegründung im Lichte einer transzendentalen Sprachpragmatik, a.a.O.; in der Erläuterung dieser Frage geht er von der bisherigen unbezweifel*baren* zur unbezweifelten Evidenz über, als ob das keinen Unterschied machen würde.

[215] Er bezieht sich dabei auf das Beispiel der Geometrie, für die er die Auffassung der Lorenzen-Schule übernimmt und durch Einkleidung in das Evidenz-Vokabular im Sinne seiner Auffassung zu verwerten sucht. Damit kann allerdings die Tatsache nicht aus der Welt geschafft werden, daß Riemannsche und euklidische Geometrie in Anwendung auf den physikalischen Raum kaum miteinander vereinbar sein dürften. Dabei helfen auch nicht die verschiedenen „Evidenzen“ weiter, die er hier überflüssigerweise einführt.

„Obwohl die jemeinige Bewußtseins-Evidenz nicht schon intersubjektive Geltung der Erkenntnis verbürgt, muß doch die *argumentative Begründung der Geltung* in einem wissenschaftlichen Sprachspiel letztlich auf solche *Evidenz* zurückverweisen, die im Prinzip von jedem Mitglied der Interpretations-Gemeinschaft letztlich durch die für es möglichen – empirischen oder apriorischen – Bewußtseins-*Evidenzen* muß ausgewiesen werden können".

Verdeutlichen wir uns die Relevanz dieser Ausführungen für unser Problem. Wenn wir davon ausgehen können, daß Apel seinen Evidenz-Begriff nicht inzwischen geändert hat, dann dürfen wir uns durch die ausgiebige Verwendung dieses Wortes in seiner Darstellung nicht darüber hinwegtäuschen lassen, daß in ihr das klassische Begründungsproblem in dem von mir behandelten Sinn nicht einmal berührt wurde, denn von einer Wahrheitsgarantie durch Rekurs auf ein sicheres Fundament kann hier dann nicht die Rede sein. Wenn die angeführten „Evidenzen" – auch unter der Voraussetzung, daß sie mit faktischer Gewißheit verbunden sind – keine Wahrheit verbürgen können, kann auch ihre Kombination mit „diskursbezogener Argumentation" uns in dieser Hinsicht keine Ergebnisse bescheren. Insofern hat der Apelsche Umweg über die „Vermittlung" philosophischer Strömungen durch „transzendentalpragmatische" Überlegungen trotz eindrucksvoller Wortkaskaden nicht über das hinausgeführt, was ich in meiner Darstellung der Problemsituation festgestellt hatte. Auch die Konsens-Bildung in der „Interpretations-Gemeinschaft" bietet hier keinen Ausweg, denn der faktische Konsens, auch wenn er durch argumentativen Diskurs erreicht wurde, kann ebensowenig Anspruch darauf machen, eine Wahrheitsgarantie zu enthalten, wie die faktische Evidenz. Auch korrekte Anwendung logischer Regeln schützt nicht vor Irrtümern, und zwar schon deshalb, weil die Basis solcher Ableitungen niemals als prinzipiell unbezweifelbar anzusehen ist, wie mein Kritiker selbst einmal eingeräumt hat.

Man ist daher nicht überrascht, wenn man von ihm selbst erfährt, daß „in der soeben angedeuteten transzendentalpragmatischen Vermittlung von Bewußtseins-Philosophie und sprachanalytischer Philosophie noch keineswegs ein Argument zugunsten einer *Letztbegründung*" zu erkennen ist. In der Tat, so ist es, und nicht nur das! Seine bisherige Argumentation ist für die von mir behandelte Begründungsproblematik sogar vollkommen irrelevant, denn die Tatbestände, mit deren Beschreibung er sich beschäftigt hat und denen er durch ihre Paraphrasierung mit Hilfe seines transzendentalpragmatischen Vokabulars gewissermaßen erkenntnistheoretischen Duft zu verleihen scheint, sind nicht nur mir, sondern wohl auch allen anderen an der Diskussion Beteiligten bekannt, und sie pflegen auch berücksichtigt zu werden, wo das notwendig ist[216]. Eine erkenntnistheoretische Pointe aber habe ich bisher in seinen Ausführungen nicht identifizieren können. Auch sein in dieser Hinsicht, wie wir gesehen haben, sterilisierter Evidenzbegriff ist nicht imstande, eine solche Pointe hineinzubringen. Von einem Grund dafür, daß die beiden von ihm anfangs erwähnten Prinzipien – das Fallibilitäts- und das Begründungs-Prinzip – zu Recht bestehen, war bisher nichts zu bemerken.

„Auf der Ebene der *Geltungs-Reflexion*", so räumt Apel nun ein, „scheint also doch das *Prinzip der* (progressiven) *Kritik* einen prinzipiellen Vorrang vor dem *Prinzip der zureichenden Begründung durch Rekurs auf Evidenz* behaupten zu können", denn die „jeweils in den besonderen Sprachspielen von der Argumentation vorausgesetzten Evidenzen sind prinzipiell als *revidierbar* anzusehen"[217]. Hier mag wieder der Hinweis nützlich sein, daß die Idee der zureichenden Begründung in dem von mir bevorzugten Sinne dabei nicht einmal berührt wird. Die Apelsche Gewohnheit, in seiner Untersuchung anderer Auffassungen Ausdrücke, die in ihnen eine bestimmte Bedeutung haben, in anderer Bedeutung zu verwenden, um seinen Lesern zu suggerieren, den von seinen Gegnern in Frage gestellten Anschauungen sei wenigstens ein relatives Recht zuzusprechen, ist möglicherweise sehr wirkungsvoll, aber ich möchte annehmen, daß sie wenig zur Klärung beiträgt. Ich bin mir nicht einmal ganz klar darüber, ob er selbst die durch dieses Verfahren hervorgerufenen Mehrdeutigkeit in bezug auf wesentliche Punkte der Kontroverse ganz durchschaut.

Nun scheinen wir uns aber doch dem Punkt zu nähern, an dem die eigentliche Diskussion unserer Begründungsproblematik beginnt, denn Apel macht jetzt darauf aufmerksam, „daß der Umstand, daß die Kritik das letzte Wort auf der (metaszientifischen) *Reflexionsebene der Philosophie* zu behalten scheint, offenbar darin begründet ist, daß es so etwas wie ein *philosophisches* Sprachspiel gibt, in dessen Rahmen über alle Sprachspiele im vorhinein mit *universalem Geltungsanspruch* geredet

[216] Auch Verfechter des analytischen Denkens sind zum Beispiel nicht so naiv anzunehmen, daß sich die Wissenschaft auf die Ableitung von Sätzen aus Sätzen beschränkt.

[217] A.a.O., Diese Konsequenz war schon, wie wir gesehen haben, – S. 96, oben –, aus seinen früheren Ausführungen zu ziehen.

werden kann". Ich bin mir über die Bedeutung dieser These nicht klar, denn daß es Leute gibt, die in ihrem „Sprachspiel" über alle Sprachspiele reden und dabei „universale Geltungsansprüche" machen, ist zwar sicherlich sehr eindrucksvoll, aber ich sehe nicht, wie durch diesen Umstand irgend etwas begründet werden kann. Auch der Apelsche Hinweis, es sei „unbestreitbar", daß der kritische Rationalismus „seine These von der Ablösung des Postulats der zureichenden Begründung durch das Prinzip der Kritik nur auf den a priori universalen Geltungsanspruch der philosophischen Argumentation gründen" könne, ist in dieser Hinsicht wenig hilfreich, denn daß „die philosophische Argumentation" als solche einen „a priori universalen Geltungsanspruch" zu machen berechtigt sei, mag ein bestechenden Gedanke sein – vor allem, solange man nur in Philosophenkreisen verkehrt –, aber es ist doch vielleicht etwas realistischer, von der Annahme auszugehen, daß die Argumentation philosophierender Subjekte ebenso fehlbar ist wie die anderer Leute und daß es angesichts der Kontroversen, die für dieses Metier besonders charakteristisch sind, wenig plausibel ist, für sie besondere Ansprüche anzumelden.

Was die von unserem Autor angeführte These angeht, so begnügen wir uns damit, sie als einen Vorschlag zu präsentieren, für den Argumente beigebracht werden können, die davon ausgehen, daß die klassische Begründungsforderung in eine ausweglose Situation führt. Damit wird aber natürlich das vorgeschlagene Prinzip der kritischen Prüfung nicht etwa selbst im Sinne dieser Forderung „begründet". Der Versuch einer solchen Begründung wäre nicht nur unvereinbar mit dem Ausgangspunkt dieser Argumentation, sondern er würde auch wieder genau zu dem erwähnten Trilemma führen. Die Pointe dieses Vorschlags liegt ja gerade darin, daß Begründungen dieser Art nicht nur unmöglich, sondern auch unnötig sind. Wer ihn und die Argumente akzeptiert, die zu ihm führen, bedarf keines „a priori universalen Geltungsanspruches" der philosophischen Argumentation als solcher. Er wird sogar zuzugeben geneigt sein, daß nicht nur die Ausgangspunkte seiner Argumente prinzipiell in Frage gestellt werden können, sondern unter Umständen auch ein Fehler in der Argumentation selbst entdeckt werden könnte. Dieses Zugeständnis mag ihm umso leichter fallen, als sich ja eine ganze Reihe kluger Leute – wenn auch bisher wohl ohne Erfolg – darum bemühen, den konsequenten Fallibilismus dieser Auffassung zu Fall zu bringen. Auch diese werden allerdings gut daran tun, nicht mit solchen Geltungsansprüchen zu operieren, wie sie dem kritischen Rationalismus hier unterstellt werden.

Wie dem auch sei, nach Apel eröffnet sich nun „sogleich der Ausblick auf ein *neues Begründungsproblem,* das den Rekurs auf solche Evidenzen einschließt, die zumindest nicht in derselben Weise bezweifelt und kritisiert werden können wie die paradigmatischen Evidenzen solcher Sprachspiele, die von der Philosophie im vorhinein als revidierbar betrachtet und insofern transzendiert werden" können. „Dem Umstand", so hören wir jetzt, „der für den letzthinnigen Vorrang der Kritik zu sprechen schien, – dem Umstand nämlich, daß die *philosophische Reflexion* alle paradigmatischen Evidenzen besonderer Sprachspiele als prinzipiell revidierbar einsehen kann und muß, korrespondiert jetzt der Umstand, daß das *philosophische Sprachspiel* selbst auf Evidenzen muß rekurrieren können, die im Prinzip keinem der empirisch reviderbaren Sprachspiel-Paradigmata gleichgestellt werden können. „Und dieser Umstand", so meint Apel nun, „scheint eher für den Vorrang der *Letztbegründung* vor dem *Prinzip permanenter Kritik* zu sprechen". Der prinzipielle Fallibilismus scheint also für das philosophische Sprachspiel selbst in Frage gestellt werden zu müssen. Diese Aufgabe hat sich mein Kritiker für den letzten Abschnitt seiner Arbeit vorgenommen.

4. Fallibilismus und transzendentales Sprachspiel

Ehe er zu seinem „letzten Anlauf" übergeht, um „nun tatsächlich die Unbezweifelbarkeit gewisser paradigmatischer Evidenzen des Sprachspiels der philosophischen Argumentation aufuzweisen", sucht Apel zunächst klarzustellen, „daß und inwiefern das *Prinzip des Fallibilismus* auch auf philosophische Argumente anzuwenden ist". Es folgen Hinweise auf die mögliche Fehlerhaftigkeit logisch-mathematischer Deduktionen und auf die prinzipielle Unvollständigkeit von Widerspruchsfreiheitsbeweisen in bezug auf axiomatisierte Systeme. Dabei wird die Einsicht in diese Unvollständigkeit von ihm als eine „transzendentalpragmatische Reflexionseinsicht in die Möglichkeitsbedingungen und Grenzen der Objektivierung von Argumenten in axiomatisierten und formalisierten Sprachsystemen" reklamiert, also eine Einsicht, von der schwer vorstellbar sei, wie sie in ihrem transzendentalphilosophischen Kern „sollte revidiert werden können".

Abgesehen davon, daß nicht zu erkennen ist, was diese Unvollständigkeit mit dem von ihm selbst – wie man sich erinnern wird – früher aufgeworfenen Objektivierungsproblem zu tun haben soll, ändert die Inanspruchnahme von Resultaten, die in der metamathematischen Analyse erreicht wurden, für seine Transzendentalpragmatik nichts daran, daß diese Ergebnisse gerade mit der pragmatischen Dimension, die er sonst in diesem Zusammenhang zu akzentuieren pflegt, nichts zu tun haben. Während er also im Falle meiner Argumentation gegen das klassische Begründungsprinzip nicht in der Lage war, darin den pragmatischen Aspekt zu identifizieren, soll nun eine offenkundig auf formale Systeme bezogenen Beweisführung mit einem transzendentalpragmatischen Hut versehen werden. Daß ihm damit für sein Letztbegründungsproblem kaum geholfen ist, scheint er allerdings selbst einzusehen, denn die Tatsache, daß man sich eine Revision schwer vorstellen kann, dürfte für eine positive Lösung dieses Problems kaum genügen.

Nun folgt allerdings ein Argument, das eher imstande sein könnte, dem konsequenten Fallibilismus einen Stoß zu versetzen. Es sei nämlich, so meint Apel, schon deshalb unmöglich, mit dessen Hilfe das Postulat transzendentalphilosophischer Letztbegründung ad absurdum zu führen, weil die Selbstanwendung des Fallibilismus-Prinzips offenbar in eine Paradoxie führe, die derjenigen des „Lügners" entspreche. Der Nachweis dieser These scheint ihm sehr einfach vorzukommen, denn er begnügt sich hier mit der Feststellung: „Ist das ‚Fallibilismus'-Prinzip selbst fallibel, dann ist es insofern gerade nicht fallibel und umgekehrt". Wie man leicht sieht, ist das nichts anderes als die bloße *Wiederholung* der Paradoxie-These in anderer Form und nicht etwa, wie mein Kritiker zu meinen scheint, ein *Nachweis* einer solchen Paradoxie.

Nun kann die „Selbstanwendung" des Fallibilismus-Prinzips sicherlich „von den Vertretern des ‚kritischen Rationalismus' nicht ... als sinnlos abgelehnt werden". Diese Sorge braucht er sich schon deshalb nicht zu machen, weil sie die Fehlbarkeit ihrer eigenen Auffassungen einschließlich der in ihnen enthaltenen Prinzipien stets eingeräumt haben. Aber wenn er sich den Inhalt des Fehlbarkeitsprinzips zunächst einmal klar gemacht hätte, statt sich ohne Bedenken einen Paradoxie-Einwand zu eigen zu machen, der bei oberflächlicher Betrachtung vielleicht plausibel erscheint, hätte er von der Formulierung einer solchen These vermutlich Abstand genommen. Dieses Prinzip sagt nämlich nur aus, daß keine Überzeugung prinzipiell unanzweifelbar ist; und dies kann man ohne Schwierigkeit auf das Prinzip selbst anwenden.

Es ist nämlich durchaus sinnvoll, die These, daß nichts unanzweifelbar ist, selbst in Zweifel zu ziehen, wie das Apel ja in seiner Untersuchung tatsächlich tut. Wie sollte daraus gefolgert werden können, daß sie dann „insofern gerade nicht fallibel", also unanzweifelbar, wäre. Das zu *zeigen*, wäre hier die Aufgabe meines Kritikers gewesen. Andererseits führt natürlich die Behauptung, diese These sei selbst „nicht fallibel", also unanzweifelbar, offenkundig zu einem Widerspruch, denn sie behauptet ja ihre eigene Fehlbarkeit. Die Selbstanwendung des Prinzips führt also gerade zu keinem Widerspruch, denn bei ihr taucht nur die Konsequenz auf, sie selbst sei auch prinzipiell bezweifelbar – was übrigens sogar mit ihrer absoluten Richtigkeit vereinbar wäre. Die Behauptung dagegen, die These sei nicht fallibel, hat offenbar mit ihrer Selbstanwendung überhaupt nichts zu tun. Daß sie zu einem Widerspruch führt, ist nicht überraschend, denn dieser Widerspruch entsteht durch willkürliche Formulierung einer mit der These selbst unvereinbaren Aussage.

Der Apelsche Paradoxie-Einwand ist also, wie man wohl sagen kann, buchstäblich aus der Luft gegriffen. Seine Bemerkung, daraus folge „mit aller wünschenswerten Klarheit, daß der ‚pankritische' Rationalismus einen unhaltbaren Standpunkt – eine Übertreibung zumindest – darstellt", entbehrt somit jeder Grundlage. „Sinnvoll und gültig" könne das erwähnte Prinzip „offenbar nur dann sein", so folgert er nun weiter, „wenn es von vornherein hinsichtlich seiner Geltung so eingeschränkt" werde, daß zumindest „diejenige *philosophische Evidenz* ... von vornherein von der möglichen Kritik ausgenommen" sei, auf die es selbst gegründet werden müsse.

Damit hat unser Autor nun zum ersten Mal den konsequenten Fallibilismus ohne Vorbehalte verlassen, allerdings unter Verwendung von Argumenten, die den logisch geschulten Leser kaum in Verlegenheit bringen werden. Mit diesem Schritt, so stellt er fest, sei „nun aber die *transzendentalpragmatische Dimension der nicht-kritisierbaren Bedingungen der Möglichkeit gültiger philosophischer Kritik und Selbstkritik* in hinreichend radikaler Form eröffnet". In der Frage, was zu diesen Bedingungen gehöre, konzentriere sich das Problem der philosophischen Letztbegründung.

Zu diesen nicht-kritisierbaren Bedingungen gehöre, so meint er im Anschluß an die Kontroverse über die Frage der Logikbegründung, auf die oben schon einmal eingegangen wurde,[218] nicht das Prinzip des „pankritischen Rationalismus". Ich möchte hier nicht mehr auf diese Frage zurückkommen und verweise daher auf meine oben formulierten Argumente gegen die Apelsche Auffassung, aus denen hervorgeht, daß es keinen Grund gibt, eine mögliche Revision der Logik über die von ihm bezeichneten Grenzen hinaus für völlig ausgeschlossen zu halten,

---

[218] Vgl. S. 70ff., oben; sowie meine Kritik, S. 72ff.

so wenig mir auch daran gelegen ist, sie als wahrscheinlich hinzustellen. Wenn er die zu dem entgegengesetztem Resultat führende Argumentation für seine „transzendentalpragmatische Reflexion" reklamieren möchte, kann ich ihn nicht daran hindern, denn die Abgrenzung dieses Verfahrens ist seine Sache. Aber ich kann diesen Umstand doch dazu benutzen, darauf hinzuweisen, wie fragwürdig die Behauptung ist, diese Reflexion verbürge die Unbezweifelbarkeit der Aussagen, zu denen sie führt. Sie hat in diesem Fall, wie er meint, das schon öfter erwähnte „transzendentale Sprachspiel" als „Institution der Kritik" freigelegt, um das es ihm in dieser Untersuchung geht.

Diese Freilegung erweist sich seiner Meinung nach insofern als *„philosophische Letztbegründung auf nichtdeduktivem Wege"*, als die in Betracht kommenden *„paradigmatischen Evidenzen* genau diejenigen sind, die weder ohne Selbstwiderspruch durch Kritik in Frage gestellt werden können noch ohne Voraussetzung ihrer selbst *deduktiv* begründet werden können". Diese Charakterisierung der Problemsituation unter Verwendung des Evidenz-Vokabulars bringt nun eine gewissen vielleicht für das transzendentale Unternehmen förderliche, aber unter dem Gesichtspunkt klarer Gedankenführung bedenkliche Vieldeutigkeit mit sich, denn was zunächst nicht in Frage gestellt oder deduktiv begründet werden kann, ist die *Geltung* gewisser Regeln oder Aussagen. Wenn man sich bemüßigt fühlt, hier die *Evidenz* hineinzubringen, dann wäre es sicher zweckmäßig, einmal genauer zu sagen, was damit gemeint sein soll. Seit seiner oben erwähnten epistemologischen Sterilisierung des Evidenzbegriffs hat der Leser der Apelschen Untersuchungen keine Chance gehabt, etwas Genaueres über die Bedeutung dieses Ausdrucks zu erfahren.

Wenn man die Ansicht aufgegeben hat, daß in bestimmten Wahrnehmungen – oder bestimmten Zügen von Wahrnehmungsgegebenheiten – sichere Anzeichen der Wahrheit identifizierbar sind –, so daß etwa im Zusammenhang damit von Evidenzerlebnissen oder Evidenzgefühlen geredet werden kann –, dann bleibt in diesem Bereich vor allem wohl ein Tatbestand übrig, in bezug auf den die an der erkenntnistheoretischen Diskussion Beteiligten im allgemeinen übereinstimmen: nämlich der, daß Wahrnehmungen für unsere Erkenntnis eine wesentliche Rolle spielen. Diese sehr allgemeine These wird unser Autor auch bei den Vertretern des analytischen Denkens finden, denen er zu unterstellen pflegt, für sie bestehe die Wissenschaft nur in der Ableitung von Sätzen aus Sätzen. Darüber hinaus wird heute im allgemeinen noch zugestanden, daß die Wahrnehmung selbst kontextabhängig ist und daß auf diese

Weise Annahmen aller Art – auch solche theoretischer Natur – einen Einfluß auf sie haben können[219].

Ich kann mir nun zum Beispiel vorstellen, daß Apel stets von „Evidenzen" spricht, wenn Wahrnehmungen vorliegen, aber das wäre ein gänzlich überflüssiger Sprachgebrauch, der zudem nur irreführen könnte. Auch wenn er die Benutzung dieses Ausdrucks auf Fälle der Symbolwahrnehmung und des mit ihr verbundenen Verstehens einschränken würde, wäre die gleiche Beurteilung am Platze. Vielleicht möchte er sich aber nur auf die Fälle beziehen, in denen der Wahrnehmende – oder auch: der Verstehende – sicher zu sein glaubt, keiner Täuschung zu unterliegen. Daß diese Art von Gewißheit keine Wahrheitsgarantie involviert, hat er freilich vorher selbst zugestanden. Sogar eine faktische Unbezweifelbarkeit könnte ja übrigens nur Symptom einer Beschränkung unseres Erkenntnisvermögens sein. Immerhin wäre es für die Klärung der von ihm behandelten erkenntnistheoretischen Fragen interessant zu erfahren, ob er mit seinem Evidenzbegriff bestimmte Ansprüche dieser oder anderer Art verbindet. Aber er läßt in dieser Hinsicht seine Leser völlig im Dunkel seines Begriffsdickichts herumtappen. Nehmen wir also in Kauf, daß hier stets weiter von „Evidenzen" die Rede ist, ohne daß wir erfahren, was er damit eigentlich meint.

Zunächst bringt er nun eine andere Interpretation der oben skizzierten Problemsituation zur Sprache, die er den an der Diskussion des Problems der Letztbegründung im Hinblick auf axiomatische Systeme der Logik beteiligten Theoretikern zuschreibt, nämlich die, „daß letzte Evidenzen weder ohne *Selbstwiderspruch* bestritten noch ohne *petitio principii* begründet werden können". Demnach müsse dann nach der Meinung der betreffenden Theoretiker „die *Letztbegründung* durch eine *Letztentscheidung* ersetzt werden". Eine solche Lösung des Problems, so meint er weiter, entspreche „offenbar wieder dem rein logisch abgeleiteten ‚Münchhausen-Trilemma'", wie es von mir aufgewiesen wurde.

Was an dieser Darstellung zunächst überrascht, ist die Bedeutung, die unser Autor seiner etwas anderen „Interpretation" der Situation beizulegen scheint. Dem Ausdruck „bestritten" zieht er den Ausdruck „durch Kritik in Frage gestellt" vor, und an die Stelle von „ohne *petitio*

---

[219] Diese These ist vor allem im kritischen Realismus seit langem heimisch; vgl. die Arbeiten Oswald Külpes, die auch die denk-und wahrnehmungspsychologische Forschung in diesem Sinne beeinflußt haben; siehe dazu meinen oben erwähnten Aufsatz: Erkenntnis, Sprache und Wirklichkeit, sowie Alfred Bohnen, Zur Kritik des modernen Empirismus, in: Theorie und Realität, a.a.O.

principii begründet" möchte er lieber „ohne Voraussetzung ihrer selbst *deduktiv* begründet" setzen, offenbar in der Meinung, diese Umformulierung sei „transzendetalpragmatisch" fruchtbarer. Aber die Einführung des Wortes „deduktiv", die wohl den wesentlichen Unterschied ausmacht, kann bestenfalls suggerieren, daß er selbst ein Begründungsverfahren ins Auge gefaßt hat, das es ihm ermöglicht, die Situation besser zu bewältigen als die in diesem Zusammenhang apostrophierten Theoretiker. Dieses Verfahren wurde aber bisher noch nicht aufgewiesen, und dieses Versäumnis wird auch, wie wir sehen werden, später nicht nachgeholt. In dieser Hinsicht bleiben wir bei ihm auf Andeutungen angewiesen.

Im übrigen ist die Bemerkung, die oben skizzierte Lösung entspreche dem Münchhausen-Trilemma, insofern irreführend, als die Rede von der *Ersetzung* einer „Letztbegründung" durch eine „Letztentscheidung" keineswegs mit meiner Auffassung der Sachlage harmoniert. Zunächst ist nämlich darauf hinzuweisen, daß auch hinter dem klassischen Begründungsdenken eine *Entscheidung* für das Prinzip der zureichenden Begründung steht. Wer angesichts der durch das erwähnte Trilemma charakterisierten Situation von dieser Entscheidung abrückt und statt dessen das Prinzip der kritischen Prüfung akzeptiert, hat sicherlich auch eine Entscheidung getroffen, aber *keineswegs* eine Begründung durch eine Entscheidung *ersetzt.* Im übrigen hat er diese Entscheidung auf der Basis gewisser Argumente getroffen, so daß in diesem Sinne keine „*Letzt*entscheidung" vorliegt. Mit der Annahme des Prinzips der Kritik läßt er überdies zu, daß diese Entscheidung unter Umständen *revidiert* werden kann. Sehen wir nun zu, ob unser Kritiker selbst um derartige „Entscheidungen" herumkommt.

„Im Lichte unserer transzendentalpragmatischen Reflexion", so erfahren wir jetzt, erweise „sich jedoch die hier vorausgesetzte Einschätzung der Problemsituation wiederum als (illegitime) *Verabsolutierung der zugleich mit der axiomatischen Methode vorausgesetzten Objektivierung und Entäußerung* (Entfremdung) *der Argumentation in syntaktisch-semantisch interpretierten Sätzen und Satzsystemen, bei deren Analyse von der transzendentalpragmatischen – selbstreflexiven – Subjekt-Dimension der Argumentation immer schon abstrahiert*" werde. In seiner Erläuterung dieses Reflexionsergebnisses tritt dann wieder die These auf, daß „die Einschränkung des Begriffs der *Letztbegründung* im Sinne der *Deduktion von Sätzen aus Sätzen*" auf einem „abstraktiven Fehlschluß" beruhe. Insofern erweise sich die „Rede von der Unmöglichkeit der philosophischen Letztbegründung ... als Konsequenz einer Verwechslung der ursprünglichen, dialogbezogenen Argumentation in Rede und Gegenrede, auf die *Sokrates* das Philosophieren gründen wollte, mit der von *Aristoteles* begründeten ‚Apodeiktik', die lediglich ein, von etwaigen pragmatischen Störelementen gereinigtes, ‚Organon' der Argumentation sein" könne.

Nun wird sich der Leser hier daran erinnern, daß die für den Apelschen Denkstil typische Rede von einem „abstraktiven Fehlschluß" in den von ihm kritisierten Texten, immer wieder darauf zurückzuführen war, daß der Kritiker selbst von gewissen in diesen Texten enthaltenen Gedanken „abstrahiert" hatte, um mit seiner Beweisführung zum Ziele zu kommen. Auch in diesem Falle ist das unschwer zu erkennen,[220] denn die Kritik am Begründungsdenken, die er zu widerlegen sucht, hat mit einer Abstraktion von der pragmatischen Dimension, die er unterstellen zu können meint, nicht das Geringste zu tun.

Die axiomatische Methode spielt für meine Charakterisierung des Münchhausen-Trilemmas keine Rolle, und ich mache darüber hinaus zum Beisspiel das Evidenzproblem ebenso zum Thema meiner Überlegungen wie Apel selbst, wenn auch mit teilweise anderen Ergebnissen. Seine ständigen Anspielungen auf die Beschränkungen des Denkens bei Theoretikern anderer Richtungen entbehren jeder Grundlage. Es müßte nicht nur behauptet, sondern auch gezeigt werden, daß das Apelsche Denken sich von dem der kritisierten Theoretiker in dieser Hinsicht unterscheidet.

Sehen wir uns einmal an, welche Einsichten er dadurch zutage fördert, daß er jenen „abstraktiven Fehlschluß" rückgängig macht, den er anderen unterstellt. Seiner Meinung nach zeigt sich dadurch nun „das Problem der Letztbegründung in einem völlig veränderten Licht": „Die Einsicht, daß gewisse Evidenzen nicht *deduktiv begründet* werden können, ohne dabei selbst vorausgesetzt werden zu müssen", erweist sich jetzt nämlich „nicht als Beweis für die prinzipielle Unmöglichkeit philosophischer Letztbegründung, sondern als *reflexive, transzendentalpragmatische Einsicht in die unkritisierbaren Grundlagen der Argumentation selbst*", denn, so fährt er fort, „wenn etwas nicht ohne aktuellen Selbstwiderspruch bestritten und zugleich auch nicht ohne formallogische petitio principii deduktiv begründet werden" könne, dann gehöre es eben „zu jenen transzendentalpragmatischen Voraussetzungen der Argumentation, die man immer schon anerkannt haben" müsse,

---

220 Vgl. dazu Abschnitt 2 den IV. Kapitels, S. 85ff., oben, wo ich die Apelsche Analyse des Münchhausen-Trilemmas erläutert und kritisch untersucht habe.

wenn „das Sprachspiel der Argumentation seinen *Sinn* behalten" solle. Man könne daher, so schließt er, „diese transzendentalpragmatische Argumentationsweise auch die *sinnkritische Form der Letztbegründung* nennen".

Man sieht also, wie leicht es ist, diesen „abstraktiven Fehlschluß" zu vermeiden. Man braucht dazu nur die Erklärung abzugeben, Aussagen oder Regeln, die man weder ohne Widerspruch bestreiten noch ohne petitio principii deduktiv begründen könne, gehörten eben zu jenen Voraussetzungen, auf die diese Art transzendentaler Reflexion es abgesehen habe. Inwiefern diese These mehr mit der pragmatischen Dimension zu tun hat als die Argumente der anderen an der Logikkontroverse Beteiligten, die die Situation in der vorher geschilderten Weise sehen, ist nicht erkennbar. Auch das Neue in der Apelschen Entdeckung ist mir bisher nicht deutlich geworden, denn, soweit ich sehe, haben auch diejenigen Theoretiker, von denen er das Resultat der Untersuchung dieses speziellen Begründungsproblems bezogen hat, dafür plädiert, daß die betreffenden Komponenten der Logik unentbehrlich seien, was doch wohl bedeutet, daß man sie anerkennen müsse, wenn man überhaupt argumentieren wolle.

Nun haben wir aber gesehen, daß diese These nicht so selbstverständlich ist, wie das in der betreffenden Untersuchung den Anschein hatte. Die „sinnkritische Form der Letztbegründung" ist also wohl auch nicht besser gestellt als andere solche Versuche, angeblich unanzweifelbare Thesen zu präsentieren[221]. Eines haben wir jedenfalls erfahren: wie man durch verbale Umformungen von Argumenten, die sich ausschließlich deduktiver Verfahrensweisen bedienen, zu sogenannten „Letztbegründungen" kommen kann, die den Anspruch machen dürfen, die mit Hilfe deduktiver Logik erreichbaren Ergebnisse zu überschreiten.

Das zweite Beispiel einer transzendentalpragmatischen Reflexion, durch die angeblich „Unanzweifelbares" festgestellt werden kann, entnimmt mein Kritiker der Descartesschen Philosophie. Er meint zu sehen, daß sich die von ihm bevorzugte Art der Letztbegründung „sowohl im kritischen wie im affirmativen Sinn bei der Rekostruktion der Argumentation des kartesischen Zweifels" als angemessen erweist. So

---

[221] Nur habe ich den Eindruck, daß diejenigen Theoretiker, von denen unser Autor das ganze Argument – abgesehen von seiner „transzendentalpragmatischen" Paraphrasierung – übernommen hat, in bezug auf einen möglichen Anspruch auf „Letztbegründung" etwas vorsichtiger gewesen sind, als es dem Apelschen Temperament entspricht.

lasse sich zum Beispiel zeigen, „daß *Descartes* den mögliche Sinn des von ihm unreflektiert in Anspruch genommenen Sprachspiels" zerstöre, „wenn er im Verlauf seines methodischen Zweifels unterstellt, das am Ende *alles,* was als real gilt, *bloß ein Traum,* d.h. *bloß im Bewußtsein,* ist", denn es könne dann „der kritische Sinn der Redewendung ‚bloß ein Traum' (bzw. ‚bloß im Bewußtsein') nicht aufrechterhalten werden", weil dieser „als *paradigmatische Sprachspiel-Evidenz"* voraussetze„ daß *„nicht alles bloß ein Traum* (bzw. bloß im Bewußtsein)" sei. Für Apel handelt es sich bei Descartes hier um ein „Pseudo-Argument", das „offensichtlich auf der illegitimen Abstraktion der methodisch-solipsistischen Evidenzsuche" dieses Philosophen „vom Sprachspiel-Apriori der Argumentation" beruhe. Hätte Descartes, so darf man daraus wohl folgern, die moderne „Philosophie ohne Tränen" gekannt, so wäre er nicht auf solche absurde Verletzungen von Sprachspielregeln verfallen.

Dieser Einwand zeigt meines Erachtens aber weniger die Descartessche Inkompetenz als die Vorurteile unseres Autors. Denn Descartes hat zu dieser Frage unter anderem Folgendes bemerkt: „Denke ich einmal aufmerksamer hierüber nach, so sehe ich ganz klar, daß Wachsein und Träumen niemals durch sichere Kennzeichen unterschieden werden können,"[222] und hat damit bekundet, daß er den teilweise versteckten, aber hier offen zutage tretenden Konventionalismus der Apelschen Sprachspiel-Konzeption nicht mitmacht, in der es durch die Regeln dieses Spiels vorentschieden ist, daß „nicht alles ein Traum sein kann", weil sonst der „kritische Sinn" einer Redeweise nicht aufrechtzuerhalten ist[223].

Wer aber Begriffe wie „Traum", „Wachsein" und „Bewußtsein" als Universalien auffaßt, die nicht durch Rekurs auf Erlebnisse bestimmbar sind und für die es auch keine sich aus ihrem Sinn ergebenden sicheren Anwendungskriterien gibt – so wie das heute zum Beispiel für die theoretischen Begriffe der Wissenschaften angenommen wird –, für den läßt sich die Idee nicht von der Hand weisen, daß wir unter Umständen Anlaß haben können, den „kritischen Sinn" einer solchen Redeweise, wie

---

222 RENÉ DESCARTES, Meditationen über die Grundlagen der Philosophie, Meiner-Ausgabe, Hamburg 1959, S. 35; im lateinischen Text ist von „certis indiciis" die Rede.

223 Vgl. dazu auch Apels Aufsatz „Die erkenntnisanthropologische Funktion der Kommunikationsgemeinschaft und die Grundlagen der Hermeneutik", a.a.O., S. 165, wo er ebenfalls in einer Weise gegen Descartes argumentiert, die an die Sinnlosigkeitsthesen des Positivismus der 30er Jahre erinnert.

er im Alltag üblich ist – wie er also unseren bisherigen *Denkgewohnheiten* entspricht – gänzlich zu opfern, weil eine Revision im Bereich anderer Theorien das erforderlich macht[224]. Natürlich mag unsere Phantasie nicht dazu ausreichen, uns im Augenblick – vielleicht auch nicht nach längerem Nachdenken – vorzustellen, wie die Umstände aussehen müßten, die uns dazu veranlassen würden, so drastische Änderungen unserer Auffassungen durchzuführen, aber Mangel an Phantasie kann wohl kaum als Grundlage eines seriösen Argumentes aufgefaßt werden, auch nicht in einer Philosophie, die sich transzendental gebärdet.

Der erste Schritt der Apelschen Analyse scheint mir also nicht akzeptabel zu sein. Wenn hier ein Pseudo-Argument zu entdecken ist, dann ist es in seinem eigenen Hinweis auf diese „paradigmatische Sprachspiel-Evidenz“ zu sehen, mit dem er vollkkommen sinnvolle philosophische Überlegungen abzuwürgen sucht.

Sehen wir uns also den nächsten Schritt in diesem „Sprachspiel“ unseres Autors an. Das cartesiche „Pseudo-Argument“ läßt sich jedoch, so hören wir nun „mit *Peirce* und *Popper* zugunsten des *virtuell-universalen Zweifels* – d.h. des *Fallibilismus*-Prinzips – korrigieren“[225]. Das klingt jedenfalls tröstlich für diejenigen unter uns, die sich in der Philosophie nicht an Alltags-Sprachspiele – das heißt: nicht an den common sense – gebunden fühlen. Es zeige sich dann, so fährt Apel fort, „die eigentliche Bedeutung des kartesischen Zweifels in dem Umstand, daß die Gewißheit des ‚dubito, cogito, ergo sum‘ auch im Sinne des *virtuell universalen Zweifels* an allem, was als real gilt, nicht bezweifelt werden“ könne.

Er beschäftigt sich nun mit den Grundlagen dieser Gewißheit, wobei er sich zunächst vor allem auf Hintikkas einschlägige Untersuchungen stützt. Das erste Resultat seiner Analyse besteht darin, daß die Gewißheit des „cogito, ergo sum“ nicht formallogisch bewiesen werden könne. „Daß derjenige, der denkt, existiert“, so meint er weiter, sei vielmehr „‚formallogisch betrachtet‘ eine These“, die „weder ohne Selbstwiderspruch geleugnet noch ohne petitio principii bewiesen werden“ könne. Gerade deshalb aber sei „die Gewißheit des ‚ego cogito, ergo‘ …

---

224 Dabei kann sich z.B. die *Extension* des Begriffs „Traum“ radikal ändern, ohne daß seine *Intension* davon berührt wird. Zum Universalienproblem und der mit ihm verbundenen „Transzendenz der Darstellung“ vgl. auch Karl Popper, Logik der Forschung, a.a.O., S. 61.

225 Vgl. Apel, Das Problem der philosophischen Letztbegründung im Lichte einer transzendentalen Sprachpragmatik, a.a.O.

eine transzendentalpragmatische Bedingung der Möglichkeit des Sprachspiels der Argumentation"[226].

Um das zu zeigen, macht nun Apel im Anschluß an Hintikka darauf aufmerksam, daß man „durch den *performativen Akt* des Bezweifelns" der eigenen Existenz, der sich „in dem Satz ‚Ich bezweifle hiermit – jetzt – daß ich existiere' explizit ausdrücken" lasse, „den damit behaupteten Satz Sinn des Satzes" vor sich selbst –"und virtuell vor jedem Dialogpartner" – „widerlege". Somit beruhe die „unwiderlegliche Gewißheit" des Descartschen Satzes „nicht auf einem axiomatisch objektivierbaren deduktiven Satzzusammenhang, sondern auf einer durch die *aktuelle Selbstreflexion des Denk- bzw. Sprechaktes* vermittelten *transzendentalpragmatischen Reflexionseinsicht*".

Nun kann hier zwar sicherlich nicht von Axiomatisierung die Rede sein, aber eine Objektivierung hat Apel eben selbst – offenbar ohne das zu bemerken – vorgenommen, nämlich dadurch, daß er diesen *Akt* mit Hilfe eines *Satzes* ausgedrückt hat. Und die zur Diskussion stehende „Widerlegung" ist offenbar ebenfalls „objektivierbar" und als eine Widerlegung im Sinne deduktiver Logik aufzufassen. Wenn unser Autor eine andere Möglichkeit im Auge hat, dann bin ich auf eine entsprechende Erläuterung gespannt.

Eine zweite Frage aber ist die, wieviel eine solche „Widerlegung" im Zusammenhang mit unserem Problem eigentlich wert ist. Um das zu klären, muß man zunächst einmal darauf aufmerksam machen, daß der ganze Gedankengang, der zu der These geführt hat, in diesem Falle finde eine solche Widerlegung statt, die die Gewißheit des Descartesschen Satzes im Sinne einer Unbezweifelbarkeit verbürge, von einer ganzen Reihe unexplizierter Voraussetzungen über das Funktionieren von Sprache und Denken ausgeht, die allgemeinen Charakter haben und sicherlich selbst nicht als unbezweifelbar deklariert werden sollen.

Der Apelsche „Beweis" der Unbezweifelbarkeit dieses Satzes ist wie jedes Argument nicht voraussetzungsfrei, sondern von dem abhängig, was man heute „Hintergrundwissen" zu nennen pflegt[227]. Wer durch

---

[226] Nun ist die These „daß derjenige, der denkt, existiert", die da bei ihm plötzlich hineinkommt, sicherlich nicht identisch mit der zu diskutierenden Aussage „cogito, ergo sum", denn jene These ist jedenfalls nach normalem Sprachgebrauch ein Allsatz, aus dem diese Aussage allenfalls abgeleitet werden könnte. Ich nehme aber an, daß unser Autor sich de facto weiter an die Descartessche Aussage halten will, nicht an diesen Allsatz.

[227] Dazu gehört auch die von ihm erwähnte Sprechakttheorie, aber auch wohl der realistische Hintergrund, ohne den diese Theorie kaum verständlich wäre.

eine solche Argumentation die Gewißheit bestimmter Sätze, die unter bestimmten Umständen von bestimmten Personen ausgesprochen werden, sicherstellen will, der kann das bestenfalls im Sinne einer *Erklärung* des Zustandekommens *faktischer* Gewißheit in bestimmten Situationen tun. Daß eine solche Erklärung selbst insofern erkenntnistheoretisch relevant sei, als sie die *prinzipielle Unbezweifelbarkeit* bestimmter Thesen sicherstelle und damit einen archimedischen Punkt der Erkenntnis überhaupt etabliere, ist wohl fragwürdiger als alles, was Descartes über Träume geäußert hat.

Aber versetzen wir uns einmal in die Descartessche Situation und beachten wir, was er selbst dazu geäußert hat. Da zeigt sich nämlich, daß er – nachdem er zu den Feststellung gekommen ist, der Satz „Ich bin, ich existiere" sei, so oft er ihn ausspreche oder in Gedanken fasse, „notwendig wahr"[228] – einräumt, er habe, genau genommen, den Sinn dieses Satzes noch nicht verstanden, vor allem hinsichtlich des in ihm verwendeten Ich-Begriffes, woran sich längere Analysen knüpfen, in denen er sich dann als ein „denkendes Wesen" bestimmt[229]. Dabei zeigt sich, daß in diese Analysen wieder eine Fülle von Voraussetzungen eingeht, die offenbar für die Bestimmung des Ich-Begriffes für erforderlich gehalten werden. Man sollte sich also vor Augen führen, daß auch der unmittelbar auf eine konkrete Situation bezogene Descartessche Satz Universalien enthält, die seine „Verifikation" durch Konfrontierung mit der erlebten Situation unmöglich machen[230].

Daß man im allgemeinen nicht auf die Idee kommen wird, einen solchen Satz zu bezweifeln, kann wohl ohne weiteres zugestanden werden. Aber die alltägliche Gewißheit, die mit derartigen Sätzen verbunden zu sein pflegt, ist erkenntnistheoretisch in keiner Weise mehr relevant als die Gewißheit, die mit Sätzen wie: „Heute scheint die Sonne" vielfach verbunden ist. Sie auf Grund sogenannter „transzendentaler Reflexion" zu einer prinzipiellen Unbezweifelbarkeit emporstilisieren zu wollen, noch dazu auf Grund von Sprachtheorien, die selbst bestimmte erkenntnistheoretische Voraussetzungen machen, scheint mir – mehr als 300 Jahre nach Descartes – einem Versuch nahezukommen, „philoso-

---

228 Vgl. DESCARTES, a.a.O., S. 45.

229 A.a.O., S. 51.

230 Wolfgang Röd sagt mit Recht, daß „die entscheidenden erkenntnismetaphysischen Voraussetzungen der Cartesischen Philosophie auch im methodischen Zweifel noch wirksam waren"; vgl. sein Buch: Descartes' Erste Philosophie. Versuch einer Analyse mit besonderer Berücksichtigung der Cartesischen Methodologie, Kantstudien, Ergänzungsband, Nr. 103, Bonn 1971, S. 65, vgl. auch S. 94, S. 102ff. und S. 112.

phische Unschuld um jeden Preis zu inthronisieren" (Habermas). Um es noch klarer auszudrücken: nur ein kruder Empirist, der die Theorieverflochtenheit von Wahrnehmungen und Wahrnehmungsaussagen nicht beachtet, wird in dieser Frage so argumentieren wie unser Autor.

Geradezu paradox mutet aber die Tatsache an, daß ein Theoretiker, der die analytische Philosophie und den logischen Empirismus szientistischer Beschränkungen zeiht und diese durch Reflexion auf die Bedingungen der Möglichkeit von Erkenntnis überwinden will, ausgerechnet in bezug auf ein solches Problem – angesichts einer Situation also, in der es angebracht wäre, die *Annahmen,* die in den behandelten Sätzen stekken, aufzudecken und dadurch die mit ihnen verbundene Alltagsgewißheit zu erschüttern – in eine Argumentation dieser Art verfällt.

Wenn man sich die cartesischen Untersuchugen vor Augen führt, sieht man überdies, daß Descartes in seiner „ersten Erkenntnis" mit einem Wahrheits-Kriterium operiert, das *seine* Unbezweifelbarkeits-These zumindest verständlich macht. Er geht nämlich davon aus, daß in dieser Erkenntnis „eine gewisse klare und deutliche Einsicht" in das von ihm Behauptete enthalten sei,[231] sagt dann aber ausdrücklich, dies würde „nicht genügen", ihn „von der Wahrheit einer Sache zu überzeugen, wenn es je vorkommen könnte", das etwas, das er „so klar und deutlich einsehe, falsch wäre". Er glaube daher, „als allgemeine Regel" aufstellen zu dürfen, „daß alles das wahr" sei, was er „ganz klar und deutlich einsehe"[232].

Damit räumt er ein, daß er für seine erste Erkenntnis schon ein ganz bestimmtes allgemeines Wahrheits-Kriterium vorausgesetzt hat, ein Evidenz-Kriterium, das wir heute wohl kaum noch akzeptieren können. Immerhin ist seine eigene These unter der Voraussetzung dieses Kriteriums durchaus plausibel, während die Übernahme der Descartesschen „Einsicht" durch einen Theoretiker, der diese Evidenz-Theorie ausdrücklich kritisiert, ziemlich unverständlich sein dürfte.

Die Apelsche Untersuchung dieser Problematik gipfelt in der Feststellung, daß „im Sinne der kritisch rekonstruierten und transformierten cartesischen Tradition der philosophischen Letztbegründung" als „fundamentum inconcussum" zugleich „mit dem Ich-Bewußtsein ... ein Sprachspiel" vorauszusetzen sei, „in dem zugleich mit der *aktuellen Evidenz* des *Ich denke mich als existierend* im Sinne einer *paradigmatischen Sprachspiel-Evidenz* die Existenz einer *realen Lebenswelt* und die

---

231 Vgl. DESCARTES, a.a.O., S. 61.

232 A.a.O., S. 63.

Existenz einer *Kommunikationsgemeinschaft* vorausgesetzt“ werde, „in der die jemeinige kartesische Einsicht ... zur Kenntnis genommen, überprüft und – in diesem Falle - ... bestätigt werden können“ müsse.

Ich erspare mir die Analyse der Schritte, die meinen Kritiker zu diesem Ergebnis geführt haben. Sie sind von der gleichen Art wie die bereits analysierten Schritte dieses philosophischen Spazierganges, der, wie man sieht, damit endet, daß dem Leser zugemutet wird, alles mögliche jeweils schon – und zwar als unbezweifelbar – „vorauszusetzen“, was mit Hilfe der von Apel empfohlenen „transzendentalpragmatischen Reflexion“ erreicht werden kann. Diese Reflexion ist aber, wie wir gesehen haben, ein Verfahren, bei dem es erlaubt ist, falls erforderlich ohne viel Aufhebens an bestimmten Stellen genau das zu vergessen, was sonst als Errungenschaft der hermeneutischen Philosophie hervorgehoben wird: nämlich die Einsicht in die Bestimmtheit alles menschlichen Denkens durch eine Fülle von Voraussetzungen – durch ein „Vorverständnis“ oder durch „Vorurteile“[233]. Praktiziert wird dieses Verfahren aber nur, um die Unbezweifelbarkeit von Aussagen nachzuweisen, die ohnehin zu dürftig sind, um als Fundament der Erkenntnis auszureichen.

Als „Lebenselement“ philosophischer Argumente glaubt unser Autor nun ein *„transzendentales Sprachspiel“* etabliert zu haben, „in dem mit einigen Regeln der Logik zugleich die Existenz einer realen Welt und die *transzendentalpragmatischen Regeln* der idealen Kommunikation vorausgesetzt“ seien. Der „Einzelne“ könne, so erläutert er diesen Gedanken, „auch im einsamen Denken seine Existenz nur mit Bezug auf dieses transzendentale Sprachspiel und seine paradigmatischen Evidenzen als vor sich selbst a priori gewiß sicherstellen“. Er könne also „in die ‚Institution‘ dieses ... Sprachspiels der kritischen Argumentation nicht in demselben Sinn eintreten bzw. aus ihr austreten wie man das bei empirischen ‚Sprachspielen‘ und ‚Institutionen‘ als ‚Lebensform‘ (*Wittgenstein*)“ voraussetze. Er sei vielmehr „als erfolgreich sozialisierter ‚homo sapiens‘ mit ‚kommunikativer Kompetenz‘ notwendigerweise als ein Wesen konstituiert, das sich mit der idealen Kommunikationsgemeinschaft im skizzierten Sinne immer schon identifiziert ... und die tran-

---

[233] Das ist allerdings eine Einsicht, die man in der Tradition des kritischen Realismus schon seit langem findet; vgl. dazu die Arbeiten Oswald Külpes. Vor allem Karl Popper hat ihre erkenntnistheoretische Bedeutung herausgearbeitet und in seiner Kritik der klassischen Erkenntnislehre zur Geltung gebracht; vgl. POPPER, Conjectures and Refutations, a.a.O. Zur Gadamerschen Behandlung des Problem der Vorurteile siehe jetzt das oben erwähnte Gadamer-Kapitel meines Buches: Kritik der reinen Erkenntnislehre, a.a.O., S. 49–52 und passim.

szendentalpragmatischen Regeln der Kommunikation implizit anerkannt" habe. Der Umstand, daß man sich „jederzeit die Diskrepanz zwischen dem *normativen Ideal* der idealen Kommunikationsgemeinschaft und der realen Gesprächssituation bewußt machen könne", stehe nicht im Widerspruch dazu. In ihm liege vielmehr „ein Hinweis auf die Möglichkeit, in dem ... vorausgesetzten Apriori der Kommunikationsgemeinschaft ... auch die Voraussetzungen einer transzendentalpragmatischen ‚Letztbegründung' der Ethik aufzufinden"[234].

Wir brauchen hier auf diese These nicht mehr einzugehen, da sie und die zu ihr führende Argumemntation schon im einzelnen untersucht wurde. Wohl aber muß noch eine Konsequenz durchleuchtet werden, die Apel daraus ableitet, um die Behandlung des Rationalitätsproblems im kritischen Rationalismus als inadäquat charakterisieren zu können.

5. *Rationalität und Entscheidung: Der Dezisionismus-Einwand*

Es geht dabei darum, daß man sich nach seiner Auffassung zu der „rationalen Lebensform im transzendentalpragmatischen Sinn", die er in seiner Konzeption einer idealen Kommunikationsgemeinschaft zu skizzieren versucht hat, „nicht in einer ‚irrationalen Wahl' entscheiden" kann,[235] denn „eine sich selbst als sinnvoll verstehende Wahl" setze „das transzendentale Sprachspiel als Bedingung ihrer Möglichkeit voraus". Nur „unter der rationalen Voraussetzung intersubjektiv nachvollziehbarer Regeln nämlich" lasse sich „das Entscheiden angesichts von Alternativen als sinnvolles Handeln verstehen".

Daraus folge nicht, „daß jede Entscheidung rational" sei, „wohl aber, daß die Entscheidung zugunsten des Prinzips rationaler Legitimation bzw. Kritik des Handelns nach Regeln a priori rational" sei. Die „von *Popper* geforderte Entscheidung zugunsten des sogenannten ‚Rahmens' der kritischen Argumentation bzw.Diskussion" könne insofern „nun als a *priori rationale, willentliche Bekräftigung der als gültig eingesehenen Regeln des transzendentalen Sprachspiels* verstanden werden", die zwar „im Interesse der *Realisierung der Vernunft*" erforderlich sei, aber

---

[234] Dazu verweist APEL auf seinen Aufsatz „Das Apriori der Kommunikationsgemeinschaft und die Grundlagen der Ethik" im zweiten Band seines oben erwähnten Buches, den wir schon im III. Kapitel analysiert haben; vgl. S. 63ff. oben.

[235] Dabei bezieht er sich wie schon in früheren Arbeiten auf Poppers diesbezügliche Gedanken in dessen Buch „Die offene Gesellschaft und ihre Feinde", a.a.O.; vgl. dazu auch APELS oben erwähntes Buch, Band II, S. 149f., S. 222f., S. 326ff. und S. 411ff.

„keineswegs ihre rationale Rechtfertigung im Sinne des *Dezisionismus zu ersetzen*" brauche. Sie könne sich nämlich „immer schon ihrer eigenen Legitimation ... vergewissern", und zwar „durch Reflexion auf den Umstand, daß sie selbst schon die Regeln", für die sie votiere, „für ihr Selbstverständnis" *voraussetze.*

Daher sei auch Poppers Behauptung, „daß der Irrationalismus ohne Widerspruch verteidigt werden" könne, weil es möglich sei, „das Akzeptieren von Argumenten" zu verweigern, „schlicht falsch", denn „das *Verteidigen* des Irrationalismus" widerlege „*actualiter* – d.h. durch den zugehörigen performativen Akt – den Versuch, die Argumentation zu verweigern". „Das wirkliche Verweigern rationaler Argumentation – bzw. einer entsprechenden Selbstverständigung –" charakterisiert unser Autor als einen „Akt der Selbstnegation und – in der letzten Konsequenz – der Selbstdestruktion". Sogar dabei aber müsse „der sich Entscheidende das verleugnete Prinzip solange voraussetzen, als er seine eigene Entscheidung als solche" verstehe.

Diese Beweisführung beruht unter anderem darauf, daß der Verfasser einige wesentliche Unterscheidungen verwischt hat. Es ist nämlich zum Beispiel ohne weiteres möglich, eine Entscheidung – und darüber hinaus auch Aussagen aller Art – zu *verstehen,* ohne irgendwelche Regeln der Argumentation zu akzeptieren. Apel mag „vorausgesetzt" haben, daß so etwas nicht geht, aber ein Argument dafür ist bei ihm nicht zu finden. Die Regeln, für die in einer Entscheidung zugunsten kritischer Argumentation votiert wird, werden keineswegs in dem Sinne „vorausgesetzt", daß man sie akzeptiert haben muß, um in dieser Weise zu entscheiden. Sie werden nur insofern „vorausgesetzt", als sie die Materie dieser Entscheidung charakterisieren und als solche verstanden werden müssen. Diese beiden völlig verschiedenen Bedeutungen von „Voraussetzung" sollte man nicht ohne weiteres konfundieren. Dafür, daß von einer Voraussetzung im ersten Sinne ausgegangen werden muß, fehlt wieder bei unserem Kritiker jedes Argument.

Auf die von ihm vorgeschlagene Weise ist also eine „Legitimation" der betreffenden Regeln überhaupt nicht zu erreichen. Er gebärdet sich hier tatsächlich wie ein hermeneutischer Münchhausen, der sich am eigenen Schopfe aus dem Sumpf des Irrationalismus herauszuziehen versucht. Popper hat darüber hinaus völlig recht mit seiner These, „daß man die Annahme von Argumenten immer verweigern kann"[236]. Um

---

[236] KARL POPPER, Die offene Gesellschaft und ihre Feinde, Band II, a.a.O., S. 284.

das zu tun, braucht man keineswegs aus einer Sprachgemeinschaft auszuscheiden, denn der zwischenmenschliche Verkehr mit den Mitteln der Sprache ist primär ein Austausch von Wünschen, Bitten, Anweisungen und Informationen, bei dem die argumentative Dimension der Sprache nicht in Anspruch genommen werden muß. Natürlich kann man unter Umständen dann gewisse Ziele nicht erreichen – zum Beispiel andere Leute nicht von der Richtigkeit eigener Ansichten überzeugen, soweit das nicht mit irrationalen Mitteln zu erreichen ist –, aber der Verzicht auf bestimmte Ziele ist noch kein Akt der Selbstdestruktion. Im übrigen kann sogar der Irrationalist, der nicht an die rationale Bedeutung von Argumenten glaubt, selbst Argumente benutzen, weil er ihre Wirkung auf andere kennt.

Aber diese extreme Form des Irrationalismus muß überhaupt nicht zur Diskussion stehen, wenn es um die Frage der möglichen Begründung des kritischen Rationalismus geht. Es kann dafür ohne weiteres zugestanden werden, daß es außerordentlich schwer sein dürfte – wenigstens in unserer heutigen Kultur –[237] eine solche Lebensweise durchzuhalten. Es ist aber auch in unserer Kultur noch weitgehend üblich, in gewissen Bereichen die Annahme von Argumenten zu verweigern und dadurch gewisse Bestandteile des eigenen Überzeugungssystems gegen Kritik zu immunisieren. Der Einwand, diese Haltung sei inkonsequent, braucht einen Verfechter solcher Verfahrensweisen in keiner Weise zu stören, denn er ist ja nicht gehalten, die These von der prinzipiellen Bedeutung rationaler Argumente für alle Probleme zu akzeptieren. Es pflegen mitunter sogar sehr plausible „Begründungen" dafür vorgebracht zu werden, daß in bestimmten Bereichen rationale Argumentation oder Kritik aussichtslos sei.

In diesem Zusammenhang kann mit Recht darauf aufmerksam gemacht werden, daß ja jede Argumentation von einer bestimmten Basis ausgehen muß, so daß eine absolute Begründung ohnehin nie erreichbar ist: das Argument gegen den klassischen Rationalismus, den unser Kri-

---

[237] Dabei ist allerdings zu beachten, daß die abendländische Entwicklung gerade mit ihrer Akzentuierung der Rationalität eine kulturelle Sonderentwicklung ist, wie vor allem Max Weber in seinen Arbeiten gezeigt haben dürfte. In kultursoziologischer Hinsicht kann man die Apelsche Konzeption, in der die Notwendigkeit einer für die abendländische Entwicklung charakteristischen Lebensform philosophisch postuliert wird, daher als eine Art von Ethnozentrismus ansehen, in dem andere mögliche Lebensstile nicht nur als unangemessen, sondern sogar als unmöglich deklariert werden, allerdings mit Argumenten, die den Rationalitätsmaßstäben der eigenen Kultur nicht genügen.

tiker wenigstens partiell – unter Mißachtung bestimmter Argumente – wieder installieren möchte. Man darf also mit einem gewissen Recht behaupten, daß hier *seine* Argumentation „schlicht falsch" ist. Es gibt keine Möglichkeit, einen Skeptiker zu widerlegen, wenn er nur konsequent bleibt. Er kann sogar den dogmatischen Rationalismus, der – wie man im Falle Apels wieder feststellen kann – seine eigene Notwendigkeit behauptet, ohne Schwierigkeiten außer Gefecht setzen, indem er unter Benutzung rationaler Argumente zeigt, daß *dieser* Rationalismus gänzlich haltlos ist, und zwar haltlos im Sinne der von ihm selbst vorausgesetzten Gesichtspunkte, die der Skeptiker nur versuchsweise akzeptieren muß, um den Nachweis zu erbringen, daß sie sich selbst ad absurdum führen.

Nun könnte man natürlich sofort dagegen einwenden, daß dieser dogmatische Rationalismus, der den Einwänden des Skeptikers nicht gewachsen ist, selbst nur eine Form des Irrationalismus sei, weil er nicht bereit sei, die Konsequenzen aus den eigenen Voraussetzungen zu ziehen. Hier sei also de facto nur eine Form des Irrationalismus auf rationale Weise widerlegt worden. In diesem Sinne habe ja gerade Popper den umfassenden Rationalismus widerlegt, der insofern irrationalistische Aspekte gehabt habe. Aber dieses Argument trifft dann, wie man leicht sieht, auch die Apelsche Version des Rationalismus, die ja ebenfalls auf Letztbegründungen ausgeht und sich sogar selbst als notwendig erweisen will.

Wer dagegen die Forderung nach Letztbegründung fallen läßt, aber bestimmte Argumente in bestimmten Bereichen zulassen möchte, der ist auf solche Weise nicht zu widerlegen. Er ist vor allem nicht mit dem Argument zu widerlegen, wer sich überhaupt auf eine rationale Diskussion einlasse, müsse a priori die Regeln der rationalen Diskussion für beliebige Bereiche akzeptieren – ganz abgesehen davon, daß selbst die Identifizierung dieser Regeln zu Schwierigkeiten führen kann, so daß sich verschiedene Versionen des Rationalismus unterscheiden lassen.

Ich kann nicht erkennen, inwiefern mein Kritiker glaubt, diese angebliche Notwendigkeit „einsichtig" machen zu können. „Begründet" hat er sie jedenfalls nicht, wie er es seiner eigenen Auffassung nach getan haben müßte. Wenn man von der Begründungsidee klassischer Prägung ausgeht – von dem, was ich das „Postulat der klassischen Methodologie rationalen Denkens" genannt habe –, dann ist der durch sie charakterisierte Rationalismus *nur zu widerlegen*, und wenn man diese Idee opfert und den Rationalismus im Popperschen Sinne auffaßt, dann *braucht er nicht begründet zu werden*, aber man kann ihn wohl kritischer Analyse unterwerfen, das heißt: sein eigenes Prinzip kritischer Prüfung auf ihn selbst anwenden. Allerdings wird auch dabei vorausgesetzt, daß man rationale Argumente akzeptiert. Die Entscheidung für den kritischen Rationalismus ist also in *diesem* Sinne nicht begründbar, wie das Popper richtig festgestellt hat. Die Apelsche Beweisführung enthüllt nur den irrationalen Charakter der von ihm bevorzugten „Methode" der transzendentalpragmatischen Reflexion.

Das Ergebnis seines „Versuchs einer Metakritik des ‚kritischen Rationalismus'" besteht seiner Ansicht nach darin, daß es „nicht gelingen" kann, das *Prinzip der Kritik* als solches an die Stelle des *Prinzips der philosophischen Letztbegründung* zu setzen", und zwar deshalb, „weil seine Kritik an diesem Prinzip – wie jede sinnvolle Kritik – selbst der Rechtfertigung" bedarf. Eine solche, so meint er weiter, sei „aber gerade dann und nur dann möglich, wenn sich das Prinzip nicht absolut" setze, „sondern sich selbst durch das Prinzip der Selbstbegründung kritischer Vernunft durch *transzendentale Reflexion* auf ihre Bedingungen der Möglichkeit" einschränke. „Die Pointe philosophischer Letztbegründung" liege dann „in dem reflexiven – transzendentalpragmatischen und nicht deduktiven – Argument, daß man weder für noch gegen die Regeln des transzendentalen Sprachspiels argumentieren oder sich praktisch entscheiden" könne, „ohne diese Regeln schon vorauszusetzen". Daß eine „Rechtfertigung" durch „Letztbegründung" im Sinne einer „Selbstbegründung" erreicht werden müsse, ist aber, wie wir gesehen haben, eine *Forderung* und keine *Notwendigkeit,* und zwar eine Forderung, die sich selbst ad absurdum führt. Die Apelsche „Metakritik" des kritischen Rationalismus läuft also auf eine *philosophische Münchhauseniade* hinaus.

V. Die Sackgasse des Pragmatismus: Das Realismusproblem und die transzendentale Fragestellung

Mit seiner transzendentalen Sprachpragmatik möchte Apel eine Transformation der Transzendentalphilosophie bewerkstelligen, die das Problem der Letztbegründung in positiver Weise lösbar macht und zudem einen „sinnkritischen" Realismus involviert, der den legitimen Ansprüchen des wissenschaftlichen Denkens besser gerecht wird als andere philosophische Konzeptionen, besonders diejenigen, die mehr oder minder dem analytischen Denken zuzurechnen sind. Trotz seines Anspruches, den berechtigten Kern des kritischen Rationalismus in seiner

Auffassung bewahrt zu haben, hat sich aber, wie wir sahen, herausgestellt, daß er de facto nur eine verwässerte Version des kritischen Rationalismus präsentiert hat, eine Version überdies, die an genau den Einwänden scheitern muß, die er in seiner Analyse des Münchhausen-Trilemmas vergeblich versucht hat, ad absurdum zu führen.

Dabei hat er gleichzeitig den Versuch unternommen, den Fallibilismus zumindest für den philosophischen Bereich einzuschränken, indem er mit seiner transzendentalpragmatischen Reflexion den Anspruch auf unbezweifelbare Einsichten verbindet, und er hat darüber hinaus auch dem Realismus erhebliche Einschränkungen auferlegt, die sich aus seiner Lehre von der Untrennbarkeit von Subjekt und Objekt in bestimmten Erkenntnisbereichen ergeben.

Seine Version der Transzendentalphilosophie ist daher weder mit dem konsequenten Fallibilismus noch mit dem methodischen Rationalismus noch auch mit dem kritischen Realismus vereinbar, wie sie für den kritischen Rationalismus charakteristisch sind. Für alle drei Aspekte erhebt er den Anspruch, wichtige Ausnahmen rechtfertigen zu können. Mit diesem Anspruch hängen auch die Einwände zusammen, die er immer wieder gegen Auffassungen analytischer Provenienz zu machen pflegt, vor allem, daß sie einen unvertretbaren Objektivismus, Szientismus oder methodischen Solipsismus enthalten.

Es hat sich aber wohl gezeigt, daß sowohl diese Einwände als auch die Ansprüche, die er mit seiner eigenen Konzeption verbindet, im wesentlichen auf Mißverständnissen, Irrtümern und zum Teil sogar auf ziemlich bemerkenswerten Fehlern in seiner Beweisführung beruhen. Das Amalgam aus einer der idealistischen Tradition entstammenden Subjekt-Philosophie,[238] in der Wahrheit letzten Endes durch die Selbstbesinnung des transzendentalen Subjekts[239] erreichbar und – ganz im Sinne des klassischen Rationalismus – im archimedischen Punkt der Erkenntnis mit der Gewißheit verschmolzen ist, mit einem noch dazu dem Pragmatismus verpflichteten Realismus[240] bringt Schwierigkeiten mit

---

[238] Zur Kritik dieser Tradition vgl. Werner Becker, Idealistische und materialistische Dialektik. Das Verhältnis von „Herrschaft und Knechtschaft" bei Hegel und Marx, Stuttgart/Berlin/Köln/Mainz 1970; sowie derselbe, Selbstbewußtsein und Spekulation. Zur Kritik der Transzendentalphilosophie, Freiburg 1972.

[239] In der Apelschen Version durch die transzendentale Reflexion eines Kollektivsubjekts der Erkenntnis. Eine ähnliche Auffassung findet man bei Klaus Holzkamp, vgl. dazu meine Kritik in „Vom Instrumentalismus zur Hermeneutik des Gesamtsubjekts", in: Kritik der kritischen Psychologie, a.a.O.

[240] Diese Version des „Realismus" ist zum Beispiel mit einer Deutung der Natur-

sich, die nur durch eine sehr unklare und stellenweise äußerst fahrlässige Argumentation zugedeckt werden können.

Immer wieder kann man im Hinblick auf seine Argumentationsweise darauf hinweisen, daß er die Voraussetzungen, die er in seinen Einwänden gegen andere Auffassungen macht, in seiner eigenen Praxis de facto über den Haufen wirft, in ähnlicher Weise, wie das schon früher bei ihm nahestehenden Theoretikern zu bemerken war[241]. So kann sein vehementes Plädoyer gegen unzulässige Objektivierungen in bestimmten Bereichen nicht darüber hinwegtäuschen, daß er selbst laufend in eben der Weise objektivieren muß, die er verurteilen zu müssen meint[242]. Bereiche, die angeblich der sogenannten naturwissenschaftlichen Denkweise nicht offen stehen, werden von ihm selbst in einer Weise behandelt, die mit dieser Voraussetzung unvereinbar ist[243]. Er widerlegt sich

---

wissenschaften verbunden, die in Detailfragen wie im Grundansatz pragmatistische Komponenten – ob sie nun von Dingler und Lorenzen, von Wittgenstein und Carnap, von Peirce und Morris oder von Heidegger und Gadamer bezogen werden – bevorzugt und die charakteristisch „realistischen" Interpretationen nicht beachtet.

241 Vgl. etwa Jürgen Habermas, Zur Logik der Sozialwissenschaften, Tübingen 1967; dazu meine Rezension in: Kölner Zeitschrift für Soziologie und Sozialpsychologie, 20. Jg, 1968, S. 344.

242 Seine Einstellung zum Objektivierungsproblem hängt vermutlich damit zusammen, daß er der phänomenologisch-hermeneutischen Tradition die Vorstellung entnommen hat, man habe „Gegenständlichkeit" als eine „Seinsweise" aufzufassen, die nicht für jedes „Sein" in Betracht komme. Indizien dafür finden sich zum Beispiel in seinem Aufsatz: „Die beiden Phasen der Phänomenologie und ihre Auswirkung auf das philosophische Vorverständnis von Sprache und Dichtung in der Gegenwart", in: Apel, Transformation der Philosophie, Band I, a.a.O., S. 93ff. Daß auch Heidegger, wenn er *über* das „Sein" redet, es damit im üblichen Sinne „vergegenständlicht", scheint ihm nicht zum Bewußtsein zu kommen; vgl. Apel, a.a.O., S. 95. Er behandelt das „Sein" in ähnlicher Weise, wie manche Theologen Gott behandeln.

243 So benutzt er in seinem Aufsatz über Chomsky – „Noam Chomskys Sprachtheorie und die Philosophie der Gegenwart. Eine wissenschaftstheoretische Fallstudie", in seinem o.a. Buch, Band II, S. 283ff. – den Unterschied von Regeln und Naturgesetzen, um zu zeigen, daß in der Linguistik Gesetze der üblichen Art nicht zu finden sind, formuliert aber dann selbst im Anschluß an Chomsky Aussagen, die sich ohne weiteres als nomologische Hypothesen auffassen lassen, zum Beispiel Äußerungen über die Unentbehrlichkeit eines Normbewußtseins für den Spracherwerb und zahlreiche andere Aussagen ähnlicher Art. Er formuliert sie zwar oft in sehr loser und unklarer Weise, aber er verbindet, wie der Text erkennen läßt, mit ihnen Ansprüche, wie sie typischerweise für nomologische Aussagen gemacht werden und für Aussagen anderer Art auch kaum gemacht werden können. Wenn sie ernst genommen werden sollen, dann hat er sich in demselben Sinne als „Szientist" gebärdet, wie er das anderen vorwirft, die sich allerdings über solche Formulierungen ex-

also selbst, ohne es zu bemerken, und glaubt sich trotzdem in der Lage zu sehen, seine Objektivismus- und Szientismus-Vorwürfe unentwegt auf andere zu schleudern. Man wird verstehen, daß die Betroffenen ein solches Verfahren als kurios betrachten.

Sein zwiespältiges Verhältnis zum Realismus führt überdies dazu, daß er eine künstliche – und im Rahmen einer realistischen Auffassung schwerlich plausible – Unterscheidung zwischen „transzendentalen" und „empirischen" Bedingungen der Möglichkeit von Erkenntnis, Verstehen, Kritik und Handeln einführt, die es ihm ermöglichen soll, die Untersuchungen der Realwissenschaften von seiner eigenen transzendentalpragmatischen Analyse abzugrenzen. Nur den letzteren will er offenbar „Objektivierbarkeit" zugestehen, obwohl er sich, wie schon erwähnt, unentwegt auch *über* die ersteren äußert und dabei die Darstellungsfunktion der Sprache in ganz derselben Weise in Anspruch nimmt, wie das die Vertreter der Realwissenschaften in ihren Analysen tun[244].

Ein konsequenter kritischer Realismus kann sich dagegen darauf konzentrieren, nach realen Bedingungen der Möglichkeit zu suchen, also den Versuch zu machen, unter Verwendung theoretischer Ideen solche Bedingungen auszumachen, unter denen Erkenntnis möglich ist. Unter realistischem Gesichtspunkt dürfte es schwer sein, transzendentale Untersuchungen in anderer Weise aufzufassen. Es ist nämlich nicht einzusehen, was „transzendentale" Bedingungen anders sein sollen als Bedingungen, deren Realisierung notwendig – oder auch hinreichend – für das Zustandekommen der betreffenden Phänomene ist. Empirische Untersuchungen mögen darauf gerichtet sein, die für die Lösung „transzendentaler" Probleme benötigten Theorien zu überprüfen, aber es besteht kein Anlaß, von empirischen „Bedingungen" zu sprechen, die

---

plizit Rechenschaft zu geben pflegen. Im Gegensatz zu ihnen wäre er dann ein praktizierender Szientist mit falschem Bewußtsein.

[244] In seinem oben erwähnten Chomsky-Aufsatz ist in diesem Zusammenhang – auf S. 276 – die höchst merkwürdige These zu finden, die „angeborenen Formen der Erfahrung" seien nur so lange zugleich *transzendentale* Bedingungen der Möglichkeit, wie sie als solche philosophisch *postuliert,* nicht aber zum Gegenstand *empirisch überprüfbarer* Hypothesenbildung gemacht werden könnten, eine These, die vermutlich mit der Vorstellung zusammenhängt, Verhältnisse, die zum Gegenstand solcher Aussagen gemacht werden könnten, seien damit auch abzuändern. Das ist aber eine – zum Beispiel in bezug auf die in nomologischen Hypothesen konstatierten Invarianzen – irrige Vorstellung, die hier zu höchst fragwürdigen Konsequenzen führt.

man mit transzendentalen Bedingungen kontrastieren könnte, noch dazu mit der Maßgabe, daß letztere nicht „objektivierbar" seien. Das Problem solcher Bedingungen ist außerdem natürlich von dem der Kriterien zu unterscheiden, auch wenn insofern ein Zusammenhang besteht, als man in der Methodologie, die das Kriterienproblem zu lösen hat, auf die reale Beschaffenheit der menschlichen Erkenntnissituation Rücksicht nehmen muß.

Man kann also sagen, daß es zumindest zwei prinzipiell verschiedene Weisen gibt, die Kantsche Tradition transzendentaler Untersuchung fortzusetzen. Die eine besteht darin, weiter nach absoluten Begründungen im Sinne der klassischen Lehre zu suchen, also den klassischen Rationalismus beizubehalten. Dieser Weg, für den sich, wie wir gesehen haben, letzten Endes auch Apel entschieden hat, erweist sich, wie ich zu zeigen versucht habe, als eine Sackgasse. Der hermeneutische Pragmatismus, den er dabei als neueste Version der Transzendentalphilosophie anbietet, kann die Mängel des klassischen Rationalismus nicht beheben. Eine andere Möglichkeit besteht aber darin, diese Form des Rationalismus zugunsten eines konsequenten Kritizismus ohne solche Begründungsansprüche aufzugeben und gleichzeitig das Erkenntnissubjekt als reales Subjekt aufzufassen, dessen Möglichkeiten mit allen zur Verfügung stehenden Mitteln zu untersuchen sind[245].

In dieser Weise ist der kritische Realismus seit langer Zeit verfahren und hat damit an Kant angeknüpft, ohne das Wissenschaftsideal zu übernehmen, das seinen idealistischen Nachfolgern eine adäquate Lösung der Erkenntnisproblematik unmöglich gemacht hat[246]. Bei einer

---

[245] Vgl. dazu meine Einleitung „Kritizismus und Naturalismus" in: Konstruktion und Kritik, a.a.O., S. 17ff. An die Stelle einer Begründung tritt hier also eine Erklärung der Erkenntnis auf hypothetischer Grundlage. Inzwischen hat Wolfgang Röd in seinem Buch „Dialektische Philosophie der Neuzeit. Erster Band: Von Kant bis Hegel", München 1974, S. 30ff., nachzuweisen versucht, daß man schon bei Kant Ansätze in dieser Richtung finden kann. Allerdings hat Kant offenbar durch seine Forderung nach *apodiktischem Beweis* der zur Erklärung benutzten Annahmen sich selbst eine konsequente Lösung dieser Art unmöglich gemacht. Er hielt am Wissenschaftsideal der klassischen Lehre fest. Seine idealistischen Kritiker haben gerade das von ihm übernommen.

[246] Zur „Transformation der Transzendentalphilosophie" im kritischen Realismus vgl. vor allem die Arbeiten Oswald Külpes, die unter dem Eindruck der nach dem ersten Weltkrieg hochgekommenen irrationalistischen Strömungen – zum Beispiel der Philosophie Martin Heideggers, der wir nach Apel die Überwindung des Idealismus verdanken – in Vergessenheit geraten sind; siehe dazu unten: Vom transzendentalen Denken zur Analyse der Erkenntnispraxis, S. 183–200.

solchen Auffassung der transzendentalen Fragestellung ist es offenbar möglich, die Ergebnisse der Realwissenschaften für die Klärung philosophischer Probleme zu verwerten[247]. Dabei werden allerdings nicht „Letztbegründungen" angestrebt, sondern Erklärungen auf der Grundlage hypothetisch angenommener realer Zusammenhänge. Das Erkenntnisproblem gehört dann selbst zu den Problemen, die sich auf strukturelle Züge der Wirklichkeit beziehen. Es geht nicht darum, ein „transzendentales Sprachspiel" zu konstituieren, von dem eine Wahrheitsgarantie für gewisse Einsichten erwartet werden kann, sondern die tatsächlichen Erkenntnisbemühungen realer Subjekte in ihren Grundzügen aufzuhellen.

Wenn man das „Objektivismus" nennen will, dann mag man das tun. Aber ein solches Unternehmen ist nicht den Schwierigkeiten ausgesetzt, die sich die Kritiker des „Objektivismus" dauernd selbst bereiten, indem sie Prinzipien aufstellen, die sie gezwungen sind, in ihren eigenen Analyse mit Füßen zu treten. Dieser kritische Realismus ist jedenfalls mit dem konsequenten Fallibilismus und dem methodischen Rationalismus vereinbart, die für die von Apel kritisierte Auffassung kennzeichnend sind.

Auch hinsichtlich der Wahrheitsproblematik ergeben sich daraus bestimmte Konsequenzen. Mit dem klassischen Rationalismus ist nämlich auch der Versuch gescheitert, Kriterien zu formulieren, mit deren Hilfe eine direkte Wahrheitsgarantie für gewisse Komponenten menschlicher Überzeugungen und eine indirekte Garantie dieser Art – unter Benutzung bestimmter Ableitungsverfahren – für andere ihrer Komponenten erreicht werden soll. Mit diesem Ergebnis glaubt sich Apel nicht abfinden zu können. Er bemüht sich mit großer Zähigkeit, die Lektion zu vergessen, die aus dem Scheitern der Evidenztheorien zu lernen ist, und durch Rekurs auf den Konsens einer Kommunikationsgemeinschaft ein neues Kriterium zu installieren. „Nur mit Bezug auf den Konsens einer solchen Gemeinschaft", so meint er, lasse sich „die Idee der wissenschaftlichen Wahrheit definieren"[248].

---

[247] Vgl. dazu meinen in Anm. 245 genannten Aufsatz.

[248] Vgl. Apel, Transformation der Philosophie, a.a.O., Band II, S. 271; vgl, auch seinen Aufsatz „Programmatische Bemerkungen zur Idee einer transzendentalen Sprach-Pragmatik", a.a.O., S. 15f., wo er eine Korrespondenz-Theorie der Wahrheit ohne Ergänzung durch eine Evidenz- und eine Konsens-Theorie als unzulänglich erklärt, weil er sich offenbar außerstande sieht, zwischen „Wahrheit" und „Erkenntnis" – also Feststellung der Wahrheit – zu unterscheiden. Ohne eine solche Unterscheidung wäre aber das Begründungsproblem nicht einmal formulierbar.

So unklar seine Äußerungen zu der damit angeschnittenen Problematik auch sein mögen, so lassen sie doch erkennen, daß er unter dem Eindruck pragmatistischer Ideen nicht imstande ist, die Frage des *Wahrheitsbegriffs* von der eines eventuellen *Wahrheitskriteriums* auch nur zu unterscheiden[249]. Daß der faktische Konsens einer realen Gemeinschaft ebensowenig wie die faktische Evidenz einer Person als Kriterium geeignet ist, scheint er im allgemeinen zuzugeben, wenn er auch dann im Einzelfall – wie wir gesehen haben – ohne Bedenken bereit ist, derartige Kriterien zu akzeptieren. Sobald es sich aber um einen auf lange Sicht erreichbaren Konsens einer idealen Gemeinschaft handelt, scheint ihm die Perversion nicht mehr zum Bewußtsein zu kommen, die darin liegt, den Wahrheits*begriff* durch Rekurs auf einen wie immer gearteten Konsens zu *definieren.* Sinnvoll wäre es bestenfalls, den anzustrebenden Konsens, damit er überhaupt in diesem Zusammenhang relevant ist, durch Rekurs auf die Idee der Wahrheit zu definieren, denn sonst dürfte nicht einmal klar sein, w*orüber* ein solcher Konsens angestrebt wird.

Ein „sinnkritischer" Realismus, der in dieser Weise den Sinn der Wahrheit mit ihrer Feststellbarkeit konfundiert, verfällt genau in den gleichen Fehler, den der zumindest in der Wissenchaftslehre heute überwundene Operationalismus im Hinblick auf theoretische Begriffe zur Maxime erheben wollte. Es ist nicht uninteressant, daß auch sonst die Apelsche Lehre, die sich anheischig macht, Gesichtspunkte der dialektisch-hermeneutischen Strömungen zu verwenden, um die Beschränkungen des analytischen Denkens aufzuweisen und zu überwinden, dabei in Irrtümer verstrickt, die in dieser Strömung im allgemeinen als überwunden gelten können. Wenn für die Wissenschaftslehre überhaupt ein Konsens in Betracht kommen würde, dann wäre es ein solcher, der unter normativen Gesichtspunkten akzeptabel erscheinen könnte. Und ein solcher Konsens könnte bestenfalls durch Kriterien definiert werden, nach denen die Methodologie zu suchen hätte. In Erkenntnisfragen den Konsens selbst als Kriterium anzubieten, heißt also nichts anderes, als das Pferd beim Schwanz aufzuzäumen[250].

---

249 Vgl. dazu meinen oben erwähnten Aufsatz „Erkenntnis, Sprache und Wirklichkeit".

250 Vgl. heute ALAN MUSGRAVE, Alltagswissen, Wissenschaft und Skeptizismus. Eine historische Einführung in die Erkenntnistheorie, Tübingen 1993, Kap.14: Die Wahrheit und die Wahrheitstheorien, S. 251–279.

Kriterienprobleme dieser Art werden aber in der modernen Wissenschaftslehre seit langem behandelt, zum Beispiel im Zusammenhang der Bewährungsproblematik. In bezug auf die hier zur Diskussion stehenden Vorschläge von „methodischem Solipsismus“ zu reden, wie man das in der Apelschen Analyse immer wieder findet, ist sinnlos, den jeder der Beteiligten weiß, daß von Kriterien die Rede ist, die im Rahmen des kooperativen Zusammenspiels der Wissenschaftler anzuwenden sind, und berücksichtigt diese Tatsache, soweit das nötig ist.

Allerdings ist es in dieser Disziplin nicht mehr üblich, von transzendentalen Subjekten zu reden, nicht nur, weil diese Redeweise obsolet geworden ist, sondern auch deshalb, weil die mit der Idee des transzendentalen Subjekts verbundene Vorstellungen über mögliche Wahrheitsgarantien als nicht mehr akzeptabel gelten. Auch in dieser Hinsicht bedeutet die Apelsche Konzeption einen erheblichen Rückschritt. Unser Autor fühlt sich genötigt, an die Stelle des transzendentalen Subjekts im Kantschen Sinne ein Kollektivsubjekt zu setzen, nämlich die ideale Kommunikationsgemeinschaft, die auf lange Sicht in der Lage ist, eine Wahrheitsgarantie zu übernehmen[251]. Aber mit dieser Sozialisierung des Subjekts ist nichts gewonnen.

Seine *„cartesische Radikalisierung der transzendentalen Fragestellung“*, die zu dieser Neuerung führt, hat mit der Descartesschen Konzeption mehr gemeinsam, als aus seinen Formulierungen selbst hervorgeht[252]. Schon Koyré hat in seinen Untersuchungen über das Verhältnis der cartesischen Philosophie zur Scholastik darauf hingewiesen, daß Descartes ähnlich wie schon vorher Augustin in Gott letzten Endes die Bürgschaft aller erkannten Wahrheit erblickt habe[253]. In seiner Auffassung „sind Selbsterkenntnis und Gotteserkenntnis untrenn-

---

[251] Vgl. dazu Apel, Die erkenntnisanthropologische Funktion der Kommunikationsgemeinschaft und die Grundlagen der Hermeneutik, a.a.O., S. 164: „Damit tritt die ‚unbegrenzte Kommunikationsgemeinschaft‘ als Garant der objektiven und intersubjektiven Gültigkeit der Erkenntnis an die Stelle des transzendentalen Bewußtseins in der traditionallen Erkenntniskritik Kants“; ähnlich an anderen Stellen seiner Arbeiten. Er beruft sich dabei öfter auf Peirce, aber ich nehme an, daß er diesen Philosophen nicht als Autorität behandeln will.

[252] Abgesehen vielleicht von einem Passus in der Anm. 50 auf S. 394 des zweiten Bandes seines Buches: „Mit dem zumindest methodischen Atheismus der modernen Philosophie mußte daher der ‚methodische Solipsismus‘ der Klassiker neuzeitlicher Philosophie in eine Krise geraten: ‚Einer allein‘ kann nicht ‚einer Regel folgen‘ (Wittgenstein), also ‚denken‘; entweder Gott oder das ‚transzendentale Sprachspiel‘ muß dabei stillschweigend vorausgesetzt werden“.

[253] Alexander Koyré, Descartes und die Scholastik, Bonn 1893, S. 63.

bar verbunden", so daß „allein unser Wissen um Gott und seine Existenz ... letztlich all unser Wissen, selbst das vom Cogito" rechtfertigt und verbürgt[254].

Apel, der sich von der Idee einer Wahrheitsgarantie, wie sie für den klassischen Rationalismus charakteristisch war, nicht befreien kann, setzt sein transzendentales Kollektivsubjekt, die unbegrenzte, ideale Kommunikationsgemeinschaft, an die Stelle des cartesischen Gottes. Aber sein hermeneutischer Gott kann die ihm zugemutete Funktion ebensowenig erfüllen wie der Gott des Descartes. Auch er kann de facto die Unbezweifelbarkeit und damit gleichzeitig die Wahrheit bestimmter Teile unserer Überzeugungen nicht sicherstellen.

Die transzendentale „Methode" der Reflexion, mit deren Hilfe unser Autor versucht hat, seinen hermeneutischen Gott zu installieren, ist keine Methode im üblichen Sinne, sondern nur ein Mittel, seine Träumereien in eine Form zu bringen, in der sie rationaler Argumentation genügend ähnlich sehen, um von vielen geglaubt zu werden, von denen nämlich, die sich mit der Idee einer Erkenntnis ohne sicheres Fundament noch nicht abfinden können. Seine „Transformation der Philosophie" besteht in nicht anderem als in transzendentalen Träumereien.

---

[254] Vgl. dazu DESCARTES, Meditationen über die Grundlagen der Philosophie, a.a.O., S. 129: „Und so sehe ich ganz klar, daß die Gewißheit und die Wahrheit jeder Wissenschaft einzig von der Erkenntnis des wahren Gottes abhängt, so sehr, daß ich, bevor ich ihn nicht erkannte, nichts über eine andere Sache vollkommen wissen konnte"; und vorher – S. 107 –: „denn alles, was ich einsehe, das sehe ich, da ich meine Einsicht von Gott habe, ohne Zweifel richtig ein, und hierin kann ich mich unmöglich täuschen".

Münchhausen oder der Zauber der Reflexion

Die Ansprüche der Transzendentalpragmatik im Lichte des konsequenten Fallibilismus

I. Letztbegründung durch transzendentale Reflexion: Ein Versuch, den klassischen Rationalismus wiederzubeleben

Die Idee, daß man sich darum bemühen soll, alle Erkenntnis auf eine sichere Grundlage zurückzuführen und sie dadurch gegen jeden möglichen Zweifel zu schützen, – der Grundgedanke des klassischen Rationalismus – ist seit der Antike immer wieder gegen Kritiker verteidigt worden. Schon die antike Skepsis und dann wieder der an sie anknüpfende Skeptizismus der Reformationszeit hatte Einwände gegen sie erhoben, die ihre Verfechter in große Schwierigkeiten brachten. Descartes, der eine Neuformulierung des klassischen Gedankens unter Berücksichtigung skeptischer Einwände versucht hatte, sah sich der Kritik Gassendis und Mersennes ausgesetzt, der er sich nicht gewachsen zeigte[1].

Die Humesche Kritik war bekanntlich für Kant ein wichtiger Anstoß zur Ausarbeitung seines Kritizismus, der den Versuch enthielt, mit Hilfe eines transzendentalen Verfahrens ein sicheres Fundament nachzuweisen, von dem jede Erkenntnisbemühung ausgehen könne. Aber auch dieses Fundament hat sich in der Folgezeit als problematisch erwiesen. Dennoch hat es auch in diesem Jahrhundert nicht an Versuchen gefehlt, einen archimedischen Punkt der Erkenntnis zu entdecken[2].

Im Gegensatz dazu hat Karl Popper eine Auffassung formuliert, den kritischen Rationalismus, in der die Suche nach einem sicheren Fundament zurückgewiesen und dennoch – im Gegensatz zu manchen For-

---

[1] Vgl. dazu Richard Popkin, The History of Scepticism from Erasmus to Spinoza, Berkeley 1979, S. 193ff., S. 200ff. und S. 303ff.

[2] Man denke zum Beispiel an die Bemühungen Edmund Husserls oder Hugo Dinglers, an die viele moderne Denker in ihrer Arbeit anknüpfen.

men des Skeptizismus – die Möglichkeit einer, wenn auch stets fehlbaren, Erkenntnis behauptet wird[3]. Diese Auffassung ist von vielen Seiten attackiert worden, zum Teil unter radikal skeptizistischen und relativistischen Vorzeichen, aber der in ihr enthaltene konsequente Fallibilismus scheint heute auch von manchen ihrer Kritiker akzeptiert zu werden. Zu denjenigen Kritikern, die gerade diesen Bestandteil des kritischen Rationalismus aufs Korn nehmen, gehört Karl-Otto Apel, dessen Transzendentalpragmatik von einer Reformulierung der Kantschen Frage nach den Bedingungen der Möglichkeit der Erkenntnis unter Berücksichtigung moderner sprachphilosophischer Einsichten ausgeht[4].

Ich habe die Lösungen, die Apel für seine Probleme anbietet, schon einmal analysiert und sie einer scharfen Kritik unterzogen[5]. Dabei habe ich zu zeigen versucht, daß die Apelsche transzendentale Hermeneutik einen Rückfall in den klassischen Rationalismus involviert und daher Einwänden ausgesetzt ist, wie sie im Rahmen des kritischen Rationalismus gegen den Kerngedanken dieser Auffassung formuliert wurden. Es handelt sich um Einwände der Art, wie sie im Laufe der langen Geschichte des Rationalismus von skeptischer Seite immer wieder vorgebracht worden sind, ohne daß sie im Grunde genommen entkräftet werden konnten.

Soweit ich sehe, hat Apel diesen Einwänden bisher nicht hinreichend Rechnung getragen. Auch andere Vertreter der Transzendentalpragmatik Apelscher Prägung haben das meines Wissens nicht getan. Neuere Äußerungen aus diesen Richtung deuten vielmehr darauf hin, daß die Verfechter dieser Konzeption sich teilweise mißverstanden fühlen und daß sie jedenfalls nicht den Eindruck gewonnen haben, die von mir vorgebrachte Kritik sei zutreffend. Bei ihrer Lektüre wird dem Leser das Gefühl vermittelt, man müsse diese Lehre nur richtig verstanden haben, um sie zu akzeptieren[6].

---

[3] Vgl. dazu KARL POPPER, Die beiden Grundprobleme der Erkenntnistheorie, 2. Auflage, Tübingen 1994, und DERSELBE, Conjectures and Refutations. The Growth of Scientific Knowledge, London 1963, 5. Auflage 1974.

[4] Vgl. dazu KARL-OTTO APEL, Das Problem der philosophischen Letztbegründung im Lichte einer transzendentalen Sprachpragmatik, a.a.O.

[5] Vgl. dazu meine Schrift: Transzendentale Träumereien, in diesem Band, S. 17–128, sowie meinen Aufsatz: Hermeneutik und Realwissenschaft, a.a.O.

[6] Vgl. dazu WOLFGANG KUHLMANN, Ethik der Kommunikation, in Apel/Böhler/Berlich/Plumpe (Hg.), Praktische Philosophie/Ethik.Aktuelle Materialien. Reader zum Funk-Kolleg, Band 1, Frankfurt am Main 1980, S. 292–308, Anm. S. 474–476;

Das ist aber meines Erachtens keineswegs der Fall. Die „reflexive Letztbegründung", die da praktiziert wird, scheint mir nur gewisse Illusionen zu offenbaren, denen sich die Verfechter der Transzendentalpragmatik hingeben, Illusionen, die sie durch die Bestimmung der von ihnen bevorzugten „strikt reflexiven Einstellung" kritikimmun zu machen suchen. Natürlich bin ich weit davon entfernt, ihnen eine bewußte Absicht dieser Art zuschreiben zu wollen. Möglicherweise ist es eher die bekannte „List der Vernunft", die hier ihr Spiel treibt. Wie dem auch sei, ich werde mich nun zunächst der transzendentalpragmatischen Kritik an den Auffassungen des kritischen Rationalismuss zuwenden, um dann die konstruktive Seite des reflexiven Letztbegründungsunternehmens zu würdigen.

II. Einwände gegen den kritischen Rationalismus: Die transzendentalpragmatische Kritik

In seiner Kritik am kritischen Rationalismus hat Karl-Otto Apel seinerzeit den Vorwurf des „Szientismus" gegen diese Auffassung formuliert, den man als eine neue Version des früher von Habermas geäußerten Positivismus-Verdachts ansehen darf. Diese Position wird dabei einer Einschränkung der Vernunft auf technologische Rationalität geziehen. Mit den wirklichen Auffassungen des Kritizismus hat dieser Einwand wenig zu tun. Ich hoffe, daß ich diesem Mißverständnis hinreichend geklärt habe, und erspare mir daher ein erneutes Eingehen auf diesen Punkt.

Die Apelsche Analyse des Problems der Letztbegründung ist darauf gerichtet, den konsequenten Fallibilismus zu widerlegen, der mit der Idee der Letztbegründung nicht vereinbar ist. Seine „metakritische Überprüfung" des kritischen Rationalismus soll unter anderem zeigen, daß das Prinzip der Begründung nicht durch das der Kritik ersetzt werden kann, sondern von ihm vorausgesetzt wird. Auf einigen Umwegen kommt Apel dann zu dem Resultat, daß der Fallibilismus zwar eine ge-

---

Derselbe, Ist eine philosophische Letztbegründung moralischer Normen nötig? und: Ist eine philosophische Letztbegründung moralischer Normen möglich? in: Funk-Kolleg Praktische Philosophie/Ethik, Studienbegleitbrief 8, herausgegeben vom Deutschen Institut für Fernstudien an der Universität Tübingen, Weinheim/Basel 1981, S. 11–71; sowie Derselbe, Reflexive Letztbegründung. Zur These von der Unhintergehbarkeit der Argumentationssituation, Zeitschrift für philosophische Forschung, Band 35, 1981, S. 3–26.

wisse Berechtigung habe, aber nicht auf das „transzendentale Sprachspiel“ ausgedehnt werden könne, in dem es unter anderem auch um die Bedingungen der Möglichkeit allgemeingültiger Kritik gehe. Ein wesentlicher Punkt seiner Kritik besteht darin, daß die Selbstanwendung des Fehlbarkeits-Prinzips zu einer Paradoxie führe, die der Lügner-Paradoxie entspreche. Dieser Einwand ist aber, wie ich gezeigt habe, buchstäblich aus der Luft gegriffen[7].

Positiv sucht er dann nachzuweisen. daß sich mit Hilfe seiner transzendentalpragmatischen Reflexion bestimmte nicht-kritisierbare Bedingungen der Möglichkeit von Kritik aufdecken lassen, zu denen zum Beispiel einige Regeln der Logik gehören[8]. Ich habe meiner Kritik an seiner „Metakritik“ an sich nichts hinzuzufügen. Aber die Unterstützung, die Wolfgang Kuhlmann diesem Unternehmen nun zukommen läßt, veranlaßt mich, zunächst einmal auf seine Kritik einzugehen und dann die Resultate seiner eigenen „strikt reflexiven“ Bemühungen zu untersuchen.

In meinem „Traktat über kritische Vernunft“ komme ich nach einer Analyse der Grundgedanken des klassischen Rationalismus zu der Feststellung, die Entwicklung dieser Lehre habe Klarheit darüber gebracht, daß sich Gewißheitsstreben und Wahrheitssuche letzten Endes ausschließen. Diese Feststellung ist nach Kuhlmanns Ansicht „ganz sicher eine große Übertreibung“, denn zum „Begriff der Suche“ gehöre, so meint er, „notwendig der Begriff der Gewißheit“[9]. Um das nachzuweisen, schildert er dann den Vorgang der Wahrheitssuche so, daß der Begriff der Gewißheit dabei eine wesentliche Rolle spielt. Wer sich auf Argumentieren oder auf wissenschaftliche Forschung überhaupt einlasse, der habe sich, so glaubt er zeigen zu können, schon auf das Streben nach Gewißheit eingelassen.

Nun bin ich mir zwar klar darüber, daß Kuhlmann in der Lage ist, den von ihm benötigten Begriff der Suche in geeigneter Weise zu definieren. Aber ich bin kein Vertreter des Essentialismus und daher in der Lage, die hier vorgeführte Begriffs-Koppelung zu durchschauen. Mit-

---

[7] Apel hat ihn nichtsdestoweniger im Laufe einer Diskussion mit mir im Rahmen des Funkkollegs wiederholt. Er hat sich vermutlich darauf verlassen, daß dieser Einwand inzwischen durch Kuhlmann mit Substanz versehen worden ist. Die Betrachtung der Kuhlmannschen Beweisführung wird aber zeigen, daß das keineswegs der Fall ist.

[8] Vgl. dazu nun William Warren Bartley, On the Criticizability of Logic – A Reply to A. A. Derksen, Philosophy of the Social Sciences, 10, 1980, S. 67–77.

[9] Kuhlmann, Studienbegleitbrief 8 (von nun an abgekürzt: SB 8), a.a.O., S. 22ff.

hin bin ich weder auf den Kuhlmannschen Begriff der Suche angewiesen, zu dem der der Gewißheit notwendig gehört, noch auf eine Charakterisierung von Argumentation und Forschung, die auf einen solchen Begriff zurückgreift. Nach kritizistischer Auffassung haben wir es in jedem Problemlösungsverhalten mit Hypothesen zu tun, und zwar sowohl in der Ausgangssituation als auch in der Zwischenphase und in der Endsituation, wenn ich einmal die Einteilung unseres Autors übernehmen darf. Man sucht etwa nach einer Erklärung für ein Phänomen, das man festgestellt zu haben glaubt, und findet schließlich eine Lösung des Problems mit Hilfe einer Theorie, die eine brauchbare Erklärung ermöglicht. Dabei bedarf es aber weder der Gewißheit, daß die betreffende Erklärung zutrifft, noch der, daß die Theorie wahr ist, und man braucht beides schon gar nicht für unbezweifelbar zu halten.

Sollte man aber die subjektive Gewißheit besitzen, daß man in diesem Falle die Wahrheit gefunden hat, so ist es dennoch nicht nötig anzunehmen, daß eine solche Gewißheit die Wahrheit auch verbürgt. Der entscheidende Punkt meiner Argumentation ist aber der, daß es keine Wahrheitsgarantie gibt und daß auch ein noch so großer Grad der Gewißheit keine solche Garantie liefern kann. Wer sich für eine Problemlösung entscheidet, der glaubt wohl im allgemeinen, daß sie besser ist als andere Lösungen, die er kennt. Daß er aber dabei Gewißheit benötigt oder gar eine Gewißheit im Sinne der Unbezweifelbarkeit, die noch dazu eine Wahrheitsgarantie involviert, ist eine These, die mir – gerade auch angesichts des heutigen Standes der wissenschaftstheoretischen Diskussion – völlig unplausibel erscheint. Auch bei Falsifikation einer Hypothese wird keineswegs Gewißheit darüber erreicht, daß sie falsch ist.

Nun meint aber Kuhlmann, wenigstens im Bereich der Maßstäbe für die Forschung müsse eine solche Gewißheit eine Rolle spielen. Zumindest „letzte Maßstäbe“ könnten nicht scheitern, da sie ja erst festlegten, „was hier überhaupt Scheitern heißt“. Das mag plausibel klingen, ist aber keineswegs richtig. Über solche Maßstäbe wird gerade in der Wissenschaftslehre häufig diskutiert, und es sind Argumente möglich, die veranlassen können, daß auch solche Maßstäbe aufgegeben werden. So kann der Descartessche Versuch, mit Hilfe der Begriffe der Klarheit und der Deutlichkeit ein Wahrheitskriterium zu etablieren, als gescheitert betrachtet werden. Und die meisten Erkenntnistheoretiker dürften heute auch die Rolle der Evidenz anders einschätzen als etwa Husserl, Apel oder Kuhlmann.

Die Forschungstätigkeit verlangt zwar Maßstäbe, aber sie verlangt keineswegs Gewißheit oder gar Unbezweifelbarkeit im Hinblick auf sie. Wenn Kuhlmann sagt, daß schon die Rede von der in Kauf zu nehmenden permanenten Ungewißheit der Forschung „absolute Gewißheit hinsichtlich einiger letzter Maßstäbe" voraussetze, so muß auch das bestritten werden. Was hier allenfalls „vorausgesetzt" wird, ist der Begriff der Gewißheit. Aber ich brauche natürlich keineswegs zu bestreiten, daß es Leute geben man, die ohne absolute Gewißheiten nicht auskommen können, etwa Verfechter der Transzendentalpragmatik oder ähnlicher Ansätze, Leute, die von der Unbezweifelbarkeit bestimmter Thesen oder Tatbestände überzeugt sind und darin eine Wahrheitsgarantie sehen. Aber ich kann mich ihrer Auffassung leider nicht anschließen.

Das Kuhlmannsche Fazit, es gebe einen Bereich, der von den Vorschlägen des kritischen Rationalismus „überhaupt nicht sinnvoll betroffen werden kann", nämlich den „Bereich der letzten Maßstäbe" und der „fundamentalen moralischen Normen", beruht also auf einer unzureichenden Analyse. Schon Max Weber hat seinerzeit „letzte Wertmaßstäbe" von der Kritik ausnehmen wollen, aber er hat sich wenigstens keiner Illusion über eine etwa damit verbundenen Wahrheitsgarantie hingegeben[10].

Im Zusammenhang mit einer Untersuchung des Münchhausen-Trilemmas stellt Kuhlmann die Frage, ob „jeder Versuch der Letztbegründung notwendig in das Münchhausen-Trilemma führen muß oder ob dieses vielleicht von bestimmten vermeidbaren Voraussetzungen abhängt"[11]. Als wichtigste Voraussetzungen meiner Konstruktion sieht er dabei die folgenden an: (1) „Zu etwas Sicherem – insbesondere zu sicher geltenden Aussagen – können wir, wenn überhaupt, dann nur durch Begründung kommen". (2) „Begründung ist nur durch Rekurs auf (insbesondere:logische Folgerung, Ableitung aus) einen Jenseits des zu Begründenden liegenden Grund möglich". Und (3) „Man kann für alles eine Begründung verlangen, also auch für die jeweiligen Gründe selbst".

Mache ich tatsächlich diesen Voraussetzungen oder müßte ich sie eigentlich machen? Es liegt mir fern anzunehmen, daß man *nur* durch Begründung zu etwas Sicherem gelangen könne. Ich weise sogar in mei-

[10] Für eine Kritik auch der Weberschen Auffassung vgl. meinen: Traktat über kritische Vernunft, a.a.O., S. 68ff., zum Problem sogenannter „letzter Voraussetzungen", a.a.O., S. 34, S. 69ff., S. 76 und S. 207.

[11] Vgl. Kuhlmann, Reflexive Letztbegründung, a.a.O., S. 5f., siehe auch LB 8, S. 47f.

nem Buch auf eine Vielfalt von Immunisierungsverfahren hin, die geeignet sind, diesen Zweck zu erreichen. Nur hat eben der klassische Rationalismus vor allem Begründungsverfahren benutzt, um bestimmte Aussagen in ihrer Wahrheit zu sichern.

Auch die Voraussetzung, Begründung sei *nur* durch einen Rekurs auf einen jenseits des zu Begründenden liegenden Grund möglich, brauche ich keineswegs zu machen. Der klassische Rationalismus hat in der Tat mit solchen Verfahren operiert. Aber ich habe ausdrücklich darauf hingewiesen, daß er dazu gezwungen war, letzten Endes auf irgendwelche Erkenntnisse zurückzugehen, von denen er annahm, daß sie *in sich* eine Garantie der Wahrheit enthalten. Am Ende der Ableitung stand stets eine unmittelbare Gewißheit, die als eine solche Garantie verstanden wurde.

Allerdings gehe ich davon aus, daß man für *alles* eine Begründung verlangen könnte und daß daher der Abschluß eines Begründungsverfahrens unter diesem Gesichtspunkt unbefriedigend ist. Man endet bei Einsichten irgendwelcher Art, die man als unbezweifelbar deklariert, um ihre Wahrheit absolut zu sichern.

Unser Autor vertritt nun die Ansicht, es sei unmittelbar einleuchtend, daß unter den von ihm herausgestellten Voraussetzungen das Problem der Letztbegründung unlösbar sei, und zwar wegen eines in die Problemstellung eingebauten Widerspruches. Denn einerseits habe ich mit Unterschieden hinsichtlich der Gewißheit von Aussagen gerechnet, andererseits aber diese Unterschiede in der dritten Voraussetzung als für das Problem unerheblich behandelt.

Wo liegt da ein Widerspruch? Für meine Lösung des Problems reicht es aus, daß kein Gewißheitsgrad die Wahrheit der betreffenden Aussage verbürgt, so daß eine Letztbegründung nicht erreichbar ist. Bekanntlich wurde Evidenz schon für die verschiedensten einander widersprechenden Aussagen in Anspruch genommen. Ich habe also Argumente dafür, daß die klassische Lösung illusionär ist. Dazu brauche ich keineswegs vom Vorhandensein sogenannter Evidenzen zu abstrahieren.

Wie dem auch sei, Kuhlmann beantwortet jedenfalls seine Frage, ob jeder Versuch der Letztbegründung in das erwähnte Trilemma führen müsse, mit der Behauptung, das hänge davon ab, ob ein „Beweis“ für die oben angeführte dritte Voraussetzung gegeben werden könne. Ein solcher Beweis liefe aber, wie er sagt, paradoxerweise auf „so etwas wie eine Letztbegründung des kritischen Rationalismus“ hinaus.

Was ist dazu zu sagen? Erstens würde es ausreichen, daß die betreffende Voraussetzung zutrifft. Zweitens betrachte ich meine Argumentation an Hand des Münchhausen-Trilemmas, wie ich schon öfters festgestellt habe, natürlich weder als einen Beweis noch als eine Widerlegung im klassischen Sinne, und es wäre daher unsinnig, für eine der unterstellten Voraussetzungen einen Beweis dieser Art zu verlangen. Ich habe nicht die Absicht, mir ohne Not widerspruchsvolle Forderungen irgendwelcher Art andemonstrieren zu lassen. Drittens habe ich für meine Lösung des Letztbegründungsproblems dennoch argumentiert, aber im Bewußtsein der Grenzen einer solchen Argumentation. Und viertens benötige ich die dritte Voraussetzung für meine Zwecke nicht einmal. Es genügt, daß man die Dogmen, in die ein Letztbegründungsverfahren jeweils einmünden muß, sinnvoll bezweifeln, daß man an ihrer Unrevidierbarkeit zweifeln kann. Dazu genügt es, wenn gezeigt werden kann, daß Ansprüche dieser Art immer wieder gescheitert sind.

Der klassische Rationalismus steht hier allerdings vor der Frage, warum man hier nicht auch nach einer Begründung fragen könnte, ganz abgesehen von der Problematik der Evidenz für sein Begründungsprinzip selbst. Und er pflegt ja im allgemeinen mit Argumenten darauf zu antworten, unter Umständen sogar mit mehr oder weniger ausgearbeiteten Theorien über Evidenz, unmittelbare Erkenntnis und ähnliche Dinge, ohne zu sehen, daß er sich damit schon selbst in die Regreßproblematik hineinmanövriert. Wir werden sehen, wie die Verfechter der Transzendentalpragmatik sich bemühen, diese Situation durch Einnahme einer „strikt reflexiven Einstellung" zu vermeiden, allerdings ohne Erfolg.

Auch die Behauptung Kuhlmanns, die dritte Voraussetzung sei eigentlich eine als Voraussetzung kaschierte negative Lösung des Problems, scheint mir unzutreffend zu sein, und zwar deshalb, weil es nicht schon aus logischen Gründen geboten ist, den unendlichen Regreß abzulehnen. Die praktische Undurchführbarkeit, die ich behaupte, folgt keineswegs aus dieser Voraussetzung. Pascal, der die „wahre Methode" der Erkenntnis, „welche die Beweise in höchster Vollendung führen würde", ganz im Einklang mit dem in der dritten Voraussetzung zum Ausdruck kommenden Prinzip der zureichenden Begründung formuliert hat, hat in diesem Zusammenhang darauf hingewiesen, „daß die Menschen in einer natürlichen und unabänderlichen Schwäche sind", irgendeine Wissenschaft so zu betreiben[12]. Wie immer man zu dieser These Stellung nehmen darf, die offensichtlich einen Bezug zum Problem der Endlichkeit enthält, in unserem Zusammenhang genügt es,

---

[12] Vgl. dazu BLAISE PASCAL, Vom Geiste der Geometrie, (1658), Darmstadt 1948, S. 19ff.

daß ich auch auf die Situation eingehe, die bei Aufgabe der dritten Voraussetzung entsteht. Es ist also nicht ausreichend, diese Voraussetzung zurückzuweisen.

Außer dem angeblich in die Problemstellung, die zu dem erwähnten Trilemma führt, eingebauten Widerspruch hat aber Kuhlmann noch zwei andere Widersprüche in der These des konsequenten Fallibilismus entdeckt. Durch den Nachweis dieser Widersprüche möchte er die transzendentalpragmatische These stützen, daß der Fallibilismus zwar für die empirischen Wissenschaften gelte, aber bei Anwendung auf philosophische Bemühungen um die Bedingungen der Möglichkeit der Erkenntnis und Argumentation in Widersprüche führe, die ihn für diesen Bereich entwerteten[13].

Für den Nachweis des ersten dieser beiden Widersprüche geht er davon aus, daß der Hauptgedanke des Fallibilismus in der Aufforderung besteht, „riskante, gehaltvolle, falsifizierbare und kritisierbare Aussagen aufzustellen und diese dann hart zu testen“[14], so daß Immunisierung gegen jede mögliche Kritik oder Widerlegung die Todsünde sei. Gerade dieser Todsünde mache sich aber der konsequente Fallibilist schuldig. Das will er auf folgende Weise deutlich machen. Wer behaupte, daß jede Überzeugung fallibel sei bzw. daß keine Überzeugung sicher gelte, und das demnach auch für diese These selbst behaupte, der nehme ihr den Wahrheitsanspruch, den man zunächst von ihr erwarte. Es werde de facto dann nur noch behauptet, es sei nicht wirklich sicher, ob nichts wirklich gelte. Jeder Versuch, diese These zu falsifizieren, etwa durch den Nachweis, daß nicht jede Überzeugung unsicher sei – einen Nachweis, den der Autor ja tatsächlich zu erbringen bereit ist –, müsse aber scheitern, weil der Fallibilist immer zeigen könne, es sei kein wirkliches Gegenbeispiel gebracht worden.

Die kuriose Art, in der Kuhlmann hier mit der Fehlbarkeitsthese umgeht, hat aber mit dem Sinn dieser These wenig zu tun. Der konsequente Fallibilismus behauptet, daß der Mensch in allen seinen Versuchen, irgendwelche Probleme zu lösen, fehlbar ist, so daß ihm dabei Irrtümer unterlaufen können. Daher kann auch die Wahrheit keiner Aussage ab-

---

13 Vgl. KUHLMANN, SB 8, S. 49f.

14 Das ist zwar nicht der Hauptgedanke des Fallibilismus, aber immerhin eine, wenn auch etwas ungenaue Formulierung des methodischen Gedankens, der ebenso wie die These der Fehlbarkeit mit dem kritischen Rationalismus verbunden ist. Ungenau ist sie schon deshalb, weil sie die für wissenschaftliche Theorien postulierte Falsifizierbarkeit als allgemein gefordert hinstellt, wie das allerdings auch sonst oft geschieht.

solut sichergestellt werden, nicht einmal die Wahrheit dieser Aussage selbst. Der kritische Rationalismus zieht daraus die Konsequenz, daß jede Aussage prinzipiell als Hypothese zu behandeln ist, also als stets kritisierbare und revidierbare Behauptung. Daraus ergibt sich unter anderem die Forderung, Gegenbespiele ernst zu nehmen. Wenn also Kuhlmann in der Lage wäre nachzuweisen, daß es Überzeugungen gibt, die unanzweifelbar sind im Sinne einer Wahrheitsgarantie, dann wäre das ein Grund, den konsequenten Fallibilismus zu revidieren[15].

Der Versuch unseres Autors, dem Leser eine Vorstellung davon zu verschaffen, wie der Fallibilist reagieren würde, hat nicht nur mit den Anschauungen des kritischen Rationalismus nichts zu tun und zeugt von einem geringen Verständnis der Auffassung, die er hier kritisieren möchte. Das von ihm benutzte Verfahren ließe sich darüber hinaus ganz analog auf die Behandlung von Hypothesen in den Wissenschaften anwenden, für die Apel und Kuhlmann selbst ja den Fallibilismus anerkannt haben. Hier müßte man etwa die Newtonschen Gesetze in der Kuhlmannschen Weise mit dem Zusatz „Es ist nicht wirklich sicher, daß ...“ versehen können, um ihren Hypothesenstatus zu kennzeichnen, und dann mit vorgebrachten Gegenbeispielen so verfahren, wie unser Autor das dem konsequenten Fallibilisten unterstellt. Damit wäre dann der Nachweis erbracht, daß *jede* Hypothese immun sei, nicht nur das Prinzip des konsequenten Fallibilismus. Der Verfasser hat offenbar übersehen, daß sein Verfahren sinnvollerweise nicht auf dieses Prinzip eingeschränkt werden kann, da die betreffende Klausel nur den Hypothesenstatus expliziert.

Man sieht also, daß hier von einem Widerspruch in den Auffassungen des kritischen Rationalismus keine Rede sein kann, und schon gar nicht von einem Widerspruch innerhalb des Fallibilismus. Aber der Transzendentalpragmatiker gerät hier selbst in Verlegenheit, weil er sich bereit erklärt hat, das Prinzip der Fehlbarkeit für die Wissenschaften zu konzedieren.

Der zweite Widerspruch besteht nach Kuhlmann darin, daß der konsequente Fallibilist zwar etwas zu sagen, also gehaltvolle Aussagen zu machen, behaupte, aber seine These de facto gehaltlos sei[16]. Der Ver-

---

[15] Vgl. dazu und zum Folgenden auch: Die angebliche Paradoxie des konsequenten Fallibilismus und die Ansprüche der Transzendentalpragmatik, S. 166–175 unten.

[16] Die Konstruktion, die der Verfasser anbietet, um dem Leser das plausibel zu machen, scheint er für so gelungen zu halten, daß er sie an drei Stellen in etwas ver-

such, diesen Widerspruch nachzuweisen, beruht ausschließlich darauf, daß der Verfasser sich nicht in der Lage sieht, die semantische Dimension von der pragmatischen zu unterscheiden, und offenbar dem Verfechter des konsequenten Fallibilismus dieselbe Inkompetenz zumuten möchte. Es ist nämlich unsinnig, den Wahrheitsanspruch einer Hypothese – und damit auch den des Fehlbarkeitsprinzips bei einmaliger oder mehrmaliger Selbstanwendung –, wie er das tut, durch irgendwelche Plausibilitätsansprüche oder Gewißheitsgrade zu ersetzen und dann die Konsequenz zu ziehen, es sei nichts behauptet worden, oder gar die noch merkwürdigere Konsequenz, es sei unmöglich, die für den konsequenten Fallibilismus charakteristische These „überhaupt auszudrükken oder auch nur zu denken“[17]. Offensichtlich müßte dann wohl auch die transzendentalpragmatische Negation dieser These nicht ausdrückbar oder gar nicht denkbar sein. Ich bin mir nicht klar darüber, woher Kuhlmann die Vorstellung bezieht, der kritische Rationalismus habe deshalb, weil er Wahrheits*garantien* leugnet, jeden Geltungsanspruch aufgegeben.

Gerade für Vertreter der Hermeneutik scheint es besonders schwer zu sein, ein richtiges Verständnis der für unsere Auffassung charakteristischen Idee eines konjekturalen Wahrheitsanspruches zu erlangen, so daß Karikaturen wie die Kuhlmannsche Rekonstruktion des Fallibilismus keine Chance mehr haben, ernst genommen zu werden.

Wenn Kuhlmann im Zusammenhang mit dem angeblichen zweiten Widerspruch von einer Paradoxie spricht[18], dann deutet das wohl darauf hin, daß er die oben angeführte Apelsche Paradoxie-These, deren Haltlosigkeit ich gezeigt hatte, mit Substanz versehen wollte. Aber dieser Versuch ist, wie wir gesehen haben, gescheitert. Die Kritik am kritischen Rationalismus, die der Autor im Anschluß an die Apelschen Bemühungen in Angriff genommen hatte, ist offensichtlich nicht gelungen. Wenden wir uns nun dem positiven Teil des Kuhlmannschen Unternehmens zu, um zu erfahren, ob sich hier neue Gesichtspunkte für unsere alte Kontroverse ergeben.

---

schiedener Formulierung mit Nachdruck vorbringt: außer im SB 8, S. 50, in: Ethik der Kommunikation, a.a.O., als Anm. 9, S. 475, und in: Reflexive Letztbegründung, als Anm. 7, S. 8.

[17] So KUHLMANN in: Ethik der Kommunikation, a.a.O., S. 475, Anm. 9.

[18] Vgl. SB 8, S. 50 unten, sowie: Ethik der Kommunikation, a.a.O., S. 296 unten.

III. Begründung durch Rekurs auf implizites Wissen: Die Vorteile der streng reflexiven Einstellung

„An den Grundgedanken der transzendentalpragmatischen Letztbegründung“, so meint unser Autor, „und zugleich an das, was als Basis dieser Letztbegründung dienen kann“, komme man „am einfachsten und schnellsten heran“, wenn man von der Frage ausgehe: *„Läßt sich jede Aussage sinnvoll bestreiten?“*[19]. Damit will er gleichzeitig die dritte der von ihm formulierten Voraussetzungen für die Entstehung des Münchhausen-Trilemmas in Frage stellen, die nämlich, daß man für alles eine Begründung verlangen könne. An anderer Stelle bietet er für die von ihm aufgeworfene Frage eine etwas andere Formulierung an: „Gibt es Evidenzen, die über jeden Zweifel erhaben sind und die wir auch jetzt schon als solche identifizieren können?“[20].

Er gibt zunächst zu, daß bloße Evidenz noch keine Wahrheitsgarantie involviert, und möchte auch nicht bestreiten, daß es „genügend Beispiele“ dafür gibt, „daß sich Subjekte ihrer Sache sicher glaubten, dennoch aber irrten“. Eine „beliebige Erkenntnisevidenz“, so räumt er ein, die „bisher faktisch allen bestimmten realen Zweifeln standgehalten“ habe, könne „darum noch nicht allein als sicher gegenüber allen möglichen – inhaltlich noch gar nicht antizipierbaren – Zweifeln gelten“. Das aber müsse für das Problem der Letztbegründung gefordert werden.

Damit berührt der Autor eine wichtige Unterscheidung, nämlich die zwischen faktischer Gewißheit und Unbezweifelbarkeit. Selbst wenn ein Subjekt mit einer vermeintlichen Einsicht irgendwelcher Art subjektiv absolute Gewißheit verbinden sollte, so ist damit noch keine Gewähr dafür verbunden, daß es keine Situation geben kann, in der diese Gewißheit ernsthaften Zweifeln Platz macht. Wir werden sehen, daß dieser Unterschied von den Verfechtern der Transzendentalpragmatik immer wieder vernachlässigt wird, obwohl Kuhlmann an dieser Stelle zeigt, daß er in der Lage ist, ihn zu sehen. Aber genau genommen ist das Zugeständnis, das er in diesem Zusammenhang macht, nicht einmal ausreichend, denn auch der Ausschluß jedes faktisch möglichen Zweifels würde noch nicht die Wahrheit der betreffenden Aussage garantieren, wenn man Wahrheit im üblichen Sinne versteht, nämlich im Sinne der zutreffenden Darstellung realer Sachverhalte.

[19] Vgl. SB 8, S. 51f., und: Reflexive Letztbegründung, a.a.O., S. 6ff.

[20] Vgl. Reflexive Letztbegründung, a.a.O., S. 7.

Jedenfalls kommt der Autor zu dem Schluß, daß man weitere Gründe brauche, um zu zeigen, daß „eine bestimmte Erkenntnisevidenz tatsächlich durch keinen möglichen Zweifel zu erschüttern" sei. Die Sache erschiene aber zunächst als wenig aussichtsreich, denn die geforderten zusätzlichen Gründe stützten sich wieder auf Evidenzen, und es sei „zunächst gar nicht zu sehen, warum es sich mit diesen Evidenzen anders verhalten" solle „als mit den zu stützenden Evidenzen". Das ist in der Tat nicht einzusehen. Aber nach Auffassung des Autors war es auch nicht zu erwarten, daß jede beliebige Evidenz für seine Zwecke ausreichen würde.

Man sieht also, daß es ihm nun um ganz spezifische Evidenzen gehen müßte. Und das ist auch tatsächlich der Fall. Es bleibt nämlich seiner Auffassung nach nur der Weg, „in aller Allgemeinheit auf die Struktur, auf die Bedingungen der Möglichkeit und damit auf die Grenzen des Zweifels bzw. des Bestreitens überhaupt zu reflektieren und von daher nach Aussagen zu suchen, die vor jedem Zweifel sicher sein können". Diese Reflexion muß ihn nun also zu allgemeinen Einsichten führen, die als unbezweifelbar angesehen werden können.

Einsichten dieser Art sind nach üblicher Auffassung theoretischen Charakters und lassen sich daher auch mit Hilfe theoretischer Aussagen formulieren, die nach kritizistischer Auffassung als Hypothesen zu behandeln wären. Der Verfasser muß aber, um seiner selbst gestellten Aufgabe gerecht zu werden, den Nachweis erbringen, daß die betreffenden Aussagen unanzweifelbar sind. Wir werden sehen, wie er dieses Resultat zustande bringt: durch Übernahme einer für seine Zwecke geeigneten Einstellung, die er von der üblichen „theoretisch" genannten Einstellung scharf unterscheiden möchte, nämlich der sogenannten „strikt reflexiven Einstellung".

Aber diesen Einstellungswechsel bringt er erst später ins Spiel. Zunächst zeigt er dem Leser, was schon „eine ganz oberflächliche Betrachtung" auf der „Ebene genereller Reflexion" lehrt, nämlich daß nur ein sinnvoller Zweifel bzw. sinnvolles Bestreiten in Betracht gezogen werden müßten und daß es dafür, daß die betreffenden Handlungen sinnvoll seien, bestimmte Bedingungen gebe, zum Beispiel „daß der Zweifel ernstgemeint, sachlich, vom Interesse an der Wahrheit geleitet, daß er nicht leer,[21] nicht in sich widersprüchlich, daß er begründet und Gegen-

---

[21] Diese Anforderung gibt dem Autor Gelegenheit, die oben erwähnte Anmerkung zu machen – Reflexive Letztbegründung, a.a.O., S. 8, Anm. 7 –, derzufolge der konsequente Fallibilismus auf eine leere Behauptung hinausläuft, wobei er mir als

argumenten gegenüber offen" sei. Wenn nur eine dieser Bedingungen fehle, dann „leiste" der Zweifel nichts.

Was muß also unser Zweifler tun, um von Kuhlmann ernst genommen zu werden? Er muß „seinen Zweifel als Argument, sein Bezweifeln bzw. Bestreiten als Argumentieren verstehen und die Bedingungen der Möglichkeit sinnvollen Argumentierens", die, wie wir sehen werden, durch Kuhlmanns Dekrete hinreichend geregelt sind, „als gegeben unterstellen", sonst, so meint unser Autor, widerspreche er sich selbst und verstoße damit gegen das leitende Prinzip des Bestreitens. An anderer Stelle[22] geht der Bezugnahme auf sinnvolle Argumentation eine Betrachtung darüber voraus, daß „Zweifel und Bestreiten letzlich als Behaupten zu verstehen" seien, und daß die mit Behauptungen verbundenen Geltungsansprüche „eine ganze Reihe von Unterstellungen" erforderlich machten, ohne die die betreffenden Handlungen sinnlos und die daher vor jedem Zweifel sicher seien.

In die Kategorie dieser notwendigen Unterstellungen hat der Autor eine Fülle von Aussagen und Regeln hineingepackt, die ihm so selbstverständlich erscheinen, daß er sie wohl für unanzweifelbar hält. Man ahnt schon, daß er das alles dann später mit Hilfe seines strikt reflexiven Verfahrens aus diesem Zylinder wieder hervorzuzaubern imstande sein wird. Jedenfalls kündigt er nun schon an, daß damit „eine sichere Basis für philosophische Begründung gefunden" sei, „eine Basis, die von jedem, der sich ernsthaft mit Argumenten um Wahrheit und Gewißheit" bemühe, „immer schon unausgesprochen anerkannt" sei, und die „von keinem Zweifel erreicht werden" könne.

Damit sei auch „die Auseinandersetzung um das Münchhausen-Trilemma abgeschlossen", denn „beide Voraussetzungen, unter denen allein das Münchhausen-Trilemma ein taugliches Instrument zur Widerlegung der Letztbegründungsthese wäre", seien damit als falsch nachgewiesen. Es treffe weder zu, daß sich alles sinnvoll bestreiten lasse und

---

Motiv unterstellt, ich habe die von ihm zitierte Fassung des Prinzips gewählt, „weil die hier mit jeder erneuten Selbstanwendung ständig fortschreitende Abschwächung des Geltungsanspruchs der Fallibilismusthese nicht gerade überdeutlich ins Auge" springt, obwohl sie „natürlich auch hier" eintrete. Dann folgt die oben erwähnte Karikatur einer solchen Selbstanwendung. Mir ist unerfindlich, woher der Verfasser meine fragwürdigen Motive so genau kennt. Aber da es nun mit der von ihm behaupteten Gehaltlosigkeit meiner These nicht weit her war, wird er mir nun möglicherweise Mangel an Ernsthaftigkeit oder mangelndes Interesse an der Wahrheit unterstellen.

[22] In SB 8, S. 51f.

man daher für alles Gründe verlangen könne, noch sei es wahr, daß Begründung nur durch Ableitung, nur „als Rückgang auf einen jenseits des zu Begründenden liegenden Grund“ möglich sei. Ich brauche hier nur daran zu erinnern, was ich oben zu diesen beiden „Voraussetzungen“ schon gesagt habe[23].

Nun hat aber das Ganze, wie der Autor selbst feststellt, einen erheblichen Schönheitsfehler[24]. Das bisherige Resultat entstammt nämlich, wie er richtig sieht, „einer theoretischen Reflexion auf den Zweifel“, beruht also auf „theoretischen Annahmen“, deren Unbezweifelbarkeit zunächst keineswegs festzustehen scheint. Diese Feststellung des Verfassers möchte ich noch durch den Hinweis ergänzen, daß mir diese theoretischen Annahmen schon deshalb höchst problematisch erscheinen, weil er nicht genügend zwischen Zweifeln und Bestreiten und zwischen Behaupten und Argumentieren unterschieden hat, was ihn später zu merkwürdigen Konsequenzen verleiten wird.

Zunächst ist jedenfalls zu betonen, daß es sinnvoll ist, Zweifel vom Bestreiten einer Behauptung zu unterscheiden, denn sie können auch da schon angebracht sein, wo der Zweifelnde sich noch nicht in der Lage sieht, die betreffende Behauptung zu bestreiten oder gar Argumente gegen sie zu produzieren. Und Behauptungen sind durchaus möglich und sinnvoll, ohne daß ihr Produzent bereit ist, argumentativ für sie einzutreten. Nur wenn man gewisse Ideale als selbstverständlich unterstellt, kann man zu Subsumtionen kommen, wie sie der Autor bevorzugt, aber auch dann sind sie keineswegs berechtigt. Die Bemühungen Kuhlmanns um ein sicheres Fundament scheinen sich offenbar nicht zugunsten einer etwas differenzierteren Betrachtungsweise ausgewirkt zu haben.

Unser Autor hat jedenfalls nun Anlaß, uns mit den Vorzügen seiner „strikt reflexiven Einstellung“ bekannt zu machen, die geeignet sein soll, den hypothetischen Charakter der bisher gewonnenen Einsichten zu beseitigen[25]. Er unterscheidet sie nämlich von der üblichen Einstellung mit Bezug auf das behandelte Thema – die Argumentation und ihre Voraussetzungen – in folgender Weise: (1) In theoretischer Einstellung betrachte und behandle man dieses Thema im Sinne eines normalen theoretischen Problems, das heißt: man entwerfe Hypothesen über diesen Gegenstand und diskutiere sie, ohne daß eigens berück-

---

23 Vgl. S. 134ff., oben.

24 Dazu SB 8, S. 53, und Reflexive Letztbegründung, a.a.O., S. 9f.

25 Vgl. SB 8, S. 54f. und Reflexive Letztbegründung, S. 10ff.

sichtigt werde, daß die Argumentation hier zweimal ins Spiel komme, nämlich einmal als „das was angesichts des problematischen Gegenstands getan" werde, und zum anderen „als Gegenstand selbst". (2) In strikt reflexiver Einstellung dagegen werde berücksichtigt, daß „hier das theoretische Tun und der Gegenstand des theoretischen Tuns eins" seien.

Der Unterschied der beiden Einstellungen sei, so meint der Autor, für die Behandlung unserer Problematik vor allem deshalb wichtig, weil es nur in der zweiten Einstellung möglich sei, „das Wissen vom Argumentieren (das nichttheoretische Handlungswissen), das erforderlich" sei, „damit überhaupt – ganz unabhängig vom jeweils thematisierten Gegenstand – sinnvoll argumentiert werden" könne, „in Beziehung zu setzen oder zu konfrontieren mit den problematischen theoretischen Aussagen über das Argumentieren und über Argumentationsvoraussetzungen".

Nur wer sich in theoretischer Einstellung befinde, so stellt er fest, könne alle behandelten Aussagen sinnvoll als fallibel und damit als bezweifelbar ansehen. Er könne daher auch stets sinnvoll nach ihrem Geltungsgrunde fragen und gerate so in das Münchhausen-Trilemma. Wer sich dagegen die strikt reflexive Einstellung zu eigen mache, dem könne das nicht passieren. Er sei vielmehr genötigt, das von ihm selbst in Anspruch genommene Handlungswissen in die theoretische Erörterung einzubeziehen, und habe es daher mit „zwei Arten von Aussagen und zwei Arten von Gewißheiten zu tun", einerseits mit ausdrücklich vorgetragenen und problematisierbaren Gewißheiten und andererseits mit solchen, „die das Problematisieren allererst ermöglichen", so daß der Reflektierende „sein Handeln als wirkliches Problematisieren verstehen" könne. Die einen seien prinzipiell unsicher, die anderen dagegen absolut sicher.

Nun sieht sich unser Autor in der Lage, den Schönheitsfehler zu beheben, den er zunächst selbst festgestellt hatte, denn die Vorzüge der neuen Einstellung kommen alsbald zum Vorschein. Der oben erwähnte Einwand gegen das Letztbegründungsargument, so meint er, entstamme der theoretischen Einstellung und könne durch Übergang zur streng reflexiven Einstellung entkräftet werden. Während in der ersten der beiden Einstelllungen die betreffenden Gewißheiten „alle als zu theoretischen Aussagen gehörig verstanden" und auf diese Weise „nivelliert" würden, werde in der zweiten das, was der Argumentierende immer schon „als unerschütterliche Basis für jeden Zweifel, für alle argumentative Entscheidung" in Anspruch nehme, als „schon bekannt, als immer schon in Anspruch genommen"[26] aufgedeckt und ausdrücklich wieder in Besitz genommen. Es handele sich hier also nicht um eine Ableitung, sondern um ein Aufdecken, „um die Einsicht, daß wir das Gesuchte immer schon in Händen haben".

Die Inanspruchnhame von Einsicht läuft hier ganz offensichtlich auf ein Evidenz-Argument hinaus, wie ich es in meiner Analyse des Münchhausen-Trilemmas behandelt habe. Der Autor gibt aber zu erkennen, daß diese spezielle Art von Evidenz von meiner Kritik nicht getroffen werde. Ich bin allerdings nicht in der Lage zu sehen, inwiefern er irgend etwas beigebracht hat, was zugunsten seiner Ansicht sprechen könnte.

Gegen das Aufdecken von Voraussetzungen aller Art, die bei irgendwelchen Handlungen – also auch bei Argumentationen – gemacht werden, habe ich natürlich nichts einzuwenden. Daß man dazu einer besonderen „Einstellung" bedarf, mag ebenfalls hingenommen werden, wenn mit dieser Einstellung keine übertriebenen Ansprüche verbunden werden. Daß mit dem Aufdecken solcher Voraussetzuungen eine „unerschütterliche Basis" erreicht werde, ein gegen jeden Zweifel immunes und damit sakrosanktes Wissen, das sich auf die Bedingungen der Möglichkeit der Argumentation beziehe, ist aber ein derartiger Anspruch, den der Verfasser hier ohne jeden Versuch, ihn auch nur plausibel zu machen, dem Leser zumutet.

Die Annahmen, die diesem impliziten Handlungswissen zuzurechnen sind, scheinen nach allem, was Kuhlmann sagt, jedenfalls teilweise durchaus theoretischen Charakter zu haben, ganz unabhängig davon, wie sie „aufgedeckt" werden können. Daß sie gewissermaßen durch eine Art von Selbstbesinnung ins Bewußtsein gehoben werden können, mag unter Umständen dazu beitragen, daß der in „strikt reflexiver Einstellung" Denkende subjektive Gewißheit mit ihnen verbindet. Aber damit scheint mir keineswegs sichergestellt zu sein, daß es sich dabei nicht um Illusionen handeln kann. Ich habe sogar den Eindruck, daß hier die Möglichkeit von Illusionen in noch viel stärkerem Maße besteht als bei normalen Wahrnehmungen.

Es ist mir, offen gestanden, rätselhaft, woher der Verfasser die Gewißheit nimmt, daß die Ergebnisse eines Nachdenkens über Probleme dieser Art nicht nur unanzweifelbar sind, sondern überdies noch eine Wahrheitssgarantie in sich bergen[27]. Möglicherweise liegt das natürlich

---

[26] Vgl. SB 8, S. 55.

[27] Vgl. dazu das Nietzsche-Wort, das ich dieser Schrift als Motto vorangestellt

daran, daß ich noch nicht in der Lage bin, mir die spezielle Einstellung zu eigen zu machen, die nötig zu sein scheint, um zu solchen Einsichten zu gelangen. Das wäre allerdings sehr merkwürdig, denn ich habe keinerlei Schwierigkeiten, das zu verstehen, was Kuhlmann hier als Lösung der Letztbegründungsproblematik anbietet.

Unser Autor gibt nun durchaus zu, daß seine „Behauptungen über die Möglichkeit, fallible Theorien in diesem Zusammenhang zu vermeiden und statt dessen das Letztbegründungsargument strikt reflexiv durchzuführen", den Charakter theoretischer Erörterungen haben und daher keineswegs unbezweifelbar sind[28]. Er weist aber darauf hin, daß es sich „um für die Geltung des Arguments im Prinzip entbehrliche Erläuterungen dazu" handelt, die die Einsicht in seine logische Struktur erleichtern sollen. Es könnte daher sein, daß er in der Lage ist, noch bestehende Zweifel durch die Vorführung des Arguments zu beseitigen. Wenden wir uns daher nun seinem Versuch zu, dieses Argument selbst ausführlich darzustellen.

IV. Kaninchen aus dem leeren Zylinder? Das reflexive Argument in kritischer Betrachtung

Es geht, wie der Verfasser feststellt, um den Nachweis dafür, „daß die Situation des sinnvoll Argumentierenden für uns unhintergehbar ist". Diese etwas dunkel aber dramatisch klingende These sieht wie eine Aussage über Beschränkungen unseres Erkenntnisvermögens aus, und es ist zunächst erstaunlich, daß sie dazu dienen soll, uns zu so etwas Positivem wie einer sicheren Begründung zu verhelfen. Wie wir später sehen werden, ist es in der Tat ein ins Positive umgedeuteter Mangel, nämlich das Unvermögen, an etwas zu zweifeln, aus dem die Transzendentalpragmatiker erkenntnistheoretische Vorteile ziehen zu können glauben.

Seine Unhintergehbarkeitsthese möchte unser Autor im Sinne der Behauptung verstanden wissen, (1) „daß wir die Regeln und Präsuppositionen sinnvoller Argumentation nicht sinnvoll, d.h. ohne mit uns in Widerspruch zu geraten, bestreiten", daß wir sie (2) „nicht sinnvoll, d.h. ohne petitio principii, begründen" und (3) daß wir uns „nicht sinnvoll,

---

habe und das in SB 8, S. 43, abgedruckt ist. Es wurde in unserem Streitgespräch von Apel als uninteressant für seine Probleme beiseitegeschoben.

[28] Vgl. Reflexive Letztbegründung, a.a.O., S. 15.

d.h. ohne sie zumindest implizit anzuerkennen, gegen ihre Anerkennung entscheiden" können. Da er meint, daß der Geltungsnachweis für alle Bestandteile dieser Behauptung in gleicher Weise geführt werden könne, beschränkt er sich in seiner Beweisführung auf eine, und zwar die erste, Komponente und untersucht daher die folgende These: „Die Behauptung ‚Die Regeln der Argumentation gelten für mich nicht' (für das Folgende = (*p*)), ist notwendig falsch"[29].

Er macht zunächst darauf aufmerksam, „daß die Wahrheit der Aussage (*p*), wenn wir uns der theoretischen Reflexion bedienen ... von der Wahrheit theoretischer Annahmen über den Zweifel oder das Bestreiten" abhängig sei, und stellt die Frage, was nun der Fall sei, wenn „die systematischen Beschränkungen, denen die theoretische Reflexion" unterliege, aufgehoben und für die Prüfung der oben formulierten These auf das geachtet werde, was aktuell in Anpruch genommen werde.

Nach Kuhlmann ergibt sich nun das Problem, ob die behauptete Aussage (*p*) wahr ist, und darüber hinaus die Frage, ob sie, „die wir als ernsthaften, aufrichtigen, sachlichen und begründeten Versuch, die Geltung der Argumentationsregeln zu bestreiten, ernst nehmen, wahr ist". Haben wir (*p*) aber in diesem Sinne verstanden, dann haben wir es nach seiner Ansicht de facto als Argument beziehungsweise als Teil eines Arguments verstanden, „das unter Berufung auf das Prinzip des zu vermeidenden Widerspruchs einerseits und auf die – hier freilich nicht explizit gemachten, von uns dennoch zu unterstellenden – Gründe für die negierte Behauptung andererseits uns dazu rational motivieren soll, die Gegenthese zu (*p*), daß nämlich die Argumentationsregeln für uns gelten, preiszugaben".

„Wenn wir nun aber (*p*) als Argument, d.h. als eine von mir (dem Sprecher von (*p*)) nach Regeln der Argumentation gebildete und vorgetragene Äußerung anerkannt haben, ja notwendig anerkannt haben, solange wir untersuchen, ob (*p*) sich halten läßt, dann haben wir, indem wir uns diese ins Bewußtsein heben, das Problem schon gelöst. Denn es ergibt sich", so fährt der Autor fort, „daß die Geltung der Argumentationsregeln von mir nur dann wirklich bestritten wird, (derart, daß es sinnvoll ist, die Wahrheit der bestreitenden Behauptung zu prüfen), wenn ich die Argumentationsregeln zugleich anerkenne. Es kommt zu dem oben schon vorgestellten Widerspruch. (*p*) erweist sich als falsch, ja

---

[29] Vgl. dazu SB 8, S. 56f. und Reflexive Letztbegründung, S. 15ff. Der Text des Aufsatzes ist ausführlicher als der von SB 8, stimmt aber im wesentlichen mit diesem überein.

notwendig falsch. Die Geltung der Argumentationsregeln läßt sich nicht sinnvoll bestreiten".

Ich muß gestehen, daß ich zunächst in Versuch war, diese Argumentation für einen schlechten Scherz zu halten, den der Autor mit seinem Publikum zu treiben sich bemüßigt fühlt, vielleicht um zu sehen, wie weit er gehen kann, ohne daß der geneigte Leser mißtrauisch wird. Es hätte sich ja zum Beispiel um einen Test für die Teilnehmer des Funkkollegs handeln können, etwa, um ihre Gutgläubigkeit zu erproben, mit gewissermaßen „dialektischer" Hinterlist und in pädagogischer Absicht. Aber nach allem, was dazu von ihm an Erläuterungen angeboten wird, scheint es sich tatsächlich um sein entscheidendes Argument zu handeln.

Er versucht dem Leser zu verdeutlichen, warum sich die untersuchte Behauptung „als notwendig falsch" erweise und inwiefern er sich „in diesem strikt reflexiven Argument von falliblen Theorien oder falliblen theoretischen Annahmen unabhängig gemacht" habe. Das hängt nämlich nach Kuhlmann damit zusammen, daß es zu einem Widerspruch und damit zur Lösung des Problems schon kommt, bevor er sich überhaupt „auf die Suche nach theoretischen Evidenzen pro oder contra (*p*) gemacht" habe. Zu einem Regreß, so meint er, brauche es nicht zu kommen, wenn man sich dessen erinnere, was man schon anerkannt habe, bevor man überhaupt in den Regreß geraten könne. „Die Pointe des strikt reflexiven Arguments" liege darin, daß man „gar nichts anderes als (*p*) selbst in Anspruch zu nehmen" brauche. Das Argument (*p*) werde nur „mit dem Faktum, das es selbst" darstelle, konfrontiert.

Für den nicht mit einer Kompetenz für strikt reflexive Verfahrensweisen ausgestatteten Theoretiker sieht allerdings die Sache so aus, daß Kuhlmann die Behauptung eines Skeptikers über die Nicht-Geltung der Argumentationsregeln, was immer diese Regeln sein mögen, in einen Kontext einbettet, in dem die betreffenden Regeln als gültig angenommen werden, und sich dadurch in der Lage sieht, einen Widerspruch zu konstatieren. Daraus zieht er dann die beruhigende Konsequenz, die Geltung dieser Regeln lasse sich nicht bestreiten.

Das Argument ist offensichtlich ganz unabhängig davon, wie diese Regeln im einzelnen charakterisiert werden. Die betreffende Behauptung muß sich nur eben auf die Regeln beziehen, die unser Transzendetalpragmatiker für die Deutung der Situation als gültig unterstellen möchte. Es kommt offenbar nicht einmal darauf an, ob auch der Opponent dazu bereit ist, solche Unterstellungen zu honorieren.

Um die Problemsituation zu verdeutlichen, möchte ich die Struktur der Kuhlmannschen Beweisführung charakterisieren. Sie läßt sich folgendermaßen darstellen: *K* hat irgendwelche Regeln anerkannt, nennen wir sie die *K*-Regeln. *O* bestreitet die Geltung dieser Regeln für sich mit der *O*-These. *K* bettet nun die *O*-These durch eine entsprechende Deutung in einen Kontext ein, in dem vorausgesetzt wird, daß die *K*-Regeln gelten. Nun kann *K* ohne jede Schwierigkeiten den Schluß ziehen, daß ein Widerspruch existiere, so daß *O* nicht sinnvoll die Geltung der *K*-Regeln bestreiten könne. Dabei wird so getan, als ob die *K*-Regeln sakrosankt seien, so daß ihre Geltung feststehe.

Warum sollte es nun nicht erlaubt sein, nach einer Begründung der *K*-Regeln zu fragen oder auch nur an der Geltung dieser Regeln zu zweifeln? Soll das etwa deshalb von vornherein ausgeschlossen sein, weil *K* von ihrer Geltung überzeugt ist und daher auch dem *O* zumuten darf, er müsse, auch wenn er sie explizit bestreite, dennnoch implizit darin mit ihm übereinstimmen?

Eine für den Transzendentalpragmatiker noch etwas bequemere Verwendung dieses „strikt reflexiven" Verfahrens läßt sich übrigens dadurch erreichen, daß man als einzige *K*-Regel einführt: „Was für *K* Evidenz hat, ist für alle gültig". Der Opponent *O*, der sie bestreiten möchte, aber sich eine entsprechende Umdeutung seiner diesbezüglichen Behauptung gefallen läßt, sieht sich mit den Einwand konfrontiert, daß er die Geltung dieser Regel nicht sinnvoll bestreiten könne.

Der Verfasser, der sich sonst so schnell bereit findet, bei Kritikern der Transzendentalpragmatik eine petitio principii zu identifizieren, hat sich hier offenbar selbst eine veritable Konstruktion dieser Art geleistet. Es ist nämlich keineswegs einzusehen, daß man eine Behauptung wie die in diesem Argument behandelte These ohne weiteres als Teil eines Arguments deuten und darüber hinaus dann auch noch alle Regeln der Argumentation, die man selbst für evident hält, für diese Deutung ins Spiel bringen darf. Daß man auf diese Weise dem Sinn einer ernst gemeinten Behauptung dieser Art näher kommt – einer Behauptung, in der die Geltung dieser Regeln gerade bestritten wird – ist eine hermeneutische These von höchster Naivität. Meines Erachtens hieße das, diese Behauptung nicht ernst zu nehmen.

Daß man sich auf diese Weise die Begründung einer fundamentalistischen Position erleichtern kann, ist natürlich ein nicht zu übersehender Vorteil, solange dieses Verfahren nicht durchschaut wird. Man wird aber jedenfalls einen ernsthaften Gegner nicht dazu bringen können, sich einer solchen Deutung zu fügen. Auf diese Weise kann unser Autor nur zeigen, daß sich ein unvorsichtiger Gegner, der sich auf Umdeutungen dieser Art einläßt, in Widersprüche verwickelt, aber nicht, daß irgendwelche Regeln „letztbegründet" sind. Und schließlich kann jemand, der die Geltung irgendwelcher Argumentationsregeln nur bezweifelt, ohne damit die Behauptung zu verbinden, daß sie für ihn nicht gelten, von einem Verfechter der Letztbegründungsthese wohl ebenfalls erwarten, daß er ihm den Nachweis für die Geltung dieser Regeln erbringt.

Die Tatsache, daß sich der Verfasser gründlich über den Charakter seines Ergebnisses getäuscht hat, wird noch deutlicher, wenn man einen anderen Teil seiner Beweisführung ins Auge faßt. Er behauptet nämlich, er habe damit gezeigt, daß einer synthetischen Aussage notwendige Wahrheit zukomme,[30] was auf die These hinausläuft, er habe so etwas wie ein „synthetisches Apriori" im Kantschen Sinne aufgedeckt. Wie kommt er zu einem derartigen Anspruch? Dadurch, daß er zwischen der Ebene der Metakommunikation unterscheidet, in welcher der *performative* Teil von (*p*), und der Ebene der Kommunikation, in welcher der *propositionale* Teil von (*p*) liege, wobei dem performativen Teil alles das zugerechnet wird, was für die Argumentation implizit in Anspruch genommen wird, ohne selbst explizit im propositionalen Teil behauptet zu werden.

Nur „wenn wir das *pragmatische* Verhältnis zwischen dem illokutiv verstandenen performativen Teil und dem prädikativ verstandenen propositionalen Teil von (*p*) nicht in ein nur *syntaktisch-semantisches* Verhältnis, bzw. die performative Inkonsistenz nicht in eine schlichte logische Kontradiktion ummünzen, wozu wir durch unsere Gewöhnung an die theoretische Einstellung allzu leicht verführt werden, nur dann behält das Argument seine Kraft,"[31] so stellt er nachdrücklich fest, denn *nur dann* „gehen wir nicht über (*p*) hinaus, sondern konfrontieren in einem reflexiven Argument das, was wir illokutiv von (*p*) verstanden haben müssen, also einen Teil von (*p*) mit (*p*) selbst".

Haben wir uns also bei der Analyse der Kuhlmannschen Beweisführung einer Übernahme der theoretischen Einstellung schuldig gemacht? Haben wir die beiden logischen Ebenen, die hier streng auseinanderge-

---

30 Vgl. dazu Reflexive Letztbegründung, S. 21: ohne über (*p*) hinauszugehen, sei (*p*) – eine synthetische Ausssage – als falsch nachgewiesen worden. Sie sei weder logisch falsch – da nicht kontradiktorisch – noch empirisch falsch, obwohl an einem Faktum gescheitert. Ihre Negation sei daher „schlechthin notwendig wahr".

31 A.a.O., S. 20.

halten werden müssen, miteinander konfundiert, so daß uns das dramatische Ergebnis des reflexiven Verfahrens nicht deutlich werden konnte? Hängt von dieser Unterscheidung in unserem Zusammenhang irgendetwas Wesentliches ab?

Es ist in der Tat so, daß hier zunächst – unter gewissen Umständen, die oben beleuchtet wurden – die Negation einer synthetischen Aussage konstatiert werden kann. Die Aussage (*p*), daß die Regeln der Argumentation für den Aussagenden nicht gelten, erweist sich als falsch, *wenn* man dem Aussagenden *unterstellt,* daß er das de facto implizit schon anerkannt hat. Stimmt diese Unterstellung, dann ist (*p*) in der Tat an einem *Faktum* gescheitert. Wie bei jeder empirischen Falsifikation kann man diesen Umstand aber daduch zum Ausdruck bringen, daß man entsprechende Aussagen formuliert, die miteinander *unvereinbar* sind, so daß ein *logischer Widerspruch* konstatierbar ist. Damit hat sich die Aussage (*p*) nicht als logisch sondern als faktisch falsch erwiesen. Ist sie aber deshalb *notwendig* falsch und ihre Negation *notwendig* wahr?

Kuhlmann sagt dazu, daß wir „gerade keine empirische Untersuchung anzustellen" brauchen darüber, „ob der Sprecher die Regeln anerkannt habe". Dies müßten wir „vielmehr schon akzeptiert haben", damit wir „das Problem und damit die Basis für eine derartige empirische Untersuchung haben". Man sieht, die wirklichen Tatsachen spielen hier für unseren Autor überhaupt keine Rolle mehr. Das *Faktum,* das er hier postuliert, ist ein Kuhlmannsches *Fabrikat* und damit für unsere Problemstellung ein *Falsifikat.* Es besteht nämlich gar nicht darin, daß der Sprecher etwas implizit anerkannt hat, sondern darin, daß er es nach Auffassung des Autors anerkannt haben müßte, weil dieser das für seine Zwecke benötigt.

Der Autor kann offenbar sein Problem erst formulieren, wenn er die Lösung schon vorweggenommen hat, und zwar durch Unterstellungen, die ihm eine Untersuchung ersparen. Man erinnere sich daran, daß er genau das gegen die Argumentation an Hand des Münchhausen-Trilemmas eingewendet hatte[32]. Die Aufdeckung des Unterstellten gibt ihm dann die Möglichkeit, die Kaninchen aus dem angeblich leeren Zylinder wieder hervorzuzaubern. Daß die strikt reflexive Einstellung hier mehr leistet als die des „selbstvergessenen" Theoretikers, wird man kaum behaupten wollen, denn trotz reichlicher Verwendung des technischen Jargons der Sprechakttheorie hat sie unserem Autor, wie man sieht, nicht dazu verholfen, die Problemsituation einigermaßen klar zu

---

[32] Vgl. S. 134ff. oben.

sehen und in brauchbarer Weise zu analysieren. Mit der Unterscheidung zwischen theoretischer und strikt reflexiver Einstellung hat er sich meines Erachtens ein leicht durchschaubares Immunisierungsverfahren geschaffen, auf das er allerdings selbst hereingefallen ist.

Um die letzten Bedenken gegen das Ergebnis seines reflexiven Verfahrens auszuräumen, diskutiert Kuhlmann nun noch zwei mögliche Einwände, nämlich: daß „die vermeintlich unbedingte Geltung der Argumentationsvoraussetzungen“ tatsächlich abhängig wäre (1) „von der Entscheidung, überhaupt zu argumentieren“, und darüber hinaus (2) „von der Entscheidung, so und nicht anders zu argumentieren“[33]. Auf die Ablehnung derartiger Einwände durch Apel war ich in meiner Analyse der Apelschen Transzendentalpragmatik seinerzeit schon ausführlich eingegangen[34].

Offenbar ist Kuhlmann mit meiner Argumentation in diesem Punkte nicht zufrieden. Er hat anscheinend große Schwierigkeiten, derartige Einwände überhaupt ernst zu nehmen. Wer nicht bereit sei, „sich auf eine regelrechte Überprüfung von Geltungsansprüchen einzulassen“, der habe, so meint er, offenbar keinen Standpunkt, von dem aus „überhaupt irgendetwas“ so entschieden werden könne, daß es in Betracht komme, auch nicht die Frage nach der absolut sicheren Geltung von Argumentationsvoraussetzungen. Überdies bereite es „ganz erhebliche Schwierigkeiten, diesen Standpunkt wirklich einzunehmen“.

Was mich angeht, so habe ich jedenfalls keine Schwierigkeiten, diesen Standpunkt zumindest zu *verstehen,* zumal es, wie ich schon gegen die entsprechenden Apelschen Ausführungen geltend gemacht habe, sogar in unserem Kulturkreis noch üblich ist, in gewissen Bereichen die Annahme von Argumenten zu verweigern und den Nutzen eines argumentativen Verfahrens für die Lösung bestimmter Probleme überhaupt in Frage zu stellen. Ich möchte mich zwar dieser Ansicht keineswegs anschließen, sehe aber nicht, wie man sie, wie unser Autor das hier zu tun wünscht, mit absoluter Gewißheit widerlegen könnte. Daß sie für Kuhlmann nicht in Betracht kommt, weil eine Entscheidung, die von einem solchen Standpunkt her getroffen würde, für ihn nicht „zählt“, wie er uns versichert, beruht darauf, daß er selbst bestimmte Regeln schon anerkannt und große Mühe hat, andere Standpunkte auch nur zu verstehen. Aber Mangel an Verständnis ist sicherlich keine brauchbare Grundlage für Letztbegründungen, vor allem dann nicht, wenn es sich

---

[33] Vgl. SB 8, S. 57f.

[34] Vgl. S. 117ff., oben, und passim.

um Begründungen im Geiste einer „transzendentalen Hermeneutik" handeln soll.

Um dem Verständnis für einen solchen Standpunkt etwas nachzuhelfen, möchte ich vorschlagen, sich eine Person vorzustellen, die sich zunächst auf Argumentationsregeln irgendwelcher Art einläßt, aber dann entdeckt, daß sie gerade dadurch nicht zu bestimmten Entscheidungen kommen kann, weil jedes Argument von irgendwelchen prinzipiell bestreitbaren Voraussetzungen ausgeht und man von anderen Voraussetzungen her zu anderen Ergebnissen kommen würde. Zudem, so könnte diese Person sagen, könne man nicht einmal sicher wissen, ob die in Anspruch genommenen Regeln wirklich gültig sind, denn, wie die Kuhlmannsche Art der Beweisführung deutlich zeige, komme man nur dann zu einem Nachweis ihrer Gültigkeit, wenn man sie schon implizit vorausgesesetzt habe, so daß das Verfahren auf einen Zirkel hinauslaufe. Gerade das könne aber doch nach den üblichen Vorstellungen über ein rationales Verfahren nicht sinnvoll sein. So seien also nicht nur die Voraussetzungen einer Argumentation jeweils problematisch, sondern, wie man durch die gütige Mithilfe des Herrn Kuhlmann, wenn auch gegen dessen Absichten, erfahren könne, gelte dasselbe auch für deren Regeln. Daher sei nicht einzusehen, wie man sinnvollerweise durch Argumente zu Entscheidungen kommen könne. Unser Skeptiker ist also gerade unter Verwendung der Argumentationsregeln zum Zweifel am Wert und an der Geltung dieser Regeln gelangt, wobei ihm die strengen Reflexionen unseres Autors von großem Nutzen waren. Er hat sich mit Kuhlmannscher Hilfe – dialektisch, wenn man so will – von Kuhlmannschen Illusionen befreit.

Damit kommen wir zum zweiten Einwand, den unser Autor, wie wir sehen werden, ebenfalls kavaliersmäßig behandelt. Die Vorstellung, „daß es ein anderes Argumentationssystem geben könnte", ein System mit anderen Regeln und Voraussetzungen, dessen Anwendung zu anderen Lösungen führe, sei „nicht tragfähig", so stellt er fest, jedenfalls dann nicht, wenn man noch eine weitere Anforderung stelle, nämlich die, daß wir dennoch ein entsprechendes „Argumentieren" als „mindestens gleichbertechtigte", unter Umständen aber „sogar der unseren überlegene Form des Problemlösens" anerkennen.

Warum ist diese Vorstellung wohl „nicht tragfähig"? Wie man leicht sieht: wegen des *Widerspruchs*, den der Autor vorsorglich in seine Problemstellung *eingebaut* hat, denn er ist davon ausgegangen, daß der Betrachter implizit die üblichen – oder jedenfalls die Kuhlmannschen – Argumentationsregeln anerkennt, wie er das auch bei seiner reflexiven

Letztbegründung getan hat. Anscheinend glaubt unser Autor, daß man auf diese Weise dem hier gestellten Problem gerecht werden kann. Es genügt ihm offenbar, jeweils das „implizite Handlungswissen", das heißt die von ihm selbst im Vollzug der Argumentation implizit gemachten Voraussetzungen, aufzudecken, und damit ist für ihn das Problem erledigt.

Auf diese Weise kann aber die Möglichkeit einer sinnvollen Alternative nicht einmal ins Blickfeld kommen. Unser Autor fällt immer wieder auf seine eigenen Gewißheiten zurück, ohne zu bedenken, daß er die Frage einer möglichen Wahrheitsgarantie dabei nicht einmal berührt hat, eine Frage, die für seine Lösung des Letztbegründungsproblems eigentlich entscheidend ist. Die Möglichkeit, daß ein anderer, etwa ein Angehöriger eines anderen Kulturkreises, andersartige implizite Voraussetzungen machen könnte, die durch ein ebenso strikt reflexives Verfahren aufzudecken wären, so daß er zur „Letztbegründung" anderer Thesen käme, wird nicht einmal ersnhaft in Betracht gezogen, ebenso wie bei der oben geschilderten Vorführung des Arguments selbst.

Die „transzendentale Hermeneutik" Apelscher Provenienz hat mit dem strikt reflexiven Verfahren ein gutes Beispiel dafür geliefert, wie man die in der universalen Hermeneutik akzentuierte „Einordnung in das Überlieferungsgeschehen" (Gadamer) praktizieren kann. Wenn die hier vorgeführten Anwendungen dieses Verfahrens repräsentativ sein sollen, dann zeigen sie meines Erachtens nur, daß hier eine Prämie gesetzt wird auf mangelndes Verständnis anderer Standpunkte und auf Mangel an Phantasie.

Als Ergebnis seiner Bemühungen um Letztbegründung kann unser Autor nun feststellen, daß wir hinter das „Selbstvertrauen der argumentierenden Vernunft" nicht zurück können[35]. „Wir müssen uns", wie er

[35] Das „Selbstvertrauen der Vernunft" ist bekanntlich eine vor allem von Leonard Nelson, dem Erkenntnistheoretiker und Rechtsphilosophen der Friesschen Schule des Kantianismus, häufig gebrauchte Redewendung. In dieser Schule wurde im Zusammenhang mit der Begründungsproblematik der Rückgang auf sogenannte unmittelbare Erkenntnisse als wesentlich angesehen, die, soweit sie nicht schon bewußt sind, durch Vermittlung der Reflexion „aufgewiesen", das heißt: ins Bewußtsein gehoben werden können. Die Nelsonsche „Aufweisung" ist der Apel-Kuhlmannschen „Aufdeckung" durch strikte Reflexion ganz ähnlich, vgl. dazu etwa Leonard Nelson, Die Unmöglichkeit der Erkenntnistheorie (1911), in: LEONARD NELSON, Vom Selbstvertrauen der Vernunft, Schriften zur kritischen Philosophie und ihrer Ethik, herausgegegen von Grete Henry-Hermann, Hamburg 1975, S. 43ff. Auch bei Nelson spielt die Regreßproblematik eine Rolle, vgl. a.a.O., S. 51. Zu Nelson vgl. auch mein Buch: Kritik der reinen Erkenntnislehre, a.a.O., S. 23–29.

feststellt, „zutrauen, daß wir, wenn wir argumentieren, im Prinzip in der Lage sind, die Wahrheit zu erreichen, das heißt als Subjekte, die sich des vor allem in der europäischen Geistesgeschichte erarbeiteten Systems der rationalen Argumentation bedienen". Und in dem, „was wir so als für uns schlechthin unhintergehbar anerkennen müssen", so fährt er fort, finde sich „die Lösung unseres Letztbegründungsproblems".

Nun besteht aber ein gewisser Unterschied zwischen dem Vertrauen, daß wir im Prinzip in der Lage sind, die Wahrheit zu erreichen, und dem Versuch, eine unerschütterliche Basis zu etablieren, eine Grundlage also, die als unbezweifelbar gelten kann und uns die Wahrheit bestimmter Aussagen garantiert. Die Feststellung, daß wir etwas nicht können, kann zunächst bestenfalls als Hinweis auf eine Beschränkung unserer Möglichkeiten betrachtet werden, die zu so weit gehenden Ansprüchen, wie sie hier erhoben werden, in keiner Weise berechtigt.

V. Von der Logik zur Ethik: Moral durch transzendentale Besinnung

Eines der wichtigsten Anliegen der Transzendentalpragmatik besteht darin, eine Letztbegründung auch der normativen Ethik zu leisten. Kuhlmann bemüht sich daher nachzuweisen, daß das von ihm vorgestellte Argument auch dazu geeignet ist[36]. Bei der von ihm ins Auge gefaßten Disziplin handelt es sich, wie er feststellt, um eine Ethik der Kommunikation in einer besonderen Bedeutung dieses Wortes, nämlich in dem Sinne, daß kommunikatives Handeln hier ins Spiel kommt „nicht als bestimmte, anderen gleichgeordnete Art des ethisch zu regulierenden und zu bewertenden Handelns, sondern vielmehr als etwas, das in einer noch zu erläuternden Weise für jedermann schlechthin verpflichtende Normen impliziert"[37]. Das Verfahren, dessen sich die Transzendentalpragmatik hier bedient, um ihr Ziel zu erreichen, ist wieder

---

[36] Vgl. dazu SB 8, S. 59ff., sowie KUHLMANN, Ethik der Kommunikation, a.a.O., S. 292ff.

[37] Vgl. Ethik der Kommunikation, a.a.O., S. 293, wo unter anderem auf die Verwandtschaft der Apelschen mit der Habermaschen und der Lorenzenschen Ethik-Konzeption hingewiesen wird, nur daß die Apelsche sich von den beiden anderen durch die unpopuläre These unterscheide, „daß es möglich und vernünftig sei, für praktische wie auch theoretische Philosophie eine Letztbegründung zu suchen". Im Funkkolleg „Praktische Philosophie/Ethik" steht dieses Problem im Mittelpunkt der Betrachtung; vgl. dazu die in SB 8 behandelten Themen.

das reflexive Verfahren der Aufdeckung des immmer schon notwendig Vorausgesetzten und Anerkannten.

Die Ansprüche, die von seiten der Verfechter dieser Auffassung in diesem Zusammenhang erhoben werden, kommen besonders deutlich in der Kuhlmannschen Formulierung zum Ausdruck: „Unter einer philosophischen Letztbegründung moralischer Normen verstehen wir den unwiderleglichen und keine weitere Begründung benötigenden Nachweis, daß bestimmte Normen jedermann binden, daß es bestimmte für jedermann verbindliche Verpflichtungen gibt“[38]. Wenn dieser Nachweis nicht möglich sei, so meint der Autor weiter, dann könne „eine normative Ethik den Anspruch auf intersubjektive Gültigkeit und Verbindlichkeit nicht erheben“, und damit gebe es in diesem Falle auch „keine intersubjektiv gültigen Verpflichtungen“.

Hier hat sich unser Autor allerdings einen kleinen Sprung geleistet, denn die Nicht-Existenz bestimmter Entitäten folgt ja noch nicht aus dem Umstand, daß es keinerlei Begründungen der von Apel geforderten Art gibt. Derartige Begründungen gibt es auch nicht für die Existenz von Atomen, Kräftefeldern, Sternensystemen und dergleichen, ohne daß wir deshalb schon Anlaß hätten, ihre Nicht-Existenz zu behaupten. Die Kritiker der Apelschen Konzeption brauchen sich daher nicht durch die These einschüchtern zu lassen, mit der Ablehnung der Letztbegründungsthese sei notwendig die Konsequenz verbunden, daß man die Existenz irgendwelcher Verpflichtungen leugnen müsse[39].

In einem bestimmten Sinne kann sogar ein Verfechter einer nichtkognitivistischen Meta-Ethik Verpflichtungen anerkennen. Ethische Überzeugungen sind de facto weniger von Begründungsversuchen aller Art abhängig, als unser Autor seine Gesprächspartner glauben machen will, um die Bedeutung des Apelschen Unternehmens herauszustellen. Auch sonst ist die von deutschen Kritikern gegen den kritischen Rationalismus – vielfach mit deutlich moralisierendem Unterton – geäußerte These, man könne keine Überzeugungen haben, wenn man einen konsequenten Fallibilismus vertrete, eine etwas leichtfertige Behauptung, die mit dieser Auffassung de facto nichts zu tun hat.

Wenden wir uns wieder der transzendentalpragmatischen Normenbegründung zu. Der betreffende Nachweis kann, wie Kuhlmann fest-

---

[38] So KUHLMANN in SB 8, S. 38, vgl. auch: Ethik der Kommunikation, S. 294.

[39] Vgl. SB 8, S. 38 und S. 36f., wo den drei philosophischen Gesprächspartnern – Werner Becker, Herrmann Lübbe und Odo Marquard – sogar wieder einmal eine Paradoxie untergeschoben wird, weil sie die Voraussetzungen unseres Autors nicht mitmachen.

stellt, „nur darin bestehen, daß gezeigt wird, daß zu dem bisher noch gar nicht aufgegliederten Komplex von Argumentationsvoraussetzungen, Argumentationsregeln und Unterstellungen auch fundamentale ethische Normen gehören, die sich zu Prinzipien einer normativen Ethik eignen". In der Tat, was sollte man anders erwarten? Der Autor muß nun also die Aufgabe lösen, aus dem Komplex dieser Voraussetzungen diejenigen herauszulösen, die der Begründung einer normativen Ethik dienen können. Indem er sich die Frage stellt, was wir schon immer anerkannt haben, will er Schritt für Schritt zu einer solchen Ethik vorstoßen.

Die Schritte, die er nun unternimmt, bestehen im wesentlichen darin, daß er derartige Voraussetzungen formuliert, die ihm plausibel erscheinen, und für sie mehr oder weniger plausible Argumente präsentiert. Der Anspruch, der damit verbunden wird, geht allerdings weit darüber hinaus. Da der Autor diese Einsichten seiner strikt reflexiven Einstellung verdankt, die es ihm ermöglicht aufzudecken, was man als Argumentierender immer schon notwendig anerkannt haben muß, haben sie, wie er meint, den Status notwendiger wahrer Behauptungen.

So kommt er zu seiner ersten Norm, die fordert, daß man bei ernsthaftem Interesse an der Lösung eines Problems sich „vernünftig argumentierend um die richtige Lösung" zu bemühen habe, denn es gebe keine Alternative dazu. Aus ihr entwickelt er, als ihren „eigentlichen Kern", eine zweite Norm, die dazu auffordert, sich in diesem Falle „um eine vernünftige Lösung zu bemühen, der jedermann zustimmen könnte", also: „um einen vernünftigen Konsens"[40].

Nun bin ich mir keineswegs so sicher, wie der Verfasser es zu sein scheint, daß man immer argumentieren muß, um ein Problem sinnvoll zu lösen, und schon gar nicht, daß man jeweils einen Konsens irgendwelcher Art anstreben muß. Und die These, eine Behauptung aufzustellen, könne nichts anderes bedeuten, als daß man sich unter anderem auch bereit erkläre, sie „gegenüber Jedermann zu verteidigen", die in der Erläuterung zu der erwähnten zweiten Norm auftritt, scheint mir zwar deutlich zu machen, daß der Verfasser bereit ist, die Vorurteile der Erlanger Schule in dieser Hinsicht zu übernehmen, aber ich sehe mich nicht in der Lage, solche verwegenen Thesen als plausibel anzusehen, geschweige denn als Ergebnis eines Verfahrens, das ihre abolute Gewißheit und darüber hinaus ihre Wahrheit verbürgt.

---

[40] Vgl. SB 8, S. 60.

Seine dritte Norm, die er nach der Unterscheidung zwischen theoretischen und praktischen Problemen formuliert, besagt ebenfalls, man müsse sich um einen vernünftigen Konsens bemühen, was in diesem Falle heißt: „um eine Lösung ..., der jeder irgendwie Betroffene zustimmen könnte“[41] wobei mit „vernünftig“ gemeint ist, „daß kein Zwang außer dem des besseren Arguments ausgeübt werden darf“.

An sich habe ich gegen Bemühungen um einen derartigen Konsens nichts einzuwenden, wenn ich auch den Gebrauch, den Apel, Habermas und die Lorenzen-Schule von der Konsens-Idee im Rahmen erkenntnistheoretischer Untersuchungen zu machen pflegen, für kaum akzeptabel halte[42]. Aber ich bin mir wieder keineswegs sicher, daß diese Norm in jeder praktischen Situation vertretbar ist, vor allem dann, wenn man sie nicht durch eine entsprechende Deutung der Möglichkeit allgemeiner Zustimmung völlig entleert, denn die faktische Ablehnung der jeweils vorgeschlagenen Lösung durch irgendwie Betroffene soll ja offenbar als Einwand nicht in Betracht kommen.

Der entscheidende Einwand gegen die hier praktizierte Idee der absolut sicheren Begründung von Normen besteht denn auch darin, daß es, wie im Falle theoretischer Aussagen, kaum möglich ist, alle Implikationen einer solchen Norm oder eines Systems derartiger Normen zu übersehen, denn auch hier ist die Menge der Folgerungen unendlich groß[43]. Es kann also durchaus Situationen geben, für die die Befolgung dieser Normen zu Resultaten führen würde, die vermutlich auch unser Autor nicht zu akzeptieren bereit wäre. Auch durch die „Aufdeckung“ dessen, „was wir immer schon anerkannt haben“, läßt sich das nicht verhindern.

Die Sicherung einer normativen Ethik durch reflexive Begründung ist bestenfalls ein Mittel der Dogmatisierung plausibler Regeln. Sie kann aber auch dazu benutzt werden, uns in unseren Illusionen zu be-

---

[41] Vgl. SB 8, S. 68.

[42] Zur Kritik an der Konsens-Idee und ihrer Rolle in der Apelschen Auffassung vgl. S. 85–116, oben, vgl. zu diesem Thema auch: Nicholas Rescher, Pluralism. Against the Demand for Consensus, Oxford 1993, ein Buch, in dem allerdings meine Schrift „Transzendentale Träumereien“ versehentlich Karl-Otto Apel zugeschrieben wird und in dem Karl Poppers Name nicht einmal auftaucht.

[43] Auch können sich zum Beispiel, wie Ija Pawlowska gezeigt hat, aus Normen, die miteinander vereinbar zu sein scheinen, für bestimmte Situationen inkompatible Forderungen ergeben, vgl. dazu Ija Pawlowska, Kontradiktion und Inkompatibilität in einem ethischen System, in: Albert/Topitsch (Hg.), Werturteilsstreit, Darmstadt 1971, S. 518ff.

stärken und mögliche Vorschläge für die Revision unserer normativen Überzeugungen weniger ernst zu nehmen, als sie es verdienen. Insofern kann ich denjenigen Kritikern der Transzendentalpragmatik, die sich dazu gedrängt fühlen, auf die möglichen negativen Auswirkungen von Bemühungen um die Letztbegründung von Normen aufmerksam zu machen, durchaus Verständnis entgegenbringen[44].

VI. Fazit: Die Illusionen der Transzendentalpragmatik und die Pointe des kritischen Rationalismus

Gehen wir noch einmal zurück zum Ausgangspunkt der Kontroverse zwischen kritischem Rationalismus und Transzendentalpragmatik. Die Verfechter dieser neuen Version des Begründungsdenkens möchten, wie wir gesehen haben, den konsequenten Fallibilismus in seine Schranken weisen und damit gewisse methodische und ethische Konsequenzen verbinden. Sie sind zwar durchaus bereit, die Fehlbarkeit der menschlichen Vernunft zuzugeben, soweit es um die empirischen Wissenschaften und die Mathematik geht. Aber für die Philosophie möchten sie in dieser Hinsicht eine Ausnahme machen. Erkenntnistheorie und Ethik sind nach ihrer Auffassung offenbar in der Lage, Einsichten zu produzieren, deren Wahrheit garantiert werden kann, und zwar dadurch, daß sie sich in strenger Reflexion auf die Bedingungen der Möglichkeit aller Argumentation richten.

Um zu zeigen, daß der konsequente, auf alle Problembereiche bezogenen Fallibilismus nicht einmal eine mögliche Position darstellt, haben Apel und Kuhlmann sogar den Versuch unternommen, nachzuweisen, daß die Verfechter einer solchen Position mit Paradoxien konfrontiert sind. Dieser Versuch hat sich allerdings als erfolglos herausgestellt. Die Illusion, daß ihre Kritik am Fallibilismus schlüssig sei, konnten sich die beiden Autoren nur dadurch verschaffen, daß sie mit Deutungen operiert haben, die der von ihnen attackierten Auffassung in keiner Weise gerecht werden, man darf wohl sagen: mit teilweise absurden Unterstellungen. Die kritische Seite des transzendentalphilosophischen Unternehmens kann also wohl als ein Fehlschlag angesehen werden.

Wie steht es um die konstruktive Seite dieses Versuchs, den Fallibilismus zu überwinden? Es handelt sich, wie Apel immer wieder betont,

---

[44] Vgl. zum Beispiel die von Werner Becker, Herrmann Lübbe und Odo Marquard geäußerten Bedenken in SB 8, S. 34ff.

um das Bemühen, die Transzendentalphilosophie Kantscher Prägung unter modernen Vorzeichen zu erneuern – das heißt vor allem: unter Berücksichtigung der Resultate und Methoden der modernen Philosophie nach der sogenannten „linguistischen Wende". Kant hatte seinerzeit in einer Situation, in der die skeptizistische Kritik Humes den klassischen Rationalismus und damit das philosophische Denken überhaupt ad absurdum geführt zu haben schien, in der sich aber andererseits der außerordentliche Erfolg des naturwissenschaftlichen Denkens in Gestalt der Newtonschen Physik abzeichnete, den Versuch gemacht, durch eine kopernikanische Wende des Denkens die bestehenden Schwierigkeiten zu überwinden. Er hatte versucht, die apriorischen Elemente der Erkenntnis dadurch zu sichern, daß er sie als Bedingungen der Möglichkeit von Erfahrung im Erkenntnisvermögen des Subjekts verankerte. Damit, daß er für seine synthetischen Urteile a priori apodiktische Gewißheit in Anspruch nahm, hatte er einen Kerngedanken des klassischen Rationalismus übernommen. Der Übergang zum transzendentalen Idealismus bedeutete nur eine neue Weise, die Unbezweifelbarkeit derartiger Wahrheiten einsichtig zu machen.

Nun haben die Entwicklungen in den Wissenschaften und im philosophischen Denken dazu geführt, daß die Kantsche Lösung der Erkenntnisproblematik heute in wesentlichen Punkten als unhaltbar angesehen werden muß. Das bedeutet natürlich keineswegs, daß nicht eine Revision des Kantianismus doch noch zu brauchbaren Problemlösungen führen kann. Elemente des Kantschen Denkens sind heute in den verschiedensten philosophischen Richtungen identifizierbar.

Vor allem die transzendentale Frage nach den Bedingungen der Möglichkeit der Erkenntnis wurde in unterschiedlichen Abwandlungen wieder aufgenommen. Daß die Beantwortung dieser Frage ein besonderes Verfahren, die transzendentale Methode, erforderlich macht, wird ebenfalls mitunter noch behauptet, wenn auch über den Charakter dieser Prozedur keine Einigkeit besteht[45]. Es ist jedenfalls nicht ohne weiteres auszuschließen, daß sich manche Versionen dieses Verfahrens als deduktive Argumente auffassen lassen, so daß die Besonderheit nur in der Eigenart der Prämissen liegen kann.

---

[45] Zum Charakter und zur Brauchbarkeit sogenannter transzendentaler Argumente vgl. zum Beispiel RODERICK CHISHOLM, What is a Transcendental Argument? und: MOLTKE S. GRAM, Do Transcendental Arguments have a Future? beides in: Neue Hefte für Philosophie, Heft 14, 1978; zur Methode der Transzendentalphilosophie bei Kant vgl. vor allem WOLFGANG RÖD, Dialektische Philosophie der Neuzeit, Band 1, München 1974, S. 30ff.

Wie dem auch sei, in der Apelschen Konzeption wird die transzendentale Frage zur Frage nach den Bedingungen der Möglichkeit der Argumentation und damit auch der Kommunikation, und die Beantwortung dieser Frage erfordert eine reflexive Einstellung, die von der üblichen theoretischen Einstellung – der Einstellung des „selbstvergessenen" Theoretikers – scharf zu unterscheiden ist. Diese Einstellung soll es ermöglichen, die betreffenden Bedingungen zu eruieren, und zwar dadurch, daß man – gewissermaßen durch Rekurs auf implizites Wissen, also ein Wissen, das mit den betreffenden Handlungen, zum Beispiel mit dem Argumentieren, notwendig verbunden ist – aufdeckt, was man im Vollzug der betreffenden Handlungen immer schon anerkannt haben muß.

Das reflexive Verfahren ist also darauf gerichtet, Einsichten in notwendige Bedingungen der Möglichkeit der Erkenntnispraxis ans Licht zu bringen, die das betreffende Subjekt de facto schon hat, ohne daß sie ihm schon bewußt sein müssen[46]. Für diese Aufdeckung vorhandener Einsichten wird von Apel der Charakter einer Letztbegründung beansprucht. Das bedeutet, daß die Ergebnisse des reflexiven Verfahrens ihre Wahrheitsgarantie in sich tragen und daher prinzipiell unanzweifelbar sein sollen. Wenn dieser Anspruch nicht erhoben würde, dann ginge die Pointe der Apelschen Kritik am konsequenten Fallibilismus verloren.

Nun ist aber gerade die Berechtigung dieses Anspruchs, wie sich in unserer Untersuchung gezeigt hat, in keiner Weise nachgewiesen worden. Auch die Kuhlmannschen Ergänzungen zur Apelschen Argumentation haben in dieser Hinsicht nicht weiter geführt. Sie haben nur die Verwirrung deutlicher gemacht, die mit dem Gedanken verbunden ist, auf diese Weise könne eine echte Begründung erreicht werden. Wenn es sich wirklich um vorhandene Einsichten des Subjekts handelte, die da nur aufzudecken wären, dann müßte das betreffende Subjekt die in Betracht kommenden Überzeugungen nicht nur tatsächlich haben, sondern diese müßten darüber hinaus auch wahr sein. Ein Verfahren der Aufdeckung mag nun durchaus dazu führen, daß vorhandene Überzeugungen ans Licht gebracht werden, aber eine Garantie ihrer Wahrheit ist damit keineswegs ohne weiteres verbunden. Das implizit vorhandene „Wissen" mag durchaus schwerwiegende Irrtümer enthalten.

[46] Siehe dazu Anm. 35, oben, wo ich auf die Ähnlichkeit mit der Nelsonschen Version des Kantianismus hingewiesen habe.

Offenbar ist dieser unangenehme Umstand den Transzendentalpragmatikern nicht ganz verborgen geblieben, denn Kuhlmann hat zum Beispiel empirische Untersuchungen darüber, ob die betreffenden Personen tatsächlich die notwendigen Überzeugungen haben – ob sie zum Beispiel faktisch die betreffenden Regeln anerkannt haben – als für seine Problemstellung irrelevant zurückgewiesen. Es kommt ihm demnach gar nicht darauf an, was ein Subjekt *de facto* anerkannt hat, weil es über eine entsprechende „Einsicht" verfügt, sondern nur darauf, was es eigentlich anerkannt haben müßte. Das *Faktum*, auf das er sich hier berufen möchte, ist, wie wir gesehen haben, ein *Fabrikat* aus der epistemologischen Werkstatt unseres Autors, also im Hinblick auf das zu lösende Problem genau genommen ein *Falsifikat*. Er ist durchaus bereit, seine eigene „Einsicht" an die Stelle der faktischen Überzeugungen seiner Versuchsperson zu setzen, falls sich diese nicht dazu verstehen kann, ihm zuzustimmen. Inwiefern ist eine solche Substitution berechtigt? Wieso soll denn das, was Apel oder Kuhlmann durch Rückbesinnung auf die notwendigen Bedingungen der Argumentation aufgedeckt haben, unanzweifelbar sein? Und inwiefern kann für diese „Einsichten" eine Wahrheitsgarantie beansprucht werden?

In den Untersuchungen unserer beiden Autoren habe ich keinen Anhaltspunkt dafür entdecken können, wie diese Fragen zu beantworten sind. Wie kommen sie also dazu, für sich oder andere eine unmittelbare Einsicht in notwendige Bedingungen zu postulieren, die angeblich unrevidierbar sein soll? Soll ihnen etwa ihre reflexive Einstellung eine solche Einsicht garantieren? Und wie kommen sie von der bei ihnen selbst vielleicht vorhandenen faktischen Gewißheit zur Unbezweifelbarkeit? Soll es gerade in diesem Falle erlaubt sein, der Evidenz eine Bedeutung zuzuschreiben, die sie zugestandenermaßen in anderen Fällen nicht haben kann? Inwiefern steht hier der strikt Reflektierende besser da als der angeblich „selbstvergessene" Theoretiker, der sich die Freiheit nimmt, die betreffenden „Einsichten" in theoretischen Aussagen zu formulieren und die Frage zu stellen, welche Prüfungsmöglichkeiten für sie in Betracht kommen, und zwar außer den fehlgeschlagenen Gedankenexperimenten Kuhlmannscher Prägung? Da es sich um synthetische Aussagen handeln soll, darf man ja mit dem Umstand rechnen, daß derjenige, der sie als Ausdruck unmittelbarer Einsichten behandelt, unter Umständen nicht in der Lage ist, alle Folgerungen zu übersehen, die sich aus ihnen ergeben können, und sie für die Beurteilung ihrer Geltung in Betracht zu ziehen. Es ist mir, wie ich schon früher erwähnt habe, ein Rätsel, wie die Transzendentalpragmatik mit diesen Problemen fertig werden will, die sie im Vertrauen auf die Gewißheit ihres Reflexionsresultats nicht einmal in Erwägung gezogen hat.

Daß man durch Rückgang auf unmittelbare „Einsichten" nicht nur erkenntnistheoretische Resultate dieser Art erzielen, sondern darüber hinaus eine normative Ethik „begründen" kann, die einem selbst plausibel erscheint, setzt den bloßen Theoretiker keinesfalls in Erstaunen. Man braucht dieser Einsichtsart ja nur in ausreichendem Maße weitere „Voraussetzungen" hinzuzufügen, um zu noch viel aufregenderen Ergebnissen zu kommen. Hier wäre zum Beispiel auf die Untersuchungen Hans Küngs zum Gottesproblem hinzuweisen[47], die ebenfalls an Kant anknüpfen und unter „Radikalisierung" der transzendentalen Problematik zur Begründung der These vorstoßen, daß der Glaube an die Existenz des christlichen Gottes die einzige „rational verantwortbare" Auffassung sei.

In diesen Untersuchungen wird das bloße „Selbstvertrauen der Vernunft", das in der Transzendentalpragmatik so schöne Früchte zeitigt, allerdings noch überboten durch ein „Grundvertrauen zur Wirklichkeit", das natürlich zu noch kühneren Hoffnungen berechtigt als das bescheidenere Nelson-Apelsche Postulat. Aber in zwei Punkten sind sich Apel und Küng durchaus einig: erstens darin, daß der kritische Rationalismus kritisch hinterfragt werden müsse und daß er überwunden werden könne in Richtung auf eine echte kritische Rationalität, die dann auch wieder echte Begründungen erlaube, und zweitens darin, daß man auf eine gewissermaßen im *Vollzuge* erfahrene *innere* Rationalität, auf eine *besondere* Art von Evidenz rekurrieren müsse, die solche Begründungen ermögliche.

Natürlich unterscheiden sich beide Unternehmungen in vielen Einzelheiten, zumal es im einen Falle um erkenntnistheoretische und ethische, im anderen darüber hinaus um theologische Probleme geht. Aber in beiden wird der kritische Rationalismus vor allem dadurch widerlegt, daß man ihn mit Paradoxien belastet. Während Küng sich hier im wesentlichen mit einem Hinweis auf Hülasa begnügt,[48] wartet Apel mit einer mißratenen Analogie zum Lügner-Paradox auf, und Kuhlmann

---

[47] Vgl. Hans Küng, Existiert Gott? Antwort auf die Gottesfrage der Neuzeit, München/Zürich 1978; dazu meine Schrift: Das Elend der Theologie. Kritische Auseinandersetzung mit Hans Küng, Hamburg 1979.

[48] Vgl. dazu meine Schrift „Das Elend der Theologie", a.a.O., S. 55. Es handelt sich um den vielbeachteten Aufsatz des dreieinigen Philosophen Hajato Hülasa, Baron Albert im Trilemma, Studia Philosophica, 36, 1977; dazu meine Antwort: Hülasa auf der Kanonenkugel, Studia Philosophica, 37, 1977.

stößt sogar zu eigenen Paradoxie-Thesen vor. In beiden Fällen besteht der konstruktive Teil des Unternehmens in Thesen, deren Herleitung auf teilweise recht abenteuerliche Weise vor sich geht, so daß die Bruchstellen des Gedankenganges dem aufmerksamen Leser eigentlich kaum entgehen können[49].

Nach allem, was uns da vorgeführt wurde, dürften Bemühungen, die transzendentale Fragestellung mit der Idee der Letztbegründung zu verbinden, also kaum aussichtsreich sein. Aber das ist keineswegs die einzige Möglichkeit, an diese Kantsche Problematik anzuknüpfen. Ich habe schon früher darauf aufmerksam gemacht, daß ich die Möglichkeit, diese Fragestellung mit einem kritischen Realismus zu verbinden, der den konsequenten Fallibilismus ernst nimmt, für bedeutend aussichtsreicher halte[50]. Diese Möglichkeit ist schon vor längerer Zeit ins Auge gefaßt und erläutert worden[51]. Dazu könnte man die Frage nach den Bedingungen der Möglichkeit der Erkenntnis statt als Problem der Letztbegründung als ein Problem der Erklärung auffassen, bei dem gerade nicht auf unanzweifelbare Einsichten zurückgegangen werden müßte. Für Untersuchungen dieser Art bedürfte es weder einer besonderen reflexiven Einstellung, noch einer besonderen Verfahrensweise, die es etwa ermöglichen würde, sakrosankte Resultate zu produzieren, Ergebnisse also, von denen es von vornherein feststeht, daß alternative Lösungen dazu denkunmöglich sind.

Damit sind wir bei einem sehr wesentlichen Punkt angelangt, von dem aus die angeblichen Vorzüge der Transzendentalpragmatik in einem ganz anderen Lichte erscheinen, als das etwa durch die Erläuterungen ihrer Verfechter erreicht wird. Wer seine Bemühung darauf konzentriert, illusionäre Begründungsansprüche für bestimmte Problemlösungen, gleichgültig in welchem Bereich, zu produzieren, verliert dadurch sehr leicht die Fähigkeit, alternative Lösungen überhaupt in Betracht zu ziehen, obwohl sie an sich niemals ausgeschlossen werden können. Die

---

[49] Es ist erstaunlich, daß der Name Apel im erwähnten Küngschen Buch nur anmerkungsweise auftaucht, obwohl schon Pannenberg die Verwertbarkeit der Apelschen Konzeption für die Theologie entdeckt hat, vgl. dazu Wolfhart Pannenberg, Wissenschaftstheorie und Theologie, Frankfurt am Main 1973, wo allerdings auch kritische Vorbehalte gegen diese Konzeption gemacht werden.

[50] Vgl. dazu meinen Aufsatz: Transzendentaler Realismus und rationale Heuristik, in meinem Buch: Die Wissenschaft und die Fehlbarkeit der Vernunft, Tübingen 1982, S. 37–57.

[51] Vgl. dazu außer den einschlägigen Arbeiten Oswald Külpes vor allem Karl Poppers schon erwähntes Buch: Die beiden Grundprobleme der Erkenntnistheorie.

Gewißheit, im Besitze der Wahrheit zu sein, ist auch im Bereich philosophischer Probleme nicht mehr wert als in anderen Bereichen des Lebens. Daß man den Fallibilismus auf die Realwissenschaften, die Mathematik und vielleicht noch auf bestimmte Arten des Alltagswissens einschränken kann und ausgerechnet für das philosophische Denken in dieser Beziehung eine Ausnahme machen muß, ist meines Erachtens ein Irrtum ganz ähnlicher Art, wie man ihn nicht selten im theologischen Denken findet. Er hat hier wie dort keinen Anspruch darauf, von uns honoriert zu werden.

Die angebliche Paradoxie des konsequenten Fallibilismus und die Ansprüche der Transzendentalpragmatik

Die Argumente gegen einen konsequenten Fallibilismus, die auf der Grundlage der Transzendentalpragmatik Karl-Otto Apels von ihm selbst und von Wolfgang Kuhlmann vorgebracht wurden, habe ich vor einiger Zeit einer Kritik unterzogen. Inzwischen hat Kuhlmann den Versuch unternommen, meine Argumentation zu entkräften und die Ansprüche der Transzendentalpragmatik als gültig zu erweisen[1]. Ich glaube nicht, daß ihm das gelungen ist, zumal er, wie ich meine, die Pointe meiner Argumentation nicht immer richtig erfaßt hat. Um das zu zeigen, möchte ich nun auf die Teile seines Buches eingehen, die in dieser Beziehung relevant sind. Ich hoffe, daß Kuhlmann sich dann in der Lage sieht, zumindest seine These zu revidieren, daß „der radikale Fallibilismus in Wirklichkeit zu keiner Behauptung mehr fähig" sei „und daher auch nicht zur Vertretung seiner eigenen Position"[2].

Der Kern der Kuhlmannschen Argumentation ist im zweiten Kapitel seine Buches (51–104) zu finden. Er beschäftigt sich da zunächst mit der Frage, ob Wahrheitssuche und Gewißheitsstreben unvereinbar sind (52–61), und sucht zu zeigen, daß das nicht der Fall ist. Den engen Zusammenhang zwischen Wahrheit und Gewißheit möchte er durch drei Hinweise deutlich machen: (1) durch den Hinweis darauf, daß Wahrheit ohne Gewißheit überhaupt nichts nütze (55) und daß die Überzeugungen, um die es bei der Wahrheitssuche gehe, immer ein gewisses Maß an Gewißheit involvierten (56), (2) durch den Hinweis darauf, daß die Hauptfunktion rationaler Argumentation darin bestünde, uns größere Sicherheit darüber zu verschaffen, daß wir es mit wahren oder falschen

---

[1] Vgl. Wolfgang Kuhlmann, Reflexive Letztbegründung. Untersuchungen zur Transzendentalpragmatik, Freiburg/München 1985.

[2] Vgl. Kuhlmann, a.a.O., S. 50. Im Folgenden werde ich die entsprechenden Seiten des Kuhlmannschen Buches jeweils in Klammern hinter den zitierten Passagen angeben.

Aussagen zu tun hätten (57), und (3) durch die These, daß in Behauptungen stets Wahrheitsansprüche erhoben würden, in denen eine Beziehung zur Gewißheit stecke (57).

Nun wurde die Tatsache, daß Überzeugungen mehr oder weniger gewiß – anders ausgedrückt: mehr oder weniger plausibel – sein können, von mir nie bestritten. Der wesentliche Punkt ist der, daß ein auch noch so großes Maß an Gewißheit *keine Wahrheitsgarantie* involviert. Nur das ist für das Problem der Letztbegründung interessant. Was die Rolle der Argumentation angeht, so geht es nicht darum, irgendeinen Gewißheitsgrad zu erzielen, sondern bei der Selektion von Aussagen zu helfen, die wir für akzeptabel halten. Und was den dritten Hinweis angeht, so lassen sich Behauptungen, die, wie Kuhlmann zugesteht, auch Vermutungscharakter haben können, ohne jeden Bezug auf die Gewißheit diskutieren, die die Behauptenden damit verbinden. Alle Äußerungen zum Gewißheitsproblem in meiner Argumentation für den konsequenten Fallibilismus stehen bei mir im Zusammenhang mit der Begründungsproblematik, und in diesem Zusammenhang kommt es auf die Frage der Wahrheitsgarantie an.

Aber ganz abgesehen davon, daß alle Thesen über tatsächlich vorliegende Gewißheiten in dieser Hinsicht irrelevant sind, ist die Behauptung Kuhlmanns, wenn es „unmöglich" sei, „letzte Gewißheit zu haben oder zu gewinnen", dann mache es „auch keinen Sinn, verschiedene Gewißheitsgrade zu unterscheiden" (60), nicht akzeptabel. Die faktische Unmöglichkeit, einen Extremwert einer bestimmten Skala zu erreichen, ist kein Grund, eine solche Skala überhaupt zu verwerfen. Und die Feststellung bestimmter Werte auf einer solchen Skala – etwa bestimmter Wahrscheinlichkeiten von Hypothesen – muß keineswegs mit absoluter Gewißheit erfolgen, wie Kuhlmann behauptet.

Was die sogenannten „letzten Maßstäbe" angeht, die angeblich deshalb nicht scheitern können, weil sie den Sinn dessen festlegen, was „scheitern" usw. bedeutet (61), so wird de facto nicht nur tatsächlich in der Wissenschaftstheorie darüber diskutiert, inwieweit sie akzeptabel sind, sondern es ist auch sinnvoll, darüber zu diskutieren, im Gegensatz zu dem, was Kuhlmann für selbstverständlich hält. Es ist nämlich niemals auszuschließen, daß auch in diesem Bereich Alternativen präsentiert werden, an die vorher nicht gedacht wurde und die bisherige Lösungen in einem anderen Lichte erscheinen zu lassen[3]. Es kann sich zum Beispiel herausstellen, daß diejenigen Maßstäbe, die man bisher als letz-

---

[3] Vgl. zu diesem Problem jetzt auch das vorzügliche Buch von Jonas Nilsson,

te Maßstäbe akzeptiert hatte, nicht das leisten, was man im Rahmen bestimmter Zielsetzungen von ihnen erwartet hatte. Sogar diese Zielsetzungen selbst – zum Beispiel bestimmte Erkenntznisziele – können sich als unrealisierbar erweisen, so daß die mit ihnen verbundenen Maßstäbe geopfert werden müssen. Und in diesem Zusammenhang können neue Maßstäbe formuliert und akzeptiert werden.

Im nächsten Abschnitt des Kapitels (62–71) wendet sich Kuhlmann meiner Argumentation an Hand des Münchhausen-Trilemmas zu und untersucht, (1) ob aus diesem Trilemma „tatsächlich folgt, was aus ihm gefolgert werden soll," und (2) ob sich der konsequente Fallibilismus halten läßt. Mit den Voraussetzungen, die ich angeblich mache, um zu meinem Trilemma kommen zu können, habe ich mich, wie Kuhlmann einräumt (65), schon beschäftigt[4]. Sein „Verdacht ..., daß mit dem Modell und seinen Voraussetzungen nicht alles in Ordnung ist", ist offenbar dadurch nicht zerstreut worden. Ich kann den Leser nur bitten, die betreffenden Passagen mit denen Kuhlmanns (64f.) zu vergleichen. Dann präsentiert er Widersprüche, die mit dem konsequenten Fallibilismus angeblich verbunden sind (67–70). Auch darauf bin ich in meiner früheren Kritik Kuhlmannscher Vorstellungen schon eingegangen[5] wenn auch nicht zur Zufriedenheit meines Diskussionspartners. Er behauptet nochmals, daß der konsequente Fallibilist seine These gegen mögliche Kritik immunisiere und daß diese These, entgegen ihrem Anspruch, keinen Gehalt habe.

Auch hier genügt es eigentlich, den Leser um einen Vergleich der Kuhlmannschen Deutungsversuche mit meiner Kritik zu bitten. Die Reaktion auf Widerlegungsversuche, die Kuhlmann dem Fallibilisten hier als konsequent unterstellt, beruht auf einem hermeneutischen Kunststück, das bei analoger Anwendung auf wissenschaftliche Hypothesen auch sie als unwiderlegbar erscheinen lassen müßte. Kuhlmann hat sich da einen Fallibilisten zurechtkonstruiert, der ihm in den Kram paßt. Hinsichtlich seiner zweiten These hätte er sich zumindest die Frage stellen sollen, wie es möglich ist, daß ich nichts behaupte, wenn ich die Apelsche These negiere, daß sich der Fallibilismus nicht auf bestimmte philosophische Auffassungen erstrecken kann. Kuhlmann

---

Rationality in Inquiry. On the Revisability of Cognitive Standards, Umea 2000, in dem unter anderem auch meine Apel-Kritik analysiert und bestätigt wird.

[4] Vgl. „Münchhausen und der Zauber der Reflexion", S. 134ff., oben. Kuhlmann scheint meine Darstellung nicht zu akzeptieren.

[5] A.a.O., S. 136–139, oben.

kann sich offenbar nicht damit abfinden, daß ich in der Tat etwas behaupte, aber nicht in Form eines Dogmas, sondern einer Hypothese, wie das auch in anderen Problembereichen üblich ist, während er sich seinen gewünschten Dialogpartner so zurechtgeschneidert hat, daß er schließlich nicht einmal eine sinnvolle These zustandebringt.

Im nächsten Abschnitt (71–76) gesteht er zu, daß bloße Evidenz noch keine Wahrheitsgarantie ist und geht dann auf die Frage ein, wie man sich gegen jeden möglichen Zweifel schützen könne (71f.). Er analysiert zunächst das Problem des sinnvollen Zweifels und produziert dann das „entscheidende Argument", nämlich: wenn der Zweifelnde die Geltung der Regeln der Argumentation bestreite, dann widerspreche er sich selbst (75). Und warum? Weil die Kuhlmannsche Theorie des Zweifelns bzw. des Bestreitens aussagt, „daß sinnvolles Bestreiten Argumentieren" ist, und „daß der Bestreitende die Regeln der Argumentation anerkannt haben" muß, „um sinnvoll bestreiten zu können" (76). Der Sinn dieses Unternehmens liegt darin, daß unser Autor aus der Tatsache des Zweifelns Konsequenzen ziehen möchte, durch die die Unbezweifelbarkeit bestimmter von ihm für richtig gehaltener Unterstellungen sichergestellt wird.

Um das zu erreichen, entwickelt er im nächsten Abschnitt (76–82) eine Theorie über die sogenannte „strikte Reflexion", die es ermöglichen soll, das *implizite Wissen* für den Versuch einer philosophischen Letztbegründung auszunutzen, dessen Besitz, wie er meint, jedem Sprechenden unterstellt werden kann. Um einen Zugang zu diesem Wissen zu bekommen, muß man allerdings von der theoretischen zur reflexiven Einstellung übergehen. Nach diesen Erläuterungen führt er nun sein Letztbegründungsargument vor (82–91), das den Nachweis erbringen soll, daß „die Situation des sinnvoll Argumentierenden für uns unhintergehbar ist", was gleichbedeutend sein soll mit der These, daß wir die Regeln und Präsuppositionen einer solchen Argumentation nicht sinnvoll bestreiten, daß wir sie auch nicht sinnvoll begründen können, und daß wir uns nicht sinnvoll „d.h. ohne sie zumindest implizit anzuerkennen", gegen ihre Anerkennung entscheiden können.

Das Argument, das Kuhlmann nun präsentiert und das ich in meiner früheren Kritik schon eingehend analysiert habe,[6] besteht, um es kurz zu sagen, nur darin, daß er die Behauptung eines Skeptikers über die Nicht-Geltung von Argumentationsregeln in einen Kontext einbettet, in dem die betreffenden Regeln schon als gültig angenommen werden.

---

[6] Vgl. S. 148–155, oben.

Daraus zieht er dann die Konsequenz, die Geltung dieser Regeln lasse sich nicht sinnvoll bestreiten. Die Behauptung des Skeptikers „Die Regeln der Argumentation gelten für mich nicht" wird von Kuhlmann als Teil einer Argumentation interpretiert, für die die betreffenden Regeln als gültig unterstellt werden, und diese Deutung wird dem betreffenden Skeptiker als einzig sinnvolle Deutung zugemutet.

Ich hatte es als eine hermeneutische These von höchster Naivität bezeichnet, daß man auf diese Weise dem Sinn einer ernst gemeinten Behauptung dieser Art näher kommt. Aus seiner Antwort geht hervor, daß Kuhlmann sich nicht in der Lage sieht, die erwähnte Aussage ohne möglicherweise damit verbundene Begründungsansprüche zu verstehen. Einen radikalen Skeptiker, der nicht an den Wert von Begründungen glaubt, vermag er sich entweder nicht vorzustellen, oder er möchte ihn nicht ernst nehmen. Mit dem Skeptiker, den er sich selbst zurechtgelegt hat, hat er dagegen leichtes Spiel, weil dieser so konstruiert wurde, daß er sich der Kuhlmannschen Argumentation ausliefert.

Wenn ich die Möglichkeit einer empirischen Untersuchung ins Spiel gebracht habe, dann ist das nur im Zusammenhang mit der These des Verfassers geschehen, er habe gezeigt, daß einer synthetischen Aussage notwendige Wahrheit zukomme. Die synthetische Aussage, die hier in Betracht kommt, nämlich, daß der betreffende Skeptiker die Regeln der Argumentation implizit anerkannt habe, kann nämlich keineswegs als *notwendig wahr* angesehen werden. Die Tatsache, daß Kuhlmann ihm eine solche Anerkennung zumutet, kann daran nichts ändern. Honoriert der Skeptiker diese Zumutung nicht, dann ist diese Aussage nämlich *faktisch falsch.* Im Rahmen des Kuhlmannschen Gedankenexperiments haben natürlich empirische Untersuchungen nichts zu suchen. Hier hat unser Autor ja die Szene logisch so präpariert, daß solche Untersuchungen überflüssig sind. Allerdings sind dabei auch kaum synthetische Wahrheiten zutagezufördern, und schon gar nicht solche, die darüber hinaus noch notwendig sind.

Auf meine weitere These, daß man die Möglichkeit einer sinnvollen Alternative im Bereich der Argumentationsregeln nicht ausschließen könne, geht Kuhlmann nicht ein. Es geht hier keineswegs um radikale Thesen von der Art, wie er sie im Zusammenhang mit Einwänden von Gethmann und Hegselmann diskutiert. Es genügt schon eine einzige sinnvolle Alternative zu dem, was Kuhlmann als Inhalt des impliziten Handlungswissens unterstellt, wenn er die These der Nicht-Geltung von Argumentationsregeln diskutiert. Sein Dialogpartner könnte eine solche Alternative akzeptiert haben, so daß ihm die Anerkennung der von Kuhlmann bevorzugten Argumentationsregeln nicht unterstellt werden kann. Schon daran scheitert dann deren Letztbegründung.

Aber ganz abgesehen davon kann selbst bei Annahme eines allen gemeinsamen „impliziten Handlungswissens" nicht darauf geschlossen werden, daß ein solches „Wissen" auch gültig ist. Das Faktum gemeinsamer Überzeugungen – gemeinsam anerkannter Annahmen oder Regeln – läßt nicht ohne weiteres den Schluß auf deren Gültigkeit zu. Also selbst dann, wenn es gelingen würde, durch strikte Reflexion solche gemeinsamen Überzeugungen „aufzudecken", könnte es sich doch um gemeinsame Illusionen handeln. Auch darauf habe ich in meiner früheren Kritik schon hingewiesen[7].

Da sich Kuhlmann nicht mit dem seiner Ansicht nach erreichten Ergebnis zufriedengeben möchte, das ja in der Tat, auch wenn es akzeptabel wäre, im Sinne der von ihm vertretenen Transzendentalpragmatik nicht viel einbringen würde, stellt er sich die weitere Aufgabe, eine „universell verwendbare letztbegründete philosophische Theorie der Argumentation" (107) in Angriff zu nehmen. Seine Erläuterungen (108–111) machen deutlich, auf welchem Wege er dieses Ziel zu erreichen gedenkt: Er möchte die in dem von ihm unterstellten impliziten Handlungswissen enthaltene Theorie der Argumentation ans Licht bringen, und zwar mit dem Mittel, daß er schon für die Widerlegung des Skeptikers in Anspruch genommen hat, nämlich mit Hilfe strenger Reflexion.

Nun fördert Kuhlmann eine ganze Reihe von mehr oder weniger plausiblen Anforderungen zutage, die hier in Betracht gezogen werden können. Aber seine selbstgestellte Aufgabe besteht eigentlich darin, nachzuweisen, daß gerade diese Elemente zu dieser Art von Wissen gehören, und dieser Nachweis müßte durch strikte Reflexion erreicht werden. Nicht nur das implizite Wissen selbst, sondern auch seine Rekonstruktion müßte so geartet sein, daß man sich unmöglich dabei irren könnte. Unser Autor sieht wohl, daß Bedenken gegen solche Thesen „nicht ganz unberechtigt" sind (126), aber er verschafft sich auf die gleiche Weise wie schon vorher die für die Aufrechterhaltung seiner Position notwendigen Gewißheiten, indem er zum Beispiel, wie das im Rahmen des klassischen Rationalismus stets üblich war, mit einer Version der These von der Kritikimmunität letzter Voraussetzungen operiert.[8]

[7] Vgl. Münchhausen oder der Zauber der Reflexion, S. 145f., oben.

[8] Wie schon vorher, so nun wieder, S. 132, wo es um regulative Prinzipien der Forschung geht. Daß die Notwendigkeit solcher Prinzipien der Forschung impliziert, daß sie auch sakrosankt und daher keiner Änderung zugänglich – also weder

In seiner Argumentation werden fortwährend Notwendigkeiten irgendwelcher Art unterstellt, die ihm selbst als solche plausibel, einem weniger vertrauensseligen Denker aber höchst befremdlich erscheinen mögen. Das Fazit seiner Argumentation ist jedenfalls, daß man ohne einen Kern echter Dogmen nicht auskommen kann. Selbst wenn das so wäre, wäre es aber immer noch fraglich, ob diese Dogmen auch den Charakter von Wahrheiten haben. Es könnte sich ja durchaus auch um notwendige Illusionen handeln.

Als nächstes möchte er den Nachweis erbringen, daß zu den „Bedingungen der Möglichkeit sinnvoller Argumentation eine Argumentations*gemeinschaft*" gehört (145). Davon, daß sich „eine derartige These zwingend begründen läßt, hängt", wie er meint, „für den Aufbau der Transzendentalpragmatik praktisch alles ab". Die Notwendigkeit einer solchen Gemeinschaft gilt seiner Auffassung nach „für alles, was auch den Namen ‚Denken' verdienen könnte"(147). Da die diesbezüglichen Nachweise offenbar wieder apriorischer Natur sind, läßt sich wohl auf diese Weise auch ohne weiteres der Nachweis erbringen, daß zum Beispiel Affen in Ermanglung einer dazu notwendigen Sprache und daher auch einer Argumentationsgemeinschaft auf keinen Fall denken können, gleichgültig, was die Forschung zu dieser Frage zutage fördern wird[9]. Nun kann man es sicher keinem Philosophen verwehren, sich seine eigenen Begriffe so zurechtzulegen, wie er es für seine Zwecke zu brauchen meint. Nur, wenn dann die Nachweise, die er seinen Lesern präsentiert, ausschließlich auf einer ad hoc eingerichteten Begriffsbildung beruhen, wird die Sache problematisch.

Mit einer solchen Situation haben wir es auch bei dem sogenannten Privatsprachen-Argument des späten Wittgenstein zu tun, das nun in der Kuhlmannschen Argumentation für die Notwendigkeit einer Argumentations- oder Kommunikationsgemeinschaft eine zentrale Rolle spielt wie vorher schon bei Apel[10]. Es geht hier bekanntlich um die Frage, ob eine Privatsprache möglich ist. Über diese Frage gibt es eine immense Literatur, und es ist bisher noch kein Konsens hinsichtlich einer akzeptablen Antwort zu erkennen. Kuhlmann bereichert die Diskus-

---

verbesserbar noch ersetzbar – sind, scheint ihm selbstverständlich zu sein. Vgl. dazu aber das oben erwähnte Buch von Jonas Nilsson.

[9] Vgl. dazu aber das Buch von Norbert Bischof, Das Rätsel Ödipus. Die biologischen Wurzeln des Urkonflikts von Intimität und Autonomie, München/Zürich 1985, Kap. 30, S. 519ff.; sowie: Frans de Waal, The Ape and the Sushi Master. Cultural Reflections by a Primatologist, New York 2001.

[10] Vgl. dazu meine Kritik auf S. 66ff., oben.

sion um eine Antwort nach dem Muster seiner oben erörterten Versuche einer Widerlegung des Skeptikers. Er behauptet, die Aussage „A spricht eine Privatsprache" könne nicht widerspruchsfrei behauptet werden, denn zu ihren Präsuppositionen gehöre, daß die Sprache, die A spricht, öffentlich zugänglich sei (159). Eine Privatsprache sei daher unmöglich.

Die Frage ist also seiner Auffassung nach rein logisch zu entscheiden. Daraus darf man schließen, daß es sich um keine faktische These handelt. Die andere Möglichkeit wäre die, die Kuhlmannschen „Präsuppositionen" in Zweifel zu ziehen, und wenn man sie genauer besieht, stellt man in der Tat fest, daß er sie ad hoc so zurechtkonstruiert hat, wie es ihm für seine Zwecke bequem ist. Er hat Wahrheit und Entscheidbarkeit dieser Aussage so miteinander gekoppelt, wie es für den klassischen Rationalismus charakteristisch ist, obwohl eine solche Koppelung sich längst als problematisch erwiesen hat. Daraus resultiert eine Sinnlosigkeitsthese, wie sie einem Vertreter des logischen Positivismus der 30er Jahre Ehre gemacht hätte (159). Es ist nicht uninteressant, daß die Verfechter der Transzendentalpragmatik, die die Neigung haben, den kritischen Rationalismus als „Szientismus" zu etikettieren, ununterbrochen Sinnlosigkeitsthesen dieser Art produzieren, um ihre eigenen Auffassungen als „letztbegründet" darstellen zu können.

Zu dieser ganzen Art der Beweisführung möchte ich nur Folgendes feststellen: Erstens kann die Hypothese sinnvoll sein, daß jemand eine Privatsprache spricht, auch wenn diese Sprache nicht identifizierbar ist; weder der Sinn noch die Wahrheit dieser Aussage hängen von dieser Identifizierbarkeit ab; zweitens läßt sich die betreffende Privatsprache unter Umständen identifizieren, ohne daß man sie verstehen kann, so daß die betreffende These auch unter diesen Umständen wahr sein könnte; und drittens könnte es auch dann eine Privatsprache geben, wenn meine Phantasie nicht ausreichen würde, mir diese Möglichkeit plausibel zu machen[11]. Auch Kuhlmanns direktes Argument für die Unmöglichkeit einer Privatsprache ist von der gleichen Qualität. Auch hier kommt er auf Grund rein begrifflicher Konstruktionen zu der Behauptung, daß schon die Möglichkeit der Identifikation einer Sprache ihr Verständnis involviert.

---

[11] Zur These von der Unmöglicheit einer Privatsprache vgl. übrigens die interessante Argumentation in: MALTE HOSSENFELDER, Kants Idee der Transzendentalphilosophie und ihr Mißbrauch in Phänomenologie, Historik und Hermeneutik, in: INGEBORG HEIDEMANN/WOLFGANG RITZEL (Hg), Beiträge zur Kritik der reinen Vernunft 1781–1981, Berlin/New York 1981, S. 332–345.

Das Verfahren, pseudofaktische Aussagen aus reinen Begriffen zu destillieren, dominiert seine gesamte Beweisführung in diesem Buch. In der Apelschen Transzendentalpragmatik, das wird bei Kuhlmann noch sehr viel deutlicher als bei Apel selbst, haben wir einen neuen Apriorismus vor uns, der sich – in aller Unschuld – vorwiegend logischer Erschleichungen bedient. Ich finde keine bessere Charakterisierung für dieses ganze Unternehmen als die, die ich in meiner früheren Kritik schon einmal formuliert habe: Kaninchen aus dem leeren Zylinder[12].

Nun möchte ich aber zum Schluß noch einmal auf die Kuhlmannsche These zurückkommen, daß der konsequente Fallibilismus zur Paradoxie führen müsse, eine These, die vorher schon Apel formuliert und durch den Hinweis auf die Paradoxie des Lügners begründet hatte. Es könnte ja in der Tat auf Grund der Tatsache, daß der Begriff der Fehlbarkeit mit dem des Irrtums und dieser wieder mit dem der Wahrheit verknüpft ist, ein Verfechter des konsequenten Fallibilismus in ähnliche Schwierigkeiten kommen wie der aus der Geschichte der Logik bekannte Kreter, auch wenn es weder Apel noch Kuhlmann bisher gelungen ist, das zu zeigen.

Nehmen wir daher einmal an, ein konsequenter Fallibilist, etwa der bekannte Dölleschüler Alois Fehlhaber (*f*), sei in eine Kontroverse über den Fallibilismus geraten mit dem ebenfalls nicht unbekannten Dölleschüler Igor Zehrfasel (*z*). Während Fehlhaber den konsequenten Fallibilismus vertrete, also annehme, daß man sich in bezug auf den Wahrheitswert aller möglichen Aussagen irren könne, sei Zehrfasel ein Verfechter eines beschränkten Fallibilismus, für den es in dieser Hinsicht Ausnahmen geben kann, wie sie etwa im Katholizismus oder in der Transzendentalpragmatik angenommen werden. Fehlhaber habe also die Aussage formuliert, daß alle Menschen in bezug auf alle Aussagen fehlbar sind:

(*a*) (*x*) (*y*) *Fxy* (wobei als Wertbereich für *x* Personen und für *y* Aussagen angenommen werden). Aus (*a*) folgt offenbar:

(*b*) (*x*) *Fxa,* so daß man auch in bezug auf die Aussage (*a*) fehlbar ist.

---

[12] Frappierend ist für mich nur die Tatsache, daß Kuhlmann, dessen Darstellungsweise im Gegensatz zu der anderer Transzendentalpragmatiker im wesentlichen sehr klar und übersichtlich ist, so daß man seine Argumentation sehr gut nachvollziehen kann, nicht in der Lage ist, selbst zu durchschauen, was er seinen Lesern zumutet.

Nehmen wir nun an, es sei Zehrfasel gelungen zu zeigen, daß in bezug auf eine Aussage (*o*) (die etwa zum gemäß Apel durch strikte Reflexion eruierbaren Wissen gehört) ein Irrtum unmöglich ist, so daß gilt:.

(*c*) (*x*) – *Fxo,* woraus folgt:
(*d*) (*Ey*)(*x*) –*Fxy.*

Da daraus die Falschheit von (*a*) folgt, wäre der konsequente Fallibilismus aufzugeben. Natürlich hätte Fehlhaber, der diese Konsequenz zu ziehen bereit wäre, damit gleichzeitig seine Fehlbarkeit in bezug auf (*a*) gezeigt, womit sich in seinem Falle (*b*) bestätigt hätte. Der starke Satz (*a*) wäre widerlegt, seine schwache Konsequenz (*b*) insoweit bestätigt worden. Das ist keineswegs paradox. Ist nun aber (*b*) etwa kritikimmun, so daß es nur immer bestätigt werden kann? Das ist keineswegs der Fall. Zehrfasel könnte nämlich nicht nur zeigen, daß in bezug auf ein (*o*) ein Irrtum nicht möglich sei, also (*c*), sondern darüber hinaus auch, daß er selbst in bezug auf (*a*) nicht fehlbar sei, und zwar gerade deshalb, weil er es auch in bezug auf (*o*) nicht sei, also

(*e*) – *Fza,* woraus folgt:
(*f*) (*Ex*) – *Fxa,* was mit (*b*) unvereinbar ist.

Falls Zehrfasel in der Lage ist, Fehlhaber von der Wahrheit der Aussagen (*c*) und (*e*) zu überzeugen, wäre dieser genötigt, sowohl (*a*) als auch (*b*) aufzugeben. Nun zielen aber die Erörterungen Apels und Kuhlmanns genau in die angegebene Richtung. Sie wollen zeigen, daß man sich in bezug auf bestimmte Wissenskomponenten, die durch strikte Reflexion zu eruieren sind, nicht irren kann und daß damit der konsequente Fallibilismus Schiffbruch erleiden muß. Und sie beanspruchen gleichzeitig damit ein entsprechendes Wissen über diese Art des Fallibilismus. Nur sind die Argumente, die sie angeboten haben, um die Richtigkeit ihrer Auffassungen nachzuweisen, wie ich gezeigt zu haben glaube, nicht stichhaltig.

Jürgen Habermas und das Problem der Letztbegründung

Notizen zum Begründungsprogramm der Diskursethik

Ähnlich wie Karl-Otto Apel hat auch Jürgen Habermas in seiner philosophischen Konzeption transzendentale Ansprüche erhoben. Seine Lehre von der transzendentalen Bedeutung erkenntnisleitender Interessen entspricht bis auf kleine Unterschiede der Apelschen Lehre und verdient die gleiche Kritik. Ich habe mich mit seinen philosophischen Anschauungen seit dem sogenannten Positvismusstreit immer wieder auseinandergesetzt[1] und mußte dabei feststellen, daß er sich in mancher Hinsicht den Auffassungen genähert hat, mit denen er in dieser Kontroverse konfrontiert wurde, soweit ich sehe allerdings, ohne die zentrale Idee eines umfassenden Konsenses aufzugeben, die seit mehr als 30 Jahren für sein Denken charakteristisch ist.

Anscheinend hat Habermas lange Zeit ebenso wie Apel die Auffassung vertreten, daß im philosophischen Bereich eine Letztbegründung möglich und erstrebenswert ist. Noch in seinen „Notizen zu einem Begründungsprogramm"[2] äußert er die Ansicht, daß die „in Umrissen erkennbare" Apelsche Diskursethik der heute aussichtsreichste Ansatz ist. Und er macht sich anheischig, gegen „den Einwand des ethnozentrischen Fehlschlusses ... Apels Vorschlag einer transzendentalpragmatischen Begründung der Ethik ins Feld zu führen"[3]. Dabei werde er aber, wie er dann sagt, „Apels Argument ... so modifizieren", daß er „den Anspruch auf ‚Letztbegründung' unbeschadet preisgeben" könne.

---

[1] Vgl. zum Beispiel meinen Aufsatz: Hermeneutik und Realwissenschaft. Die Sinnproblematik und die Frage der theoretischen Erkenntnis, a.a.O., und spätere Arbeiten.

[2] Vgl. Jürgen Habermas: 3. Diskursethik – Notizen zu einem Begründungsprogramm, in seinem Buch: Moralbewußtsein und kommunikatives Handeln, Frankfurt am Main 1983, S. 53ff.

[3] Vgl. Habermas, a.a.O., S. 88.

Offenbar war er auf Argumente gestoßen, die ihn dazu veranlaßt haben, diesen Anspruch, den er bisher zusammen mit Apel verteidigt hatte, fallen zu lassen. Da die Letztbegründungsthese, wie wir gesehen haben, für Apel ein unaufgebbarer Bestandteil seiner Konzeption ist, scheint mir diese Habermassche Wendung nicht uninteressant zu sein, zumal ohne diese These das bisher beiden gemeinsame Begründungsprogramm nicht aufrechtzuerhalten war. Eine Transzendentalpragmatik ohne Letztbegründung ist nach allem, was wir bisher von Apel und von Kuhlmann erfahren haben, undenkbar.

Natürlich liegt die Frage nahe, ob Habermas damit zum konsequenten Fallibilismus übergegangen ist. Man könnte sich ja immerhin vorstellen, daß er meine Kritik an der Apelschen Konzeption, die seit mehr als zehn Jahren vorlag, zur Kenntnis genommen und zumindest teilweise akzeptiert hatte. Zumindest wäre eine eingehende Auseinandersetzung mit dieser Kritik zu erwarten gewesen, da seine eigene Konzeption von dieser Kritik mitbetroffen war. Eine offene Auseinandersetzung dieser Art ist aber in seinem Buch und, soweit ich sehe, auch in späteren Arbeiten nicht zu finden. Allerdings gibt es Indizien dafür, daß er diese Kritik zur Kenntnis genommen hat.

Zwar geht Habermas an einer Stelle seines Buches explizit auf meine Auffassungen ein, aber er erwähnt merkwürdigerweise an keiner Stelle diejenigen Arbeiten, in denen ich mich ausführlich mit Apel beschäftigt habe,[4] sondern nur meinen „Traktat über kritische Vernunft"[5]. Er geht nämlich auf mein Münchhausen-Trilemma ein, aber nur um seinen „problematischen Stellenwert" zu charakterisieren, der darauf zurückzuführen sei, daß es sich „nur unter der Voraussetzung eines *semantischen Begründungskonzepts*" ergebe, „das sich an der deduktiven Beziehung zwischen Sätzen" orientiere „und allein auf den Begriff der logischen Folgerung" stütze[6]. Die damit verbundene „deduktivistische Begründungsvorstelllung" sei, so meint er, „offensichtlich zu selektiv für die Darstellung der pragmatischen Beziehungen zwischen argumentativen Sprechhandlungen". Apel habe „unter diesem Gesichtspunkt den Fallibilismus einer einleuchtenden Metakritik unterworfen und den

---

[4] Also weder meinen Aufsatz „Hermeneutik und Realwissenschaft", noch meine Schrift „Transzendentale Träumereien", noch auch meinen Aufsatz „Münchhausen oder der Zauber der Reflexion".

[5] Vgl. Habermas, a.a.O., S. 89f.

[6] Zu diesem Einwand vgl. mein Buch: Traktat über kritische Vernunft, 5. Auflage, Tübingen 1991, S. 230ff., und passim.

Einwand des Münchhausen-Trilemmas entkräftet"[7]. Darauf brauche er, so meint Habermas, „nicht im Einzelnen einzugehen".

Er hätte aber schon deshalb allen Grund gehabt, darauf einzugehen, weil seine Beurteilung des Münchhausen-Trilemmas und seiner Bedeutung für das Begründungsproblem, wie unsere Untersuchung gezeigt hat, auf Mißverständnissen beruht, die er hätte vermeiden können, wenn er meine Apelkritik zur Kenntnis genommen hätte[8]. Apel kommt nach Habermas „vor allem das Verdienst zu, die inzwischen verschüttete Dimension der nicht-deduktiven Begründung ethischer Grundnormen freigelegt zu haben". Er erneuere „den Modus der transzendentalen Begründung mit sprachpragmatischen Mitteln" und zwar unter Benutzung des Begriffs des „performativen Widerspruchs". Anschließend wird dem Leser in Kürze die Struktur der Apelschen Beweisführung gegen den konsequenten Fallibilismus vorgeführt, der Habermas zustimmt. Darauf brauche ich meinerseits nun nicht mehr im Einzelnen einzugehen.

Nachdem Habermas den Apelschen „Begründungsmodus", zu dem Apel seine „Form der performativen Widerlegung des Skeptikers" stilisiert habe, ausdrücklich anerkannt hat, geht er dazu über, sein eigenes Argument vorzuführen[9]. Dabei will er unter anderem zeigen, daß die „Begründung der Diskursethik nicht den Stellenwert einer Letztbegründung einnehmen kann und warum dieser Status für sie auch gar nicht reklamiert zu werden braucht." Wie kommt er zu diesem Ergebnis? Er räumt zunächst ein, daß der „Nachweis performativer Widersprüche ... sich zur Identifizierung von Regeln" eignet, „ohne die das Argumentationsspiel nicht funktioniert". Damit werde „die *Alternativenlosigkeit* dieser Regeln für die Argumentationspraxis bewiesen"[10]. Das ist aber, wie wir gesehen haben, keineswegs der Fall. Immerhin gibt er dann zu, daß diese Regeln damit nicht selbst *begründet* werden können. Eine „transzendentale Deduktion im Sinne Kants" könne „mit solchen argumentativen Mitteln nicht bewerkstellligt werden".

„Daß Apel gleichwohl hartnäckig am Letztbegründungsanspruch der Transzendentalpragmatik" festhalte, erklärt sich seiner Auffassung

---

[7] Habermas bezieht sich dabei auf zwei Apelsche Arbeiten, mit denen ich mich in „Transzendentale Träumereien" ausführlich beschäftigt habe.

[8] Wie meine Untersuchung zeigt, kann keine Rede davon sein, daß Apel den „Einwand des Münchhausen-Trilemmas entkräftet" habe. Seine „einleuchtende Metakritik" des Fallibilismus, ist, wie wir gesehen haben, völlig daneben gegangen.

[9] Vgl. Habermas, a.a.O., S. 92ff.

[10] Habermas, a.a.O., S. 105ff., vgl. damit meine oben angeführte Kritik.

nach „aus einer inkonsequenten Rückkehr zu Denkfiguren, die er mit dem energisch vollzogenen Paradigmenwechsel von der Bewußtseins- zur Sprachphilosophie selber entwertet" habe. Er stütze „den Letztbegründungsanspruch der Transzendentalpragmatik genau auf jene Identifikation von Aussagenwahrheit und Gewißheitserlebnis, die nur im reflexiven Nachvollzug einer vorgängig intuitiv vollzogenen Leistung, d.h. nur unter Bedingungen der Bewußtseinsphilosophie vorgenommen werden" könne. Auf „der analytischen Ebene der Sprachpragmatik" sei aber eine solche Identifikation nicht möglich. Ich kann mich erinnern, diese von Habermas nun in Frage gestellte Identifikation schon in meinem „Traktat über kritische Vernunft" attackiert zu haben.

Die Habermassche Darstellung der „Begründungsschritte" für die von ihm selbst angestrebte Diskursethik enthält nun einen kritischen Punkt, der dem Leser aus meiner Kritik am Apelschen Unternehmen vertraut sein dürfte. Habermas entdeckt nämlich „unverkennbar hypothetische Elemente" in dem Verfahren, das zur Begründung dieser Ethik führen soll. Es handelt sich darum, daß das „implizite Wissen", von dessen Existenz Apel und Habermas in ihren Begründungsversuchen ausgehen, explizit gemacht werden muß und damit den Status theoretischer Annahmen erhält, deren hypothetischer Charakter auch von Habermas nicht bestritten wird. „Die *Gewißheit,* mit der wir unser Regelwissen praktizieren" so stellt er fest, „überträgt sich nicht auf die *Wahrheit* von Rekonstruktionsvorschlägen für hypothetisch allgemeine Präsuppositionen".

Habermas weist also die Letztbegründungsthese zurück, weil er eingesehen hat, daß in der Apelschen Version der Transzendentalpragmatik mit theoretischen Annahmen operiert wird, für die ein Letztbegründungsanspruch nicht erhoben werden kann. Das ist, wie wir gesehen haben, auch ein Resultat meiner Kritik am Apelschen Unternehmen,[11] die ihm, wie sich aus seinem Buch ergibt, offenbar bekannt war, denn er zitiert die betreffende Arbeit in einem anderen Zusammenhang[12]. In seiner eigenen Apelkritik hält er sie und meine darin enthaltenen Ein-

---

[11] Vgl. dazu S. 145–165, oben.

[12] Habermas, a.a.O., S. 120, Anm. 25, wo er mir bescheinigt, ich habe „in Anknüpfung an Max Weber aus Poppers Kritizismus" eine „Variante des Dezisionismus" entwickelt „zuletzt in: H. Albert, Fehlbare Vernunft, Tübingen 1980". Dieser schlampige Hinweis kann sich nur auf mein Buch „Die Wissenschaft und die Fehlbarkeit der Vernunft", beziehen, in dem mein Aufsatz „Münchhausen und der Zauber der Reflexion" enthalten ist. Es ist allerdings nicht 1980 sondern erst 1982 erschienen.

wände offenbar für nicht der Erwähnung wert, obwohl sie den entscheidenden Punkt dieser Kritik betreffen. Die Beurteilung dieses Verfahrens überlasse ich dem Leser.

Im übrigen hält er an der Auffassung fest „das intuitive Regelwissen, das sprach- und handlungsfähige Subjekte verwenden" müßten, „um an Argumentationen überhaupt teilnehmen zu können", sei „in gewisser Weise nicht fallibel". Auch gegen diese These, die nach dem, was er in diesem Zusammenhang sagt, als theoretische Hypothese aufzufassen wäre und für die er kein Argument vorbringt, hätte er in meiner Kritik an der Transzendentalpragmatik Einwände finden können. Auch wenn wir ein solches „Regelwissen" mit „Gewißheit" praktizieren sollten, wie er meint, ergibt sich allein daraus kein Grund anzunehmen, daß ihm an sich irgendeine Art von Geltung zukommt. Bisher ist es ihm jedenfalls nicht gelungen, dem konsequenten Fallibilismus irgendwelche Schwächen nachzuweisen.

Seine übrigen Erläuterungen zu seinem „Begründungsprogramm" lasse ich dahingestellt. Inzwischen hat er ja seine Diskursethik weiterentwickelt und darüber hinaus eine Diskurstheorie des Rechts konstruiert, die ebenso wie seine Diskursethik international diskutiert wird[13]. Dabei hat sich die Unhaltbarkeit seiner normativen Konzeption herausgestellt[14] deren Beliebtheit bei unseren ausländischen Freunden allerdings kaum darunter gelitten hat.

Die durch den kritischen Rationalismus repräsentierte Alternative hat er bisher ohne eine gründliche Auseinandersetzung mit fadenscheinigen Bemerkungen beiseitegeschoben[15]. Obwohl ich von ihm seit dem

---

[13] Für eine durchschlagende Kritik dieser Konzeption vgl. Armin Engländer, Diskurs als Rechtsquelle? Zur Kritik der Diskurstheorie des Rechts, Tübingen 2002. Engländer kommt nach einer eingehenden Analyse aller vorgebrachten Argumente zu dem Schluß: „Das ambitionierte Projekt der Diskurstheoretiker, eine kognitivistische Rechtfertigungslehre für moralische und rechtliche Normen zu begründen, muß als gescheitert angesehen werden", a.a.O. S. 157; siehe dazu auch die in den nächsten drei Anmerkungen erwähnten Bücher.

[14] Vgl. dazu auch Ulrich Steinvorth, Gleiche Freiheit. Politische Philosophie und Verteilungsgerchtigkeit, Berlin 1999, S. 76–82 und passim.

[15] Wie Uwe Steinhoff in seinem Buch: Kritik der kommunikativen Rationalität. Eine Gesamtdarstellung und Analyse der kommunikationstheoretischen jüngeren Kritischen Theorie, Marsberg 2001, S. 405f., feststellt, zeigt Habermas im Gegensatz zu Apel und Kuhlmann, „entgegen seinem Ruf bei jenen, die die Diskussionslage nicht übersehen, eine auffällige Tendenz ..., grundsätzliche und scharfe Kritik an seiner Philosophie schlicht zu ignorieren oder pauschal zurückzuweisen". Es sei Habermas, so meint Steinhoff, „bei dem es an der Bereitschaft zum offenen Gespräch

Positivismusstreit in dieser Beziehung einiges gewohnt bin, hatte ich allerdings die Art und Weise des Umgangs mit Texten nicht erwartet, in der sich Habermas aus dem sinkenden Schiff des Apelschen Unternehmens einer letztbegründeten Transzendentalpragmatik gerettet hat.

Im übrigen hat er sich offenbar, wie oben schon erwähnt, in wichtigen Punkten der Position des kritischen Rationalismus angenähert[16] und zwar in so geschickter Weise, daß das bisher in der internationalen Diskussion nicht zur Kenntnis genommen wurde[17]. Ich habe den Eindruck, daß er in dieser Hinsicht auch davon profitiert, daß seine angelsächsischen Diskussionspartner meist die deutsche Sprache nicht kennen oder trotz ihrer Kenntnis dieser Sprache die im deutschen Sprachbereich vorliegende Kritik nicht zu berücksichtigen pflegen[18]. Inwieweit er seine Vorbehalte gegen einen konsequenten Fallibilismus inzwischen aufgegeben hat, kann ich nicht feststellen. Wie dem auch sei, die zentrale Idee seiner Konzeption, nämlich die eines umfassenden

---

und zur Auseinandersetzung mit allen Argumenten mangelt, insbesondere mit jenen, die vor dem Hintergrund einer radikalen, statt bloß sympathisierenden Kritik" formuliert würden. Apel, Kuhlmann und andere Transzendentalpragmatiker dagegen setzen sich nach Steinhoff „mit ihren Gegnern und Kritikern auseinander", „wenn auch im Rückgriff auf die immer gleichen dogmatischen Postulate". Dem habe ich nichts hinzuzufügen.

[16] Vgl. dazu ARPAD A. SÖLTER, Moderne und Kulturkritik. Jürgen Habermas und das Erbe der kritischen Theorie, Bonn 1996, S. 50ff. Die dtv-Ausgabe des Buches „Der Positivismusstreit in der deutschen Soziologie" von 1993 enthält übrigens auf der ersten Seite die Mitteilung, daß die Beiträge in diesem Band die berühmte Auseinandersetzung aus den 60er Jahren zwischen den Sozialphilosophen des *Kritischen Rationalismus der Frankfurter Schule* und Vertretern der *Analytischen Philosophie und Wissenschaftstheorie* wiedergeben. Anscheinend ist man in Frankfurt dabei, die Firma zu übernehmen – jedenfalls ein reizender Einfall, der von meinem Freunde Igor Zehrfasel stammen könnte.

[17] Dieser Zug der Habermasschen Strategie ist mir schon früher aufgefallen, vgl. dazu: WILHELM BAUM (Hg.), Paul Feyerabend-Hans Albert, Briefwechsel, Frankfurt am Main, 1997, S. 88ff.

[18] Vgl. SÖLTER, a.a.O., S. 2, Anm. 3, wo unter anderem darauf aufmerksamm gemacht wird, daß Thomas McCarthy in seinem einflußreichen Buch: Kritik der Verständigungsverhältnisse. Zur Theorie von Jürgen Habermas, Frankfurt am Main 1980, meine Kritik an der Habermas-Apelschen Theorie der Erkenntnisinteressen in „Transzendentale Träumereien" völlig übergangen hat. Dasselbe gilt für meinen Aufsatz „Hermeneutik und Realwissenschaft", den Habermas dann als Nachläufer einer abgeschlossenen Diskussion beseitegeschoben hat, ohne auf die in ihm enthaltenen Argumente einzugehen; vgl. sein Buch: Theorie des kommunikativen Handelns, Band 1, a.a.O., S. 160. Zu diesem Buch vgl. das VIII. Kapitel: Ein hermeneutischer Rückfall: Habermas und der kritische Rationalismus, meines Buches: Kritik der reinen Hermeneutik, a.a.O., S. 230–265.

Konsenses hat er, soweit ich sehe, trotz der vorliegenden Kritik bisher noch nicht aufgegeben.

Wenden wir uns nun einer Interpretation des transzendentalen Denkens zu, die im Rahmen eines konsequenten Fallibilismus möglich ist.

Vom transzendentalen Denken zur Analyse der Erkenntnispraxis

Lösungsversuche im Rahmen des konsequenten Fallibilismus

I. Zum Charakter der Kantschen Transzendentalphilosophie

Wenn man eine bestimmte Richtung des erkenntnistheoretischen Denkens als transzendentalen Realismus charakterisieren möchte, ist es wohl angebracht, zunächst einmal auf die Kantsche Behandlung der Erkenntnisproblematik einzugehen, mit der der Begriff einer transzendentalen Auffassung oder Verfahrensweise eng verbunden ist, weil dieser Begriff in ihr zum ersten Mal in dem Sinne aufgetreten ist, in dem er heute verwendet zu werden pflegt. Wer später mit diesem Begriff operiert hat, hat meist wohl damit die Absicht bekundet, in einer für seine Problembehandlung relevanten Weise an Kantsche Anschauungen anzuknüpfen, auch wenn man die Auffassung vertreten kann, daß der betreffende Ansatz in vielen Fällen weniger mit ihnen zu tun hat, als es der jeweilige Autor selbst beansprucht hat[1].

Im allgemeinen wird der Kantschen Philosophie die Leistung zugeschrieben, den klassischen Rationalismus und den klassischen Empirismus überwunden zu haben und damit gleichzeitig den Dogmatismus der einen Richtung und den Skeptizismus, der sich in der anderen entwickelt hatte und der dann in den Anschauungen David Humes in voller Schärfe zum Ausdruck gekommen war. Kant habe das durch die Entwicklung einer Auffassung erreicht, durch die die Erkenntnis auf den Bereich möglicher Erfahrungen eingeschränkt und damit erfahrungstranszendente Erkenntnisse ausgeschlossen und in den Bereich des Glaubens verwiesen wurden, allerdings eines Glaubens, der unter

---

[1] Vgl. dazu Malte Hossenfelder, Kants Idee der Transzendentalphilosophie und ihr Mißbrauch in Phänomenologie, Historik und Hermeneutik, a.a.O., S. 306–345.

den Gesichtspunkten der praktischen Vernunft unter Umständen rational zu rechtfertigen sei. Die kopernikanische Wendung, die mit Kants transzendentalem Idealismus verbunden ist, kommt vor allem in dem Diktum zum Ausdruck, der Verstand schreibe der Natur ihre Gesetze vor, ein Diktum, das dadurch verständlich gemacht werden kann, daß die naturwissenschaftliche Erkenntnis sich nur auf die Welt der Erscheinungen bezieht, die nach Kant durch das menschliche Erkenntnisvermögen „konstituiert“ und damit von ihm abhängig ist.

Wolfgang Röd hat in vielen seiner Arbeiten eine Deutung der Kantschen Philosophie entwickelt, die mit einer Kritik an einigen Aspekten des Kantschen Denkens verbunden ist. Sie hat ihn zu einem problematizistischen Transzendentalismus geführt, der die klassische Idee sicherer Begründung verwirft und daher einen konsequenten Fallibilismus involviert,[2] so daß die Möglichkeit alternativer Konzeptionen grundsätzlich nicht ausgeschlossen wird. Er hat außerdem die zentrale Rolle des ontologischen Gottesbeweises für die vorkantische Philosophie herausgearbeitet, die darauf beruhte, daß die Übereinstimmung von Denken und Wirklichkeit durch die Annahme gerechtfertigt wurde, daß beide Bereiche von Gott abhängig seien[3].

Das Problem der Sicherung der objektiven Geltung bestimmter Urteile, das in der rationalistischen Metaphysik mit Hilfe dieser Annahme bewältigt wurde, stellte sich nach Röd im Rahmen der Kantschen Erfahrungstheorie so, daß der Rückgriff auf ein transzendentes Prinzip und damit auch der auf Gottesbeweise sich erübrigte. Nach Kant können unsere „Urteile über Gegenstände ... mit den Gegenständen übereinstimmen, weil das erkennende Subjekt durch seine Anschauungs- und Denkformen die Übereinstimmung zwischen Denken und gedachter Wirklichkeit erzeugt“, so daß sich schon die „Frage“ nach „einem jenseitigen Grund der Übereinstimmung“ als „verfehlt“ erweist[4].

---

[2] Vgl. dazu vor allem sein systematisches Werk: Erfahrung und Reflexion. Theorien der Erfahrung in transzendentalphilosopher Sicht, München 1991, ein Werk, das eine gründliche Auseinandersetzung mit den heute vorliegenden erkenntnistheoretischen Auffassungen enthält. Für eine problemorientierte historische Untersuchung, in der die Vorgeschichte des Kantschen Denkens akzentuiert wird, vgl. W. Röd, Die Philosophie der Neuzeit 2. Von Newton zu Rousseau, München 1984.

[3] Vgl. dazu W. Röd, Der Gott der reinen Vernunft. Die Auseinandersetzung um den ontologischen Gottesbeweis von Anselm bis Hegel, München 1992. Der nachkantische Idealismus involviert seiner Auffassung nach auch in dieser Hinsicht einen Rückfall hinter die von Kant erreichte Lösung des Erkenntnisproblems, vgl. a.a.O., S. 168–197.

[4] W. Röd, Der Gott der reinen Vernunft, S. 167f.

An die Stelle Gottes ist also hier das erkennende Subjekt getreten, das diese Übereinstimmung deshalb *erzeugen* kann, weil die betreffenden Gegenstände selbst zum Bereich der Erscheinungen gehören. In dieser Idee kommt der Kantsche Phänomenalismus zum Ausdruck, der durch den transzendentalen Idealismus begründet wird[5]. Eine unabhängig vom Erkenntnissubjekt vorhandene Wirklichkeit kommt damit als Gegenstand der Erkenntnis nicht mehr in Betracht, obwohl sie mit der Lehre vom „Ding an sich" als vorhanden vorausgesetzt wird. Diese Lehre hat dann bekanntlich in der Diskussion um eine adäquate Interpretation der Kantschen Philosophie eine wichtige Rolle gespielt. Der minimale metaphysische Realismus, der in ihr zum Ausdruck kommt, scheint jedenfalls für eine solche Interpretation unverzichtbar zu sein[6].

In der Rödschen Interpretation des Transzendentalismus spielt die Deutungsabhängigkeit der menschlichen Erkenntnis eine zentrale Rolle, also die Tatsache, daß alle Aussagen, mit denen wir uns auf irgendwelche Gegenstände beziehen, mit Hilfe von Begriffsapparaten formuliert sind, die eine „Deutung" des tatsächlichen Geschehens involvieren. Dieser Auffassung kann man wohl ohne weiteres zustimmen. Man beachte, daß die Ausdrücke „Deutung" und „Interpretation" hier nicht mehr besagen, als daß man irgendwelche Zusammenhänge begrifflich erfaßt, sich also der Darstellungsfunktion der Sprache bedient. Es läßt sich dann stets die Frage stellen, ob eine solche Interpretation eine zutreffende Darstellung enthält, also im üblichen Sinne des Wortes „wahr" ist.

Moderne erkenntnistheoretische Untersuchungen nach der sogenannten linguistischen Wende scheinen oft den Anspruch zu erheben, das Auftreten von Interpretationen kompliziere die betreffenden Probleme in einer Weise, die völlig neue Überlegungen notwendig mache, so daß ein kritischer Realismus traditioneller Art als „naiv" anzusehen

---

5 Malte Hossenfelder hat eine Interpretation der transzendentalen Idee geliefert, nach der die Kantsche Konstitutionstheorie und der damit verbundene Idealismus „überschüssig" ist, so daß „der Transzendentalismus auch mit einer realistischen Position vereinbar wäre", vgl. dazu seinen Aufsatz: „Kants Idee der Transzendentalphilosophie", a.a.O., S. 308–315, und sein Buch: Kants Konstitutionstheorie und die Transzendentale Deduktion, Berlin/New York 1978. Allerdings hat Kant selbst, wie Hossenfelder einräumt, seine Konstitutionstheorie wohl für unentbehrlich gehalten, so daß man die Rödsche Deutung als angemessen ansehen kann, vgl. dazu mein Buch: Kritik der reinen Erkenntnislehre, a.a.O., S. 22. u. S. 30f.

6 Das dürfte Hans Wagner nachgewiesen haben, vgl. dazu seinen Aufsatz „Kants affirmative Metaphysik von Dingen an sich", in: KANT, A due Secoli dalle Critica, Brescia 1984, S. 181–191.

sei[7]. Es ist aber kaum einsichtig zu machen, inwiefern die Bezugnahme auf Interpretationen zu neuen Schwierigkeiten führen könnte, wenn man sich klar macht, daß der oben erwähnte triviale Sachverhalt auch früheren Erkenntnistheoretikern schon bekannt war und von ihnen berücksichtigt wurde. Sie waren sich natürlich auch darüber klar, daß sie in ihren Untersuchungen eine Sprache benutzten und insofern Interpretationen lieferten[8].

Wenn sich heute in wissenschaftstheoretischen Untersuchungen die These durchgesetzt hat, auch sogenannte Beobachtungsaussagen seien nur unter Verwendung theoretischer Begriffe formulierbar, dann steht sie durchaus im Einklang mit der Rödschen Auffassung. Aber diese These ist noch mit einem kritischen Realismus vereinbar. Sie ist bekanntlich nicht, wie vielfach angenommen wird, ein Resultat der durch Kuhn, Hanson und Feyerabend herbeigeführten Wende im wissenschaftlichen Denken, sondern schon Bestandteil der von Karl Popper vertretenen Auffassung[9].

Um zu einer nicht-realistischen Transzendentalphilosophie zu kommen, muß die weitere These vertreten werden, die Deutungsabhängigkeit der menschlichen *Erkenntnis* habe die Konsequenz, daß auch die *Gegenstände* dieser Erkenntnis deutungsabhängig seien. Das ist die Auffassung, die auch in der Kantschen These zum Ausdruck kommt, die Bedingungen der Möglichkeit der Erfahrung seien gleichzeitig die Bedingungen der Möglichkeit der Gegenstände der Erfahrung, der These also, die charakteristisch ist für die Kantsche Konstitutionstheorie. Für diese These, die mitunter als selbstverständlich angesehen wird, scheint es bisher jedenfalls kein schlüssiges Argument zu geben[10]. Zu

---

[7] Vgl. dazu etwa Hans Lenk, Interpretation und Realität. Vorlesungen über Realismus in der Philosophie der Interpretationskonstrukte, Frankfurt am Main 1995, S. 80ff. und passim.

[8] Das gilt natürlich auch für Karl Popper, der dennoch darauf verzichtet hat, seine Auffassungen etwa als „Interpretationismus" zu bezeichnen und dadurch den Eindruck zu erwecken, er habe eine „naive" Stufe der Problembehandlung überwunden, die für die Anschauungen früherer kritischer Realisten kennzeichnend sei. – Lenk scheint im übrigen in wesentlichen Punkten mit der Rödschen Konzeption einverstanden zu sein; vgl. ebenda, S. 49–55.

[9] Vgl. dazu Karl Popper, Logik der Forschung (1934), 10. rev. Auflage, Tübingen 1994.

[10] Vgl. dazu schon Oswald Külpe, Immanuel Kant, a.a.O., S. 62 bis 77, wo die einschlägigen Argumente Kants im einzelnen untersucht und kritisch gewürdigt werden. Külpe kommt zu der Konsequenz, „daß *Kant* weder nachgewiesen hat, daß die *Apriorität gewisser Erkenntnisfaktoren deren Subjektivität bedeutet,* noch ge-

den im Erkenntnissubjekt liegenden – und damit zum Erkenntnisvermögen gehörenden – Bedingungen der Möglichkeit der Erfahrung scheint zwar der Umstand zu gehören, daß wir mit Wahrnehmungskategorien und Begriffsapparaten ausgestattet sind, mit deren Hilfe wir uns auf mögliche Gegenstände beziehen können[11]. Aber das ist keineswegs gleichbedeutend damit, daß wir diese Gegenstände nicht im Bereich wirklicher Zusammenhänge suchen können, also in einem Bereich, der uns nach Auffassung Kants nicht zugänglich ist und für den er den Begriff eines unerkennbaren „Dinges an sich" geprägt hat.

Aber eine Transzendentalphilosophie, die in der oben dargestellten Weise argumentiert, ist meines Erachtens darüber hinaus mit einem Problem konfrontiert, dessen Lösung große Schwierigkeiten involvieren dürfte. Es handelt sich nämlich um die Frage, worauf sich die Aussagen beziehen sollen, in denen von den Bedingungen der Möglichkeit die Rede ist, um die es in der Theorie der Erfahrung geht. Sie können sich ja kaum auf „wirkliche" Zusammenhänge beziehen, wie es einer realistischen Auffassung entsprechen würde. Aber offenbar sollen sie sich auch nicht auf Zusammenhänge in der „Welt der Erscheinungen" beziehen, denn dann gehörten sie nach transzendentalphilosophischer Auffassung in den Bereich, welcher der Erfahrungserkenntnis offen steht. Worüber redet also der Transzendentalphilosoph, wenn er weder über wirkliche Zusammenhänge spricht, noch über Zusammenhänge im Bereich der Erscheinungen?

Wolfgang Röd hat dieses Problem gesehen und plädiert für eine Deutung, in der die beiden erwähnten Alternativen vermieden werden. Er spricht davon, daß diese Bedingungen der Möglichkeit selbst Sätze *sind*, die den Charakter von Grundsätzen haben,[12] und warnt ausdrücklich vor Versuchen, „unter Bedingungen der Möglichkeit von Erfahrung Strukturen des Erkenntnisvermögens zu verstehen, ..., auch wenn Kant sie sekundär auf solche Strukturen bezogen" habe. Das gleiche gelte „mutatis mutandis für Annahmen, mit deren Hilfe Erfahrungstheorien

---

zeigt hat, daß diese Subjektivität *eine ihr entsprechende Beschaffenheit der Realitäten ausschließt*". Die Kantische Lehre verwickele sich vielmehr „selbst in erhebliche Schwierigkeiten", wenn man versuche, „das Verhältnis des a *priori* und des *a posteriori* im einzelnen durchzuführen", a.a.O., S. 71.

[11] Der Lenksche Satz „Die Erfassung einer als interpretationsunabhängig unterstellten Verfassung einer Wirklichkeit an sich, ja, selbst deren Konzeption, ist nur interpretatorisch möglich" – vgl. dazu LENK, Interpretation und Realität, a.a.O., S. 85, – scheint mir nicht mehr als eine Umschreibung dieses Sachverhalts zu sein, vgl. auch meine: Kritik der reinen Erkenntnislehre, a.a.O., S. 98ff. u. S. 148ff.

[12] Vgl. RÖD, Erfahrung und Reflexion, a.a.O., S. 23.

im allgemeinen formuliert" würden. Damit möchte er nicht Versuche der Erklärung von Erfahrung im Sinne der Wissenschaft als unmöglich zurückweisen, sondern sie nur in den Bereich der Einzelwissenschaften verweisen. Für die Lösung des philosophischen Erkenntnisproblems müßten sie damit seiner Auffassung nach allerdings irrelevant werden.

Die Schwierigkeit einer solchen Auffassung liegt meines Erachtens darin, daß die Frage nach dem Sinn der betreffenden Grundsätze oder Annahmen beantwortet werden müßte. Daß sie selbst als Bedingungen der Möglichkeit charakterisiert werden können, ist kaum einzusehen. Wenn es sich um Aussagen im vollen Sinne handelt, so daß ihnen eine Darstellungsleistung zukommt,[13] dann kann diese Antwort jedenfalls kaum genügen. Man würde eher annehmen, daß sich solche Aussagen *auf* die betreffenden „Bedingungen der Möglichkeit" *beziehen.* Aber dann müßte man die Frage stellen können, wo diese Bedingungen zu lokalisieren wären. Und dann wäre wohl am ehesten die von Röd ausgeschlossene realistische Deutung plausibel zu machen.

Nach Röd sollen „zentrale erfahrungstheoretische Begriffe Konstrukte und ... die entsprechenden Grundsätze spekulative Hypothesen" sein, „die unter Umständen hinreichen, um das Erklärungsziel zu erreichen", eine Formulierung, die an naturwissenschaftliche Verfahrensweisen erinnert. Diese Analogie zur naturwissenschaftlichen Methode wird von Röd ausdrücklich bestätigt[14]. Ich werde darauf zurückkommen. Im Zusammenhang mit einer wissenschaftlichen Erklärung würde sich hier die Frage aufdrängen, welche Entitäten zur Erklärung herangezogen werden können. Eine entsprechende Frage müßte meines Erachtens auch im transzendentalphilosophischen Zusammenhang gestellt werden können.

Wenn man die These der Deutungsabhängigkeit der Gegenstände, auf die wir uns in unserer Erkenntnispraxis beziehen, fallen läßt, hat man natürlich noch nicht das Problem gelöst, wie sich die Übereinstimmung unserer Deutungen mit der Wirklichkeit erzielen läßt, also das Problem, das, wie Röd gezeigt hat, in der vorkantischen Philosophie durch Rückgriff auf die Gottesidee gelöst wurde und das Kant selbst durch seine Konstitutionsidee lösen wollte. Aber auch diese Lösungsversuche haben ja keineswegs zur Wahrheitsgarantie für bestimmte Aussagen oder auch nur zur Auszeichnung bestimmter Ver-

---

[13] Das ist hier im Sinne der Bühlerschen Sprachtheorie gemeint, vgl. dazu KARL BÜHLER, Sprachtheorie. Die Darstellungsfunktion der Sprache, 2. Auflage, Stuttgart 1965.

[14] Vgl. RÖD, Erfahrung und Reflexion, a.a.O., S. 26 und passim.

fahrensweisen führen können, die geeignet wären, die Übereinstimmung von Aussage und Sachverhalt sicherzustellen, so daß ihre Leistung für die Lösung der Erkenntnisproblematik durchaus in Frage gestellt werden kann.

II. Der transzendentale Realismus und die Bedingungen der Möglichkeit der Erkenntnis

Wenn man die Kantsche Konstitutionstheorie und den mit ihr verbundenen transzendentalen Idealismus aufgibt, dann wird offenbar der transzendentale Ansatz erkenntnistheoretisch neutralisiert, so daß er prinzipiell auch mit einem kritischen Realismus vereinbar wird[15]. In einer realistischen Interpretation können dann die apriorischen Denk- und Anschauungsformen Kants statt auf die Welt der Erscheinungen auf die Wirklichkeit bezogen und die betreffenden Aussagen als Aussagen über strukturelle Züge dieser Wirklichkeit aufgefaßt werden. Damit verschwindet die Schwierigkeit, die darin besteht, daß die Aussagen, die zum rationalen Rahmen der empirischen Erkenntnis gehören, keinerlei Gegenstandsbezug haben. Überdies erübrigt sich der oben erwähnte Rahmenrelativismus und die mit ihm verbundene Relativierung der Wahrheitsidee. Darüber hinaus wird die Behandlung dieser Aussagen als Hypothesen plausibel, die für die Kantsche Auffassung nicht in Frage kommt, weil synthetisch-apriorische Urteile in ihr unbedingte Gewißheit für sich in Anspruch nehmen können.

Auch der kritische Realismus kann wie Kant vom „Faktum der Erfahrungswissenschaft"[16] ausgehen, um dem „Rätsel der Erfahrung" auf die Spur zu kommen. Er wird aber die Suche nach den Bedingungen der Möglichkeit der Erfahrung als ein Erklärungsproblem auffassen und sogar darauf hinweisen können, daß es bei Kant und bei manchen Kantianern Anhaltspunkte für die Plausibilität einer solchen Auffassung gibt[17]. Schon in einer Schrift aus seiner vorkritischen Periode hatte Kant die These vertreten, die „echte Methode der Metaphysik" sei „mit derjenigen einerlei, die *Newton* in die Naturwissenschaft einführte", wo sie

---

15 Vgl. dazu die oben erwähnten Arbeiten von Malte Hossenfelder.

16 Vgl. Ernst Cassirer, Das Erkenntnisproblem in der Philosophie und Wissenschaft der Neuzeit, Dritter Band, Darmstadt 1974, S. 462.

17 Vgl. dazu meine Analyse in meinem Buch: Kritik der reinen Erkenntnislehre a.a.O., S. 20ff., S. 29ff. und passim.

„von so nutzbaren Folgen“ gewesen sei[18]. Auch der Metaphysiker solle „nicht von willkürlichen Begriffserklärungen, sondern von sicheren Beobachtungen und von Tatsachen der inneren Wahrnehmung seinen Ausgang nehmen“ und er solle wie der Physiker „regressiv und zergliedernd vom Besonderen zum Allgemeinen gehen“[19].

Die nachkantische Spekulation hat nach Fries dann „die Richtschnur und die sichere Wegweisung“, die Kant hier gegeben habe, „wieder aus den Augen verlor(en)“. Fries war der Ansicht, daß das philosophische Denken seine „*faktische* Grundlage ... nirgend verleugnen“ dürfe. Es müsse vielmehr „diesen Urgrund der Tatsachen bewußt und klar als solchen anerkennen“, um dann „in fortschreitender methodischer Zergliederung am besonderen Fall das Allgemeine der Gesetze und Grundsätze, das Allgemeine der ‚metaphysischen‘ Grundwahrheiten, zur Entdeckung zu bringen“.

Nun hat Kant nach Cassirer „eben jenes regressive Verfahren“ benutzt, das von Fries „als Grundlage aller Gewißheit in der Philosophie“ herausgestellt wurde. Er sei nämlich vom „Faktum der Erfahrungswissenschaft“ ausgegangen und habe es „zergliedert, um seine einzelnen Voraussetzungen gesondert herauszustellen“. Dabei sei der Schluß „nicht vom Grund auf die Folge“ gegangen, „sondern von der gegebenen Folge auf ihre idealen Gründe“, die „zu entdecken“ waren. Bei der „transzendentalen Deduktion“, von der in diesem Zusammenhang die Rede zu sein pflegt, haben wir es also offenbar mit einer Schlußweise zu tun, die in der Logik nicht vorkommt. Wenn man den Kantschen Hinweis auf Newton und die von Fries vorgeschlagene „induktive“ Interpretation ins Auge faßt, dann kann man den Eindruck gewinnen, ein Analogon zur naturwissenschaftlichen Methode vor sich zu haben, die darauf abzielt, adäquate Erklärungen für die untersuchten Tatsachen zu finden. In unserem Falle würde es um das erwähnte „Faktum der Erfahrungswissenschaft“ gehen und damit um die Tatsache, daß es möglich ist, durch Erfahrung zur Erkenntnis realer Zusammenhänge zu gelangen.

---

[18] Vgl. IMMANUEL KANT, „Untersuchung über die Deutlichkeit der Grundsätze der natürlichen Theologie und Moral“ (1763), in: KANT, Werke in 10 Bänden, herausgegeben von Wilhelm Weischedel, Band 2: Vorkritische Schriften bis 1768, S. 756.

[19] Vgl. dazu und zum Folgenden CASSIRER, Das Erkenntnisproblem in der Philosophie und Wissenschaft der Neuzeit, a.a.O., S. 448f. und S. 462, zur Friesschen Lehre von der unmittelbaren Erkenntnis, die im Gegensatz zur nachkantischen Spekulation entwickelt wurde.

Auch Friedrich Albert Lange spricht davon, daß Kant für die Entdeckung des Apriori die Methode der Induktion benutzt habe und daß er dabei „keinen anderen Leitfaden" hatte „als die Frage: Was muß ich voraussetzen, um mir die Tatsache der Erfahrung zu erklären?"[20]. Er spricht sogar davon, daß es „mit der *irrigen* Erkenntnis a priori nicht anders" ist „als mit der Erkenntnis a priori *überhaupt*". Sie sei, so meint er, „meist nicht ein unbewußt gewonnener Erfahrungssatz, sondern ein Satz, dessen Notwendigkeit durch die physisch-psychische Organisation des Menschen" bedingt sei. Daß solche Aussagen ohne weiteres realistisch verstanden werden können, ist offenkundig. Sie dürften eher zur evolutionären Erkenntnistheorie passen als zum transzendentalen Idealismus. Allerdings widmet Lange dann dem Begriff der physisch-psychischen Organisation eine lange umständliche Anmerkung, die den Zweck hat, diese Entität in den Bereich der Erscheinungen zu verweisen, um damit einer realistischen Deutung zu entgehen[21].

In einer realistischen Interpretation des transzendentalen Ansatzes wird man allerdings die Beschränkung aufgeben müssen, die darin liegt, daß der transzendentale Idealismus die betreffenden Bedingungen nur im Erkenntnisvermögen des Subjekts lokalisiert hatte und daß er überdies zu einem Resultat kommen wollte, das mit apodiktischer Gewißheit ausgestattet ist. Für eine realistische Auffassung ist es eigentlich von vornherein plausibel, daß nicht nur das menschliche Erkenntnisvermögen eine für die Erkenntnis geeignete Struktur haben muß, sondern daß darüber hinaus wirkliche Zusammenhänge nur erkennbar sein können, wenn sie mindestens gewisse strukturelle Eigenschaften haben. In einer strukturlosen Realität könnten wir weder etwas erkennen, noch überhaupt existieren[22]. Und apodiktische Gewißheit wird im

---

[20] Vgl. dazu Friedrich Albert Lange, Geschichte des Materialismus und Kritik seiner Bedeutung in der Gegenwart, Zweites Buch (1875), Frankfurt 1974, S. 279ff.

[21] Lange, a.a.O., S. 571ff.

[22] Vgl. dazu das III. Kapitel: Transzendentaler Realismus und Rationale Heuristik. Zum heuristischen Charakter der wissenschaftlichen Methode, in meinem Buch: Die Wissenschaft und die Fehlbarkeit der Vernunft, a.a.O., S. 50f., und mein Buch: Kritik der reinen Erkenntnislehre, a.a.O., S. 33 und passim, vgl. auch Gerhard Vollmer, „Die Bedingungen der Möglichkeit von Erfahrung. Apriorismus, hypothetischer Realismus und projektive Erkenntnistheorie", in: G. Pasternak (Hg.), Philosophie und Wissenschaften. Das Problem des Apriorismus, Frankfurt 1987, vor allem S. 230–239, wo auch Bedingungen spezifiziert werden, die außerhalb des Erkenntnisvermögens identifizierbar sind. – Hans Lenk scheint dagegen anzunehmen, daß wir nur Strukturen erkennen können, die wir unserer eigenen Tätigkeit

transzendentalen Realismus nicht benötigt, da sie ohnehin für das Problem der objektiven Wahrheit unerheblich ist.

Man wird in einer realistischen Deutung mit Külpe das menschliche Erkenntnisvermögen mit einem Instrument vergleichen können, über „dessen Leistungsfähigkeit und Tragweite, dessen Grenzen und Fehler" man sich ein Urteil bilden möchte[23]. Dabei muß man wohl die Theorie dieses Instruments „an Hand seines Baus und seiner Leistungen" entwickeln und dazu „die Bedingungen seines Gebrauchs" analysieren und „auf ihre Gesetzmäßigkeiten" zurückführen[24]. Eine derartige Untersu-

---

verdanken und von denen man daher kaum sagen kann, daß es reale Entsprechungen für sie gibt. Das sei deshalb der Fall, weil wir Struktur*begriffe* wie alle Begriffe selbst gemacht haben. Man darf daher seinen „interpretationistischen Realismus" wohl ebenso wie etwa den „internen Realismus" Putnams als eine neue Version des Idealismus ansehen, vgl. LENK, Interpretation und Realität a.a.O., S. 172 und 247. Allerdings scheint er sein Bekenntnis zu einem „hypothetischen transzendentalen Idealismus" dann wieder zu revidieren, denn er vertritt einige Seiten weiter einen „wissenschaftlichen Realismus", der sich kaum von den Auffassungen kritischer Realisten unterscheidet, vgl. S. 250. Daß man zur Erfassung realer Zusammenhänge bestimmte Mittel – Begriffsapparate usw. – benötigt, hat, soweit ich sehe, bisher niemand geleugnet. Zum Realismusproblem vgl. auch MICHAEL DEVITT, Realism and Truth, a.a.O., sowie WINFRIED FRANZEN, Totgesagte leben länger. Beyond Realism and Anti-Realism: Realism, in: Realismus und Antirealismus, herausgegeben vom Forum für Philosophie Bad Homburg, Frankfurt 1992, S. 20–65, wo m.E. schon durchschlagende Argumente gegen einen „Interpretationismus" mit idealistischen Konsequenzen zu finden sind, vgl. auch das oben erwähnte Buch von RICHARD SCHANTZ, Wahrheit, Referenz und Realismus, a.a.O. mit einer Kritik an Hilary Putnams „internem Realismus" und ähnlichen Auffassungen.

[23] „Es verhält sich demnach", so meinte OSWALD KÜLPE, „die Erkenntnistheorie zu dem wirklichen Forschen und Arbeiten in den Wissenschaften ähnlich wie die Theorie des Mikroskops zur Anwendung desselben. Unser Erkenntnisvermögen gleicht einen Instrument, dessen Leistungsfähigkeit und Tragweite, dessen Grenzen und Fehler man einigermaßen muß beurteilen können, wenn man sich nicht der Gefahr einer Täuschung aussetzen will ... Wenn wir die Theorie eines Instruments entwickeln wollen, so geschieht das an Hand seines Baues und seiner Leistungen. Seine Elemente und deren Zusammensetzung werden betrachtet und auf ihre Gesetze zurückgeführt. Genau so verfährt Kant bei der Ausbildung seiner Erkenntnistheorie. Die höchsten Ergebnisse unserer Forschung werden zum Maßstabe über ihre Bedeutung überhaupt, die Analyse dieser idealen, in einzelnen Wissenschaften erreichten Formen der Erkenntnis liefert die Einsicht in die Voraussetzungen ihrer Entstehung", vgl. OSWALD KÜLPE, Festrede zur Kant-Feier der Würzburger Universität am 12. Oktober 1904, in: J. KOPPER/RUDOLF MALTER (Hg.), Immanuel Kant zu ehren, Frankfurt 1974, S. 185f.

[24] Auch Eduard Meyer entwickelt eine Deutung der Kantschen Philosophie, die in der Analyse des Erkenntnisvermögens dem Realismus nahekommt, vgl. E.

chung wird man kaum so abgrenzen können, daß den Ergebnissen realwissenschaftlicher Forschung jede Bedeutung für sie abzusprechen ist[25]. Dabei wird übrigens eine Schwierigkeit vermieden, die mit den meisten Analysen verbunden ist, welche transzendentalen Charakter zu haben beanspruchen. Im Rahmen des Realismus beziehen sich solche Untersuchungen ausdrücklich auf das menschliche Erkenntnisvermögen als Teil der denkunabhängigen Wirklichkeit, während sie im Rahmen antirealistischer Auffassungen in Ermanglung eines solchen Bezuges eigentlich kaum erklären können, *warum* dieses Erkenntnisvermögen nicht imstande sein soll, die außermenschliche Wirklichkeit zu erreichen.

In diesem Zusammenhang ist auch der Hinweis darauf von Bedeutung, daß die menschliche Erkenntnisapparatur im Laufe der Evolution entstanden ist, und daß sie imstande ist, bestimmte Leistungen zu erbringen, weil sie bis zu einem gewissen Grade an die Wirklichkeit angepaßt ist. Der kritische Realismus ist, wie Külpe festgestellt hat, ein entwicklungsfähiger Standpunkt, der die Resultate der Realwissenschaften in sich aufnehmen und auf sie bei Bedarf zurückgreifen kann.

Das gilt natürlich auch für die Ergebnisse der evolutionären Erkenntnistheorie. Sie kann zwar keineswegs den Realismus im klassischen Sinne „begründen", aber sie kann im Rahmen einer realistischen Metaphysik zur Beantwortung bestimmter Fragen herangezogen werden, die sich auf die Möglichkeit der Erkenntnis beziehen. Dazu gehört vor allem die Kantsche Frage, wie „die Übereinstimmung der Prinzipien möglicher Erfahrung mit den Gesetzen ... der Natur" zu erklären sei[26]. Die Antwort auf diese Frage, deren Lösung, wie schon erwähnt, in der vorkantischen Metaphysik unter Rückgriff auf die Gottesidee gegeben wurde und zu deren Beantwortung Kant selbst die Konstitutionstheorie eingeführt hatte, kann nun unter Verwertung der Resultate der modernen Naturwissenschaften versucht werden.

Karl Popper hat schon Anfang der 30er Jahre in seinem ersten Werk darauf hingewiesen, daß die Lösung dieses Problems in anderer Weise erreicht werden kann, wenn man auf den Evolutionsgedanken zurück-

---

Meyer, Vom bekannten und unbekannten Kant und andere Beiträge zur Kantforschung, Königstein 1980.

[25] Vgl. dazu die Argumentation in meinem Buch: Kritik der reinen Erkenntnislehre, I. Kapitel., a.a.O., S. 9–42.

[26] Vgl. dazu Immanuel Kant, Prolegomena zu einer jeden künftigen Metaphysik, die als Wissenschaft wird auftreten können, Hamburg 1957, S. 77ff., und derselbe, Kritik der reinen Vernunft, Hamburg 1956, S. 186–191.

greift[27]. In seiner Analyse der Kantschen Erkenntnisauffassung in diesem Buche ist er auf das Problem der „Präformation" eingegangen und damit auf eine Frage, die, wie ich schon erwähnt habe, auch Wolfgang Röd behandelt hat. Die von Popper in diesem Zusammenhang skizzierte Lösung dieses Problems enthält die Grundidee der evolutionären Erkenntnistheorie[28]. Damit zeigt sich an dieser Stelle, daß Resultate realwissenschaftlicher Forschungen im Rahmen einer realistischen Metaphysik jedenfalls zur Lösung philosophischer Probleme beitragen können, denn eine solche Metaphysik involviert ein Erkenntnisprogramm für die Realwissenschaften und hat insofern heuristische Bedeutung für die wissenschaftlichen Forschung.

Im Rahmen des kritischen Realismus bietet sich also eine Lösung der Erkenntnisproblematik an, die Kant noch nicht zur Verfügung stand. Sie ist eine Alternative sowohl zur klassischen Lösung als auch zum transzendentalen Idealismus. In dieser Lösung geht es nicht mehr um die sichere Begründung des Wissens, sondern um die Erklärung der menschlichen Erkenntnispraxis und ihrer möglichen Leistungen und des sich aus dem intersubjektiven Zusammenspiel ergebenden Erkenntnisgeschehens. Im Rahmen einer Erkenntnislehre dieser Art sind methodologische Untersuchungen möglich, die sich an den Zielsetzungen der Erkenntnispraxis orientieren und die Gesichtspunkte dafür bieten, wie diese Zielsetzungen erreichbar sind. Eine mit dem konsequenten Fallibilismus vereinbare Methodologie, die zur Normierung der Erkenntnispraxis geeignet ist, kann als eine rationale Heuristik aufgefaßt werden, die selbst wieder einer Revision auf Grund neuer Erkenntnisse zugänglich ist[29].

---

[27] Das vollständige Manuskript dieses Werkes wurde nie veröffentlicht. Poppers „Logik der Forschung" ist durch drastische Kürzungen aus diesem Manuskript hervorgegangen. Erst mehr als 40 Jahre später erschienen die Teile des Manuskripts, die noch auffindbar waren, unter dem ursprünglichen Titel, vgl. K. Popper, Die beiden Grundprobleme der Erkenntnistheorie (1932), Tübingen 1979, 2. verb. Auflage, 1994, S. 189 und passim.

[28] Vgl. dazu Karl Popper, Die beiden Grundprobleme, a.a.O., S. 88f., vgl. auch Konrad Lorenz, „Kants Lehre vom Apriorischen Im Lichte der gegenwärtigen Biologie" (1941), in seinem Aufsatzband: Das Wirkungsgefüge der Natur und das Schicksal des Menschen, München/Zürich 1978, sowie Gerhard Vollmer, Evolutionäre Erkenntnistheorie, Stuttgart 1975, und Derselbe, „Kant und die evolutionäre Erkenntnistheorie"(1984), in seinem Aufsatzband: Was können wir wissen? Band 1: Die Natur der Erkenntnis, Stuttgart 1985, S. 166–216, vor allem S. 191ff. zum „Präformationssystem".

[29] Vgl. dazu meine Bücher: Traktat über rationale Praxis, Tübingen 1978, S. 32

Alle Versuche aber, den Nachweis zu erbringen, daß die menschlichen Erkenntnisbemühungen nicht in der Lage sind, die wirklichen Zusammenhänge zu erreichen, müssen sich entgegenhalten lassen, daß sie selbst darauf angewiesen sind, auf Erkenntnisse über solche Zusammenhänge zurückzugreifen. Denn für diesen Nachweis müßten die realen Bedingungen, die für den Fehlschlag dieser Bemühungen ausschlaggebend sind, identifiziert werden. Wenn aber an dieser Stelle die wirklichen Verhältnisse erreichbar sind, ist kaum einzusehen, wieso das nicht auch an anderen Stellen möglich sein sollte.

III. Zur Rolle der Erfahrung im transzendentalen Realismus

In der vorkantischen Philosophie war die Analyse der Erfahrung weitgehend durch die *ideistische* These beeinflußt, nämlich die Annahme, daß die Sinne uns Gewißheit und damit sicheres Wissen nur über „Ideen" oder „Erscheinungen" geben und daß diese daher die einzigen unmittelbaren Objekte der Wahrnehmung sind[30]. Der Ideismus war nach Musgrave eine Antwort auf den Skeptizismus, die aber letzten Endes nicht erfolgreich sein konnte, weil damit das Problem der Beziehung von Erscheinung und Realität nicht gelöst wurde.

Auch in der Kantschen Philosophie ist noch ein Residuum des Ideismus enthalten, und zwar in der Auffassung, daß wir in unserer Erkenntnis die durch das Erkenntnisvermögen konstituierte Welt der Erscheinungen nicht zu transzendieren in der Lage seien[31]. Es ist sogar anzunehmen, daß Kant seine Konstitutionstheorie nur deshalb für die Lösung der Erkenntnisproblematik vorgeschlagen hat, weil er keine

---

und passim, und: Kritik der reinen Erkenntnislehre, a.a.O., S. 84–91, sowie Volker Gadenne, Rationale Heuristik und Falsifikation, in: Volker Gadenne/Hans Jürgen Wendel (Hg.), Rationalität und Kritik, Tübingen 1996, S. 57–78.

[30] Vgl. dazu Alan Musgrave, Alltagswissen, Wissenschaft und Skeptizismus, a.a.O., Kap. V: „Ideismus, Erscheinung und Realität", S. 87–108, und passim. Musgrave hat die Bezeichnung „idea-ism" für diese Auffassung eingeführt, die mit „Ideismus" übersetzt wurde. Schon vorher hat Wolfgang Röd in seiner Analyse der vorkantischen Erkenntnistheorie im gleichen Sinne von einer „ideistischen Voraussetzung" im Humeschen Denken gesprochen, vgl. dazu sein Buch: Die Philosophie der Neuzeit 2 a.a.O., S. 367 und passim. Er hat überdies darauf aufmerksam gemacht, daß der Ideismus auch in der Cartesianischen Philosophie auftritt, vgl. sein Buch: Der Gott der reinen Vernunft a.a.O., S. 74.

[31] Auch in dieser Beziehung kann man meines Erachtens Alan Musgrave zustimmen, vgl. Musgrave, a.a.O., S. 224.

Möglichkeit sah, den Ideismus der vorkantischen Philosophie zu überwinden.

Tatsächlich ist der Ideismus schon im 18.Jahrhundert von Humes schottischen Kritikern attackiert worden, vor allem durch Thomas Reid[32]. Wie Röd feststellt, hat Reid wie Kant gesehen, daß „die Anerkennung gewisser Voraussetzungen Bedingung kausaler Erklärungen überhaupt ist", er hat aber offenbar im Gegensatz zu Kant gemeint, „diese Voraussetzungen auf eine Art instinktiv bedingtes Fürwahrhalten beziehen und dieses auf die menschliche Konstitution zurückführen zu können". Demnach kann man schon Reid in dieser Hinsicht dem Naturalismus zurechnen und ihn zu den Vorläufern der evolutionären Erkenntnistheorie zählen. Jedenfalls hat er das Problem der „Präformation" so behandelt, daß es in seinem Denken einen Ansatzpunkt für diese Theorie gibt. Reid hat offenbar auch gesehen, daß der Ideismus konsequenterweise zum Idealismus führen muß[33].

Der kritische Realismus muß aber die ideistische Voraussetzung nicht akzeptieren, die nur zur Abwehr der skeptischen Argumentation formuliert wurde, da er keine sichere empirische Basis benötigt, um der menschlichen Erkenntnispraxis gerecht zu werden. Er kann dabei die Möglichkeit von Wahrnehmungsirrtümern in Kauf nehmen[34].

Auch für die Analyse der Wahrnehmung im Rahmen des kritischen Realismus gilt natürlich die oben erwähnte Auffassung, daß die Ergebnisse der in Frage kommenden realwissenschaftlichen Forschungen dabei berücksichtigt zu werden verdienen[35]. Diese Ergebnisse deuten daraufhin, daß die menschliche Wahrnehmung jeweils als Resultat eines Zeichendeutungsprozesses aufgefaßt werden kann, in dem Hypothesen

---

[32] Vgl. T. Reid, An Inquiry into the Humans Mind on the Principles of Common Sense, und: Essays on the Intellectual Powers, in: R. E. Bleanblossom/ Keith Lehrer (eds.), Thomas Reid's Inquiries and Essays; Indianapolis 1983, dazu Röd, Die Philosophie der Neuzeit a.a.O., S. 364–374, und Musgrave, a.a.O., S. 88 und passim.

[33] Vgl. dazu Röd, Die Philosophie der Neuzeit, a.a.O., S. 370, sowie das 7. Kapitel – „Berkeley: Der Ideismus wird zum Idealismus" – von Musgrave, a.a.O., S. 124–148.

[34] Vgl. dazu die Behandlung der Wahrnehmungsproblematik in: Musgrave, a.a.O.

[35] Vgl. dazu meinen Aufsatz „Kritizismus und Naturalismus", a.a.O., S. 23ff., sowie meine Kritik der reinen Erkenntnislehre, a.a.O., wo ich unter anderem auf die einschlägigen Arbeiten von Horton, Holenstein und Vollmer eingegangen bin. Auch Hans Lenk hat sich offenbar dieser Auffassung inzwischen angeschlossen, vgl. sein Buch: Interpretation und Realität, a.a.O., S. 138.

auf ihre Orientierungsleistung hin geprüft und ausgewählt werden, ohne daß dieser Prozeß den betreffenden Individuem ins Bewußtsein tritt[36]. Diese Deutungsleistung ist also biologisch verankert und in ihrer Struktur als Anpassungsleistung erklärbar. Damit muß die Möglichkeit von Wahrnehmungsirrtümern von vornherein zugestanden werden, so daß auch die empirische Basis wissenschaftlicher Forschungen als irrtumsanfällig gelten darf und zwar sogar, ohne daß man dafür die Tatsache ins Feld führen muß, daß Beobachtungsaussagen theoretische Begriffe zu enthalten pflegen. Der Organismus operiert im Wahrnehmungsbereich gewissermaßen mit „eingebauten" Theorien,[37] die in der *Anschauung* weitgehend unkorrigerbar sind. Trotzdem lassen sich Irrtümer in diesem Bereich durch *Denkleistungen,* also durch geeignete theoretische Annahmen, erklären und damit korrigieren. Das hängt damit zusammen, daß das Denken keineswegs, wie Kant vorausgesetzt hatte, an die Anschauung gebunden ist[38].

Wenn man den Begriff der Erfahrung auf Wahrnehmungsinhalte bezieht, dann kann man also davon sprechen, daß unsere Erfahrungen durch theoretisch gestützte Erklärungen korrigiert werden können. Wenn Wolfgang Röd in seiner Begründung für seine „Option für ein realistisches Minimum" die Ansicht vertritt, „daß bestimmte Züge der Erfahrung am besten begreiflich gemacht werden können, wenn man eine in entsprechender Weise strukturierte denkunabhängige Wirklichkeit anerkennt,[39] dann akzeptiert er damit eigentlich den Ansatzpunkt des transzendentalen Realismus. Wenn man dieses Zugeständnis macht, ist meines Erachtens nicht recht einzusehen, warum es nicht möglich sein soll, durch entsprechende Erklärungsversuche zur Erkenntnis bestimmter struktureller Züge dieser Wirklichkeit vorzudringen, wie es dem Erkenntnisprogramm der theoretischen Realwissenschaften entspricht.

---

[36] Vgl. dazu mein Buch: Kritik der reinen Erkenntnislehre, a.a.O., S. 54ff. mit Hinweisen auf die Arbeiten von Külpe und Gregory.

[37] Vgl. damit die oben erörterte transzendentalpragmatische Auffassung über das angeblich unfehlbare „implizite Wissen".

[38] Zur Kritik der These von der Bindung des Denkens an die Anschauung vgl. schon Külpe, Immanuel Kant, a.a.O., S. 77–85, vgl. auch Vollmer, „Probleme der Anschaulichkeit" (1982), in seinem Aufsatzband: Was können wir wissen? Band 2: Die Erkenntnis der Natur, Stuttgart 1986, S. 100–137, wo gezeigt wird, daß wir in der Wissenschaft genötigt sind, auf Anschaulichkeit zu verzichten, wenn wir Erkenntnisfortschritte erreichen wollen.

[39] Vgl. dazu Röd, Erfahrung und Reflexion, a.a.O., S. 178.

Bezieht man den Begriff der Erfahrung aber auf den Lernprozeß selbst,[40] dann bietet sich die Formulierung an, daß man mitunter durch theoretisch gestützte korrigierende Erklärungen von Wahrnehmungsinhalten Erfahrungen macht, die zum Erkenntnisfortschritt führen. Wie dem auch sei, eine Theorie der Erfahrung muß der Tatsache Rechnung tragen, daß wir die Deutungsleistungen unserer Wahrnehmung durch Leistungen unseres Denkens erklären, ergänzen und korrigieren können. Das geschieht schon im alltäglichen Umgang mit den Dingen und in der alltäglichen Kommunikation. In dieser Hinsicht ist daher die wissenschaftliche Forschung nur eine Fortsetzung der Alltagserkenntnis, die einer auf bestimmte Probleme zugespitzten methodischen Disziplinierung unterliegt.

Dazu gehört die Tatsache, daß diese Forschung nicht selten im Kontext bestimmter spezieller Erkenntnisprogramme erfolgt, die mit einem mehr oder weniger ausgeprägten begrifflichen Rahmen verbunden sind. Dieser Rahmen weist eine gewisse Konstanz auf, ist aber keineswegs so festgelegt, daß er keine Änderungen mehr zuließe. Das gilt auch für das allgemeine Erkenntnisprogramnm der theoretischen Realwissenschaften, das auf die nomologisch gestützte Erklärung aller in Frage kommenden Tatsachen zielt. Die apriorischen Denk- und Anschauungsformen der Kantschen Transzendentalphilosophie kann man als einen derartigen Rahmen auffassen, der durch die spätere wissenschaftliche Forschung korrigiert wurde. Der Fortschritt der Erkenntnis durch wissenschaftliche Forschung ist also mitunter mit einer Revision metaphysischer Annahmen verbunden, die den Rahmen dieser Forschung bilden. Auch solche Annahmen sind keineswegs kritikimmun.

IV. Vom transzendentalen Idealismus zum Relativismus: Ein Irrweg der modernen Erkenntnislehre

Die moderne Entwicklung in der Erkenntnislehre ist dadurch gekennzeichnet, daß die Relativierung der Wahrheit auf den Rahmen der Erkenntnispraxis, die schon im transzendentalen Idealismus Kants zu

---

[40] Das Lernen auf Grund von Erfahrung geschieht im Zusammenhang mit unseren Bemühungen, Probleme zu lösen, durch Modifikation unserer Erwartungen und Theorien und unserer Handlungspläne, vgl. dazu etwa Poppers Analyse in: Karl Popper/John C. Eccles, The Self and its Brain, Berlin/Heidelberg/London/New York 1977, S. 132ff.

finden ist, vom Universalitätsanspruch des Kantschen Denkens befreit und auf die jeweils vorliegenden Rahmenannahmen spezieller Denkbemühungen übertragen werden, so daß für diese Annahmen selbst ein Wahrheitsanspruch nicht mehr in Betracht kommt.

Während im Kantschen Denken die Objektivität der Erkenntnis im Sinne ihrer intersubjektiven Geltung noch erhalten blieb, obwohl sie im Sinne einer Darstellung wirklicher Zusammenhänge – also bestimmter Aspekte einer subjektunabhängigen Wirklichkeit – verschwand, geht im modernen Antirealismus sogar ihre Objektivität im ersten Sinne verloren. Aus einer universellen Voraussetzung aller Erfahrungserkenntnis, die im menschlichen Erkenntnisvermögen verankert ist, wird der Rahmen dieser Praxis auf diese Weise eine dem kulturellen Wandel unterworfene Bedingung. Der Idealismus der Kantschen Konstitutionstheorie verbindet sich mit dem Relativismus der modernen Konsenstheorie, so daß Intersubjektivität und rationale Diskussion nur noch innerhalb einer dem jeweiligen Rahmen verpflichteten Gemeinschaft möglich sind und die Idee der objektiven Wahrheit tatsächlich mehr oder weniger offen der Konsensidee geopfert wird. Nicht mehr die zutreffende Darstellung wirklicher Zusammenhänge wird dann angestrebt, sondern die Herstellung von Aussagensystemen, die auf die Zustimmung der betreffenden Gemeinschaft rechnen können.

Man kommt dadurch zu der These, daß die Wahrheit relativ auf das jeweils vorliegende Sprachspiel, auf die Tradition, innerhalb deren der betreffende Denker operiert, oder – um einen der beliebtesten Ausdrücke zu benutzen – auf das jeweilige Paradigma ist, so daß darüber hinausgehende Wahrheitsansprüche von vornherein sinnlos sind. Das Spenglersche Diktum, daß es „keinen Sinn gibt zwischen den Kulturen" wird damit zum erkenntnistheoretischen Dogma, und Bemühungen rationaler Diskussion, die das jeweilige Denkgehäuse durchbrechen sollen, können als naiv enthüllt werden.

Während Kant noch von der Einheit der menschlichen Vernunft ausgehen zu können glaubte, allerdings einer Vernunft, die nicht in der Lage sei, die wirklichen Zusammenhänge zu erreichen, gehen moderne Philosophen, die die Konsequenzen der linguistischen oder der hermeneutischen Wende ziehen möchten, davon aus, daß man sich mit relativen Wahrheiten begnügen müsse, obwohl ein solcher Relativismus sich stets als widerspruchsvoll erwiesen hat[41]. Für die mit ihm verbundene

---

[41] Vgl. dazu meinen Aufsatz: Der Mythos des Rahmens und der moderne Antirealismus. Zur Kritik des idealistischen Rückfalls im gegenwärtigen Denken, in:

Zurückweisung der Möglichkeit objektiver Erkenntnis ist aber kein schlüssiges Argument zu finden[42]. Sie ist schon insofern absurd, als sie dem Einfluß einer philosophischen Mode zu verdanken ist, die parasitär davon lebt, daß sie selbst als Resultat einer Untersuchung der Bedingungen unserer Erkenntnisbemühungen implicite Wahrheit beansprucht[43].

Ein transzendentaler Ansatz, der in realistischer Weise an das Kantsche Denken anknüpft, scheint mir dagegen eine fruchtbare Alternative zu sein, zumal er in der Lage ist, heute vorliegende Resultate der wissenschaftlichen Forschung zu verwerten, ohne sie von vornherein zu relativieren. Überdies trägt er der Tatsache Rechnung, daß auch Änderungen sehr allgemeiner Annahmen in der Geschichte der Erkenntnis stets rationaler Diskussion auf dem Hintergrund der regulativen Idee der Wahrheit zugänglich waren. Damit erweist sich auch die These der Kritikimmunität sogenannter letzter Voraussetzungen als problematisch, die in der Kontroverse über die Grenzen rationaler Erkennnispraxis mitunter für selbstverständlich gehalten wird. Sie wird keinesfalls benötigt, wenn es darum geht, den Relativismus zurückweisen.

Volker Gadenne/Hans Jürgen Wendel (Hg.), Rationalität und Kritik, a.a.O., S. 9–28, wo ich unter anderem darauf hingewiesen habe, daß die Entwicklung der postmodernen Erkenntnisauffassung teilweise demselben Muster folgt wie die der Erkenntnislehre in der vorkantischen Periode, nur daß an die Stelle der ideistischen eine analoge linguistische These tritt. Damals glaubte man, die Sinneswahrnehmung könne die Wirklichkeit nicht erreichen, so daß Wissen nur über „Ideen" möglich sei, und heute wird angenommen, daß sie mit den Mitteln der Sprache nicht erreichbar sei, so daß unser Wissen sich nur auf eine sprachlich konstituierte Welt beziehen könne.

[42] Zur Art der Argumentation, die sich in den einschlägigen Texten der betreffenden Autoren findet, vgl. David Stove, The Plato Cult und Other Philosophical Follies, Oxford 1991, S. 139f., siehe auch Alan Musgrave, Conceptual Idealism und Stove's Gem, in seinem Aufsatzband: Essays on Realism and Rationalism, Amsterdam/Atlanta 1999, S. 177–184., sowie meinen Aufsatz: Der Mythos des Rahmens und der moderne Antirealismus, a.a.O., S. 21f.

[43] Vgl. dazu mein Buch: Kritik der reinen Hermeneutik, a.a.O. Die Kritik an den Konsequenzen des neuen Idealismus bezieht sich natürlich nicht auf unmittelbar an Kant anknüpfende universalistische Positionen. Für eine Kritik am hermeneutischen Relativismus der sogenannten Postmoderne vgl. auch Ernest Gellner, Postmodernism, Reason and Religion, London 1992. Gellner entwickelt darin eine erkenntnistheoretische Position, die wie die von Röd vertretene in origineller Weise an Kantsche Auffassungen anknüpft und den in ihnen enthaltenen Universalismus beibehält, a.a.O., S. 81ff.

Personenregister

Hans Albert bei Mohr Siebeck

Freiheit und Ordnung
Zwei Abhandlungen zum Problem einer offenen Gesellschaft

1986. 103 Seiten (Beiträge zur Ordnungstheorie und Ordnungspolitik 109).
ISBN 3-16-345123-3 Broschur

Kritik der reinen Erkenntnislehre
Das Erkenntnisproblem in realistischer Perspektive

1987. IX, 183 Seiten (Einheit der Gesellschaftswissenschaften 53).
ISBN 3-16-945226-6 Broschur;
ISBN 3-16-945229-0 Leinen

Kritik der reinen Hermeneutik
Der Antirealismus und das Problem des Verstehens

1994. XIV, 272 Seiten (Einheit der Gesellschaftswissenschaften 85).
ISBN 3-16-146246-7 Broschur;
ISBN 3-16-146258-0 Leinen

Kritischer Rationalismus
Vier Kapitel zur Kritik illusionären Denkens

2000. XII, 233 Seiten (UTB Kleine Reihe 2138). ISBN 3-8252-2138-5 Broschur

Marktsoziologie und Entscheidungslogik
Zur Kritik der reinen Ökonomik

1998. XII, 326 Seiten.
ISBN 3-16-146960-7 Broschur;
ISBN 3-16-146961-5 Leinen

Theologische Holzwege
Gerhard Ebeling und der rechte Gebrauch der Vernunft

1973. IX, 107 Seiten.
ISBN 3-16-534911-8 Broschur

Traktat über kritische Vernunft
5. verbesserte und erweiterte Auflage
1991. XX, 284 Seiten (UTB Kleine Reihe 1609). ISBN 3-8252-1609-8 Kst.

Traktat über rationale Praxis
1978. XI, 193 Seiten (Einheit der Gesellschaftswissenschaften 22).
ISBN 3-16-840842-5 Leinen

Die Wissenschaft und die Fehlbarkeit der Vernunft
1982. X, 190 Seiten.
ISBN 3-16-244506-X Broschur;
ISBN 3-16-244507-8 Leinen

Mohr Siebeck
Postfach 2040
D-72010 Tübingen

Fax 07071 / 51104
e-mail: info@mohr.de
www.mohr.de

Ingo von Münch

Promotion

Ein gutes Dissertationsthema zu stellen,
kommt einer wissenschaftlichen Entdeckung gleich.
Levin Ludwig Schücking

Ingo von Münch befaßt sich mit Fragen rund um die Promotion. Deshalb eignet sich dieser Band als Ratgeber für alle, die promovieren wollen, und als Geschenk für alle, die bereits den Doktorgrad erlangt haben.

Von der im ersten Kapitel gestellten Frage: »Ein Mensch mit Doktortitel – etwas Besonderes?« über Gründe für und gegen die Promotion, Auswahl des Betreuers und des Themas, Betreuung und Finanzierung, die unvollendete Dissertation, Dauer des Schreibens, Benotung der Arbeit bis hin zu Promotionsfeier, Veröffentlichung und Titelführung geht der Autor auf alle wichtigen Punkte zum Thema Promotion ein. Im Anhang finden sich Anmerkungen zu Doctores honoris causa und pecuniae.

»Ein hintersinniges Buch, das einem Satiriker unerschöpfliches Material für eine ›Kritik der Promotion‹ böte.«
Neue Zürcher Zeitung vom 15./16. Februar 2003

2. durchgesehene Auflage 2003.
XXI, 212 Seiten.
ISBN 3-16-148096-1
gebunden

Mohr Siebeck
Postfach 2040
D-72010 Tübingen
Fax 07071 / 51104
e-mail: info@mohr.de
www.mohr.de